中信改革发展研究基金会·中国道路丛书·学术

如何认识当代中国

谈国情研究与智库建设

胡鞍钢 著

中信出版集团·北京

图书在版编目（CIP）数据

如何认识当代中国：谈国情研究与智库建设 / 胡鞍钢著 . -- 北京：中信出版社，2017.2
（中国道路丛书）
ISBN 978-7-5086-7167-3

I. ①如… II. ①胡… III. ①中国 – 研究 IV. ① D6

中国版本图书馆 CIP 数据核字（2017）第 000807 号

如何认识当代中国——谈国情研究与智库建设

著　　者：胡鞍钢
出版发行：中信出版集团股份有限公司
（北京市朝阳区惠新东街甲 4 号富盛大厦 2 座　邮编　100029）
承 印 者：北京鹏润伟业印刷有限公司

开　　本：787mm×1092mm　1/16　　印　　张：18.5　　字　　数：300 千字
版　　次：2017 年 2 月第 1 版　　印　　次：2017 年 2 月第 1 次印刷
广告经营许可证：京朝工商广字第 8087 号
书　　号：ISBN 978-7-5086-7167-3
定　　价：52.00 元

《中国道路丛书》学术委员会

《中国道路丛书》总序言

新中国成立60多年以来，中国一直在探索自己的发展道路。特别是在改革开放30多年的实践中，努力寻求既发挥市场活力，又充分发挥社会主义优势的发展道路。

改革开放推动了中国的崛起。怎样将中国的发展经验进行系统梳理，构建中国特色的社会主义发展理论体系，让世界理解中国的发展模式？怎样正确总结改革与转型中的经验和教训？怎样正确判断和应对当代世界的诸多问题和未来的挑战，实现中华民族的伟大复兴？这都是对中国理论界的重大挑战。

为此，我们关注并支持有关中国发展道路的学术中一些有价值的前瞻性研究，并邀集各领域的专家学者，深入研究中国发展与改革中的重大问题。我们将组织编辑和出版反映与中国道路研究有关的成果，用中国理论阐释中国实践的系列丛书。

《中国道路丛书》的定位是：致力于推动中国特色社会主义道路、制度、模式的研究和理论创新，以此凝聚社会共识，弘扬社会主义核心价值观，促进立足中国实践、通达历史与现实、具有全球视野的中国学派的形成；鼓励和支持跨学科的研究和交流，加大对中国学者原创性理论的推动和传播。

本《丛书》的宗旨是：坚持实事求是，践行中国道路，发展中国学派。

始终如一地坚持实事求是的认识论和方法论。总结中国经验、探讨中国模式，应注重从中国现实而不是从教条出发。正确认识中国的国情，正确认识中国的发展方向，都离不开实事求是的认识论和方法论。一切从实际出发，以实践作为检验真理的标准，通过实践推动认识的发展，这是中国共产党的世纪奋斗历程中反复证明了的正确认识路线。违背它就会挫折失败，遵循它就能攻坚克难。

毛泽东、邓小平是中国道路的探索者和中国学派的开创者，他们的理论创新始终立足于中国的实际，同时因应世界的变化。理论是行动的指南，他们从来不生搬硬套经典理论，而是在中国建设和改革的实践中丰富和发展社会主义理论。我们要继承和发扬这种精神，摒弃无所作为的思想，拒绝照抄照搬的教条主义，只有实践才是真知的源头。本《丛书》将更加注重理论的实践性品格，体现理论与实际紧密结合的鲜明特点。

坚定不移地践行中国道路，也就是在中国共产党领导下的中国特色社会主义道路。我们在经济高速增长的同时，也遇到了来自各方面的理论挑战，例如将新中国改革开放前后两个历史时期彼此割裂和截然对立的评价；例如极力推行西方所谓“普世价值”和新自由主义经济理论等错误思潮。道路问题是大是大非问题，我们的改革目标和道路是高度一致的，因而，要始终坚持正确的改革方向。历史和现实都告诉我们，只有社会主义才能救中国，只有社会主义才能发展中国。在百年兴衰、大国博弈的历史背景下，中国从积贫积弱的状态中奋然崛起，成为世界上举足轻重的大国，成就斐然，道路独特。既不走封闭僵化的老路，也不走改旗易帜的邪路，一定要走中国特色的社会主义正路，这是我们唯一正确的选择。

推动社会科学各领域中国学派的建立，应该成为致力于中国道路探讨的有识之士的宏大追求。正确认识历史，正确认识现实，积极促进中国学者原创性理论的研究，那些对西方理论和价值观原教旨式的顶礼膜拜的学风，应当受到鄙夷。古今中外的所有优秀文明成果，我们都应该兼收并蓄，但绝不可泥古不化、泥洋不化，而要在中国道路的实践中融会贯通。以实践创新推动理论创新，以理论创新引导实践创新，从内容到形式，从理论架构到话语体系，一以贯之地奉行这种学术新风。我们相信，通过艰苦探索、努力创新得来的丰硕成果，将会在世界话语体系的竞争中造就立足本土的中国学派。

本《丛书》具有跨学科及综合性强的特点，内容覆盖面较宽，开放性、系统性、包容性较强。分为学术、智库、纪实专访、实务、译丛等类型，每种类型又涵盖不同类别，例如在学术类中就涵盖文学、历史学、哲学、经济学、政治学、社会学、法学、战略学、传播学等领域。

这是一项需要进行长期努力的理论基础建设工作，这又是一项极其艰巨的系统工程。基础理论建设严重滞后，学术界理论创新观念不足等现状是制约因素之一。然而，当下中国的舆论场，存在思想乱象、理论乱象、舆论乱象，流行着种种不利于社会主义现代化事业和安定团结的错误思潮，迫切需要正面发声。

经过60多年的社会主义道路奠基和30多年改革开放，我们积累了丰富的实践经验，迫切需要形成中国本土的理论创新和中国话语体系创新，这是树立道路自信、制度自信、理论自信，在国际上争取话语权所必须面对的挑战。我们将与了解中国国情，认同中国改革开放发展道路，有担当精神的中国学派，共同推动这项富有战略意义的出版工程。

中信集团在中国改革开放和现代化建设中曾经发挥了独特的作用，它不仅勇于承担大型国有企业经济责任和社会责任，同时也勇于承担政治责任。它不仅是改革开放的先行者，同时也是中国道路的践行者。中信将以历史担当的使命感，来持续推动中国道路出版工程。

2014 年 8 月，中信集团成立了中信改革发展研究基金会，构建平台，凝聚力量，致力于推动中国改革发展问题的研究，并携手中信出版社共同进行《中国道路丛书》的顶层设计。

本《丛书》的学术委员会和编辑委员会，由多学科多领域的专家组成。我们将进行长期的、系统性的工作，努力使《丛书》成为中国理论创新的孵化器，中国学派的探讨与交流平台，研究问题、建言献策的智库，传播思想、凝聚人心的讲坛。

孔丹

2015年10月25日

目录

第一部分 国情研究

第一部分

国情研究

如何认识当代中国[①]

胡鞍钢

中国的改革是由几个相互关联、相互重叠的社会转型过程所组成的，包括：经济体制转型，从指令性的计划经济体制向社会主义市场经济体制转变；从以农业为基础的传统农村社会（指农业劳动力占70%以上，农村人口占总人口的80%以上）向以非农业为主的现代城市社会转变；从极低收入水平向中等收入水平转变；从极度贫困社会向总体小康社会转变；从极其封闭的经济和社会向全面开放的经济和社会转变；坚持实行政治体制改革，从而形成了世界上独一无二的中国现代化发展道路，简称“中国之路”。

世界上未曾有哪一个大国经历过中国这样的多重转型，也没有哪一个大国像中国那样较成功地避免了政治上的剧烈动荡、社会生产力的严重破坏、社会阶层的严重分化，以及全球一体化带来的巨大外部冲击。从中国的现代历史来看，没有哪一个时期经历过长达30多年之久的“天下大治”、经济繁荣和社会进步。中国恰恰在没有先例可循、没有国际经验可鉴、没有现成理论可用的条件下，本着务实主义的原则和“摸着石头过河”的方法不断地驶向“彼岸”，尽管中国的多重转型过程远未结束，也没有完全成功，但这本身已经是中国发展的奇妙之处。

研究现代中国，本质上就是要真正了解、深刻认识和历史总结中国社会

① 本文系胡鞍钢教授为瑞士日内瓦大学政治经济学教授保罗·乌里奥（Paolo Urio）新书《走向繁荣的新长征》所作的序，2016年4月进行了增补。

多重转型的动因、历程、得失和前景。对这样规模巨大、深刻复杂的社会变革的认识和解读不可能是唯一的，而是众说纷纭，甚至相互冲突、大相径庭。这是因为人们研究中国有不同的目的、不同的立场、不同的视角、不同的观点和不同的方法，因此也会得出不同的结论。不管是哪一种结论，都要接受中国社会的实践检验和中国转型的历史检验。随着时间的流逝，许多曾经热闹一时的论点自然就会成为中国社会发展进程的历史尘埃，只有极少数的认识和观点经过客观实践的检验能够成为历史的真知灼见。

现在有关中国的研究已经在全球范围内掀起一波学术研究热浪，但是这股浪潮下充斥着众多吸人眼球的观点，包括"中国威胁论""中国衰败论""中国脆弱超级大国论"等。我认为这些观点还局限于对中国的观察和猜测。正如美国哈佛大学的教授傅高义（Ezra Vogel）所说，"美国'中国通'（sinologist）的记录一向不良"。这可能是因为绝大多数美国的所谓"中国通"都不能准确地预测中国的未来走向。但这也并不奇怪，即使像我这样长期在中国国内参与中国改革开放研究，有着30多年研究现代中国（国情）经历的人也是深有体会，为此我把研究现代中国比喻为读一部"天书"，实在是难以读懂。因为中国实在是规模太巨大、情形太复杂、变化太莫测，我们不可能是"事前诸葛亮"，能成为"事后诸葛亮"就相当不错了。现代中国研究也因此远比人们想象的难得多，复杂得多。

毛泽东在《实践论》（1937年）一文中提到，"中国人有一句老话：'不入虎穴，焉得虎子。'这句话对于人们的实践是真理，对于认识论也是真理。离开实践的认识是不可能的"。[①] 真正做到"全面认识中国、深刻理解中国"，只做观察家是不行的，要深入中国社会去了解与实践，这对许多国外的研究者的确比较困难。

我在1998年结识了保罗·乌里奥教授，当时他应中央组织部培训中心主

---

① 毛泽东，《实践论》，写于1937年7月，于1951年收录在《毛泽东选集》第1卷。

任陈伟兰（陈云之女）邀请，给中国地方官员讲授政治经济学和公共管理前沿理论，这对于当时的国外专家来说，确实是一个不小的挑战，但是保罗教授的讲授很成功。对保罗教授而言，中国是一个十分神奇的国家，如此让他着迷，令他深深向往，他从对中国的观察之中渐渐地萌发出一个要读懂中国、写出中国的想法，那时的他就草拟了一个写作框架。近年来，保罗教授每年都来中国各地访问，我也曾多次陪同他走访中国各地，目睹了中国的巨大变化，并为他解读正在发生各种变化的动因，我们成为知己，我向他推荐一些优秀的中国学者进行交流和访谈，这也成为他完成这本书的主要认识来源之一。

以往的现代中国研究类书籍都是以社会学、经济学、政治学等不同学科或理论作为分析框架的，而保罗教授这本书则是构建了一个有机联系的、整体的、综合的分析框架。

我们应当如何研究当代中国？用什么样的分析框架？我的观点是，“不仅要看树木，也要看森林”[①]；不仅要看今天的中国（当今的中国），也要看昨天的中国（历史的中国），更要预见明天的中国（未来的中国）；不仅要看中国自身，也要进行国际上的横向比较，从外部看中国。

保罗教授十分务实地描述了中国领导人的政治决策逻辑，怎么延续上几代执政经验、吸取教训，确立更为适宜的发展目标，制定更为可行的政策。

作为世界上人口最多的国家，中国几代领导人的最终发展目标都是“富民强国”。例如1956年，毛泽东明确提出用50年（指到2006年）、60年（指到2016年），在钢铁产品产量方面追赶和超过世界最发达的资本主义国家（当时提出“超英赶美”）[②]，毛泽东更强调的是“强国”目标；1979年，邓

① 毛泽东．矛盾论·矛盾的特殊性［M］//毛泽东．毛泽东选集：第1卷．北京：人民出版社，1991：310. 原文：“这就叫作片面地看问题。或者叫作只看见局部，不看见全体，只看见树木，不看见森林。”作者做了改编。

② 毛泽东文集（第7卷）［M］. 北京：人民出版社，1979：392.

小平又提出“富民”目标，最典型的就是“小康社会”构想[1]。尽管几代中国领导人的“富民强国”的目标是比较一致的，但他们所采取的发展战略不尽相同，本书将中国发展战略划分为三代：第一代是毛泽东和华国锋；第二代是邓小平和江泽民；第三代是胡锦涛。每一代的发展战略既有其进步性和合理性，也有局限性和负面作用，从而构成中国政治发展的历史逻辑，即新一代领导人总结学习上一代领导人的成功经验，在实践中检验发展理论，适应性调整战略，不断创新。在人力资本上也有继承性、传递性和渐进式的过渡。

中国的发展环境是不断变化的，改革实践是不断发展的，因此没有一成不变的发展战略，也没有一成不变的发展模式，不同时期的发展战略既来自对发展环境变化的调整，也来自对发展挑战的回应。由此，进一步的社会实践既反映了社会发展的进步性，也暴露和显示了发展战略的历史局限性。例如，邓小平继承了毛泽东以现代化经济建设为中心的“八大路线”，又纠正了毛泽东以“阶级斗争为纲”的政治路线，否定“文化大革命”，制定和实行改革开放的基本国策。邓小平继承了毛泽东的历史遗产（经济基础、独立的工业体系和国民经济体系、明显改善的健康和教育基础、联合国五大常任理事国的国际地位等）。1992 年，邓小平“南方谈话”突出强调“发展才是硬道理”；1993 年，邓小平在与他的弟弟邓垦谈话时已经认识到发展主义的局限性：“分配不公，会导致两极分化，到一定时候问题就会出来。这个问题要解决。过去我们讲先发展起来。现在看，发展起来以后的问题不比不发展时少。”[2] 保罗教授在书中分析了这种战略的局限性，以及不平衡发展带来的严重后果，包括：地区差距、城乡差距和乡村间的差距、难以有效执行市场机

---

① 1979 年 12 月 6 日，邓小平在会见日本首相大平正芳时，根据中国经济发展的实际情况，第一次提出了“小康”概念以及在 20 世纪末我国达到“小康社会”的构想。

② 邓小平．邓小平年谱（1975—1997）［M］. 北京：中央文献出版社，1993：1364.

制后的消极后果、经济发展对环境带来的影响等。

江泽民时代就开始完善全面发展战略。他先后提出：保护环境，实施可持续发展战略（1995 年、1996 年）；保护耕地，提高防洪抗灾能力（1998 年）；治水战略（1999 年）、湿地保护战略；加快长江三角洲和沿江地区发展（1992 年）；区域经济协调发展战略（1995 年）；实施西部大开发战略（1999 年）；发展乡镇企业与小城镇建设战略；实施科教兴国战略（1995 年）；鼓励原始性创新（2001 年）。同时不断调整发展战略，如就业是民生之本（2002 年）。

作为第三代发展战略阶段，胡锦涛在继承邓小平、江泽民政策路线的基础上进行了阶段性调整与创新。

事实上，党的十八大之后，习近平相继提出了“五位一体”（经济建设、政治建设、文化建设、社会建设、生态文明建设）、“四个全面”战略（全面建成小康社会、全面深化改革、全面依法治国、全面从严治党）（2014 年 12 月）、“五大发展”理念（创新发展、协调发展、绿色发展、开放发展、共享发展），坚持问题导向，体现目标导向，既总结以往的国家治理经验，又全面改革创新，形成了具有新时期特色的治国理政新理念、新思想、新战略。

党的十八届五中全会和 2016 年全国“两会”提出了全面建成小康社会决胜阶段的“十三五”规划。“五大发展”理念集中体现了以习近平同志为总书记的党中央指引中国发展的战略设想，其中创新发展是针对发展动力不足与转换，实现经济保持中高速增长、高质量增长；协调发展是针对中国发展不平衡性问题，实现发展的协调性和整体性；绿色发展是针对人与自然之间的突出矛盾，建设天蓝地绿水清的美丽中国；开放发展是针对国内外开放与发展的联动问题，提升开放型经济水平；共享发展是针对社会公平正义问题，不断增进全体人民福祉。这五大发展理念为实现全体人民共同迈入全面小康社会，以及 2020 年之后共同建设共富社会，惠及近 14 亿全体人民，提供了十分明确的发展目标和基本路径。

中国的“三代发展战略”主要围绕如何处理国家、市场和社会三者的关系展开的。毛泽东的做法是发展国家主义，全面实行计划经济，排斥市场机制，排斥私营经济参与，同时也排斥社会参与。邓小平的做法是改革计划经济体制，引入市场机制，打破国家垄断，允许私营经济参与，打破对外的封闭，积极引入外资，同时给社会发展有限的空间，允许基层公民选举。江泽民进一步扩大经济改革，把建立有效的市场经济体制作为一个目标，加快了经济市场化进程，让政府职能更多地转向提供公共服务，也为社会各类组织提供了更大的活动空间。胡锦涛与时俱进，重新整合国家、市场和社会三者关系。

作为中国发展的核心问题，国家、市场和社会仍是中国最高领导层关注的重大议题。习近平进一步明确了“两手合力论”，要求尊重市场规律，特别强调要充分发挥市场在资源配置中的决定性作用，全面实行科学管理，更好地发挥政府作用，用好政府和市场“两只手”。他还创新性地提出了“三只手合力”论，统筹政府、社会、市民三大主体积极性，尽最大可能推动政府、社会、市民同心同向行动，使政府有形之手、市场无形之手、市民勤劳之手同向发力。这就为推动经济社会协调、健康、可持续发展提供了强大合力。

中国要发挥社会主义制度特有的政治优势，即邓小平所说的“集中力量办大事”[①]。中国人口占世界总人口的1/5，而公共资源占世界的比重要小得多，又要提供最大规模的公共产品服务，因此没有一个有效的负责任的政府(特别是中央政府)，就无法集中全社会的资源（指公共财政、公共投资、公共政策)，就不能办成许多“大事”，也无法发挥巨国的规模效应。中国在发展中一个重要的经验就是通过民主与集中的方式做出政治决策，在发展中不断地应对各种挑战与危机（如应对亚洲金融危机的成功经验）。

① 邓小平．发展社会主义，集中力量办大事［M］//邓小平．邓小平文选：第3卷．北京：人民出版社，1999：377.

坚持发展人民社会，调节和整合不同的利益集团，也是中国道路的成功经验之一。党和政府在决策过程中，包容不同的意见，表达不同的利益诉求，平衡各种利益，处理好城市和乡村之间的发展关系，对户籍人口和非户籍人口（农民工）提供均等化的公共服务，提高少数民族的发展能力，加大对他们的人力资本投资，保护不同民族文化特性。在由十几亿人口、56 个民族组成的中国社会，要发展一个和谐的、平等的、团结的公民社会是相当困难的，我们没有成功的案例，这就需要在社会改革发展的实践中不断探索、不断创新。

中国寻求的现代化繁荣之路是万里长征的又一个新阶段。早在 1949 年 3 月，毛泽东就指出，夺取全国胜利，这只是万里长征走完了第一步。[①] 1962 年，他提出，建设强大的社会主义经济，在中国，五十年不行，会要一百年，或者更多的时间。[②] 他已经意识到中国这样一个“人口多、底子薄、经济落后”的社会，要实现这样的宏大目标就是一个万里长征。1987 年，邓小平提出“三步走”战略设想（1980 ~ 2050 年），即到 2050 年达到中等发达国家水平，这是把中国带上了追求繁荣的万里长征。[③] 习近平提出“两个一百年”奋斗目标和中华民族伟大复兴的中国梦，更是把中国实现复兴的夙愿置于中华民族奋斗历程的宏大叙事之中。正如习近平所说，现在，我们比历史上任何时期都更接近中华民族伟大复兴的目标，比历史上任何时期都更有信心、有能力实现这个目标。[④] 虽然现在我们还走在长征路上，还有相当长的道路要走，但这个目标将一以贯之地引导我们走向繁荣，这就是中国实现现代化的“万里长征”。

---

① 毛泽东．毛泽东选集（第 4 卷）［M］．北京：人民出版社，1991.

② 毛泽东．毛泽东文集（第 8 卷）［M］．北京：人民出版社，1999：301.

③ 邓小平．邓小平文选（第 3 卷）［M］．北京：人民出版社，1999：226.

④ 习近平．习近平谈治国理政［M］．北京：外文出版社，2014：35 – 36.

“实事求是” 是国情研究的精髓和法宝

（2014 年 3 月 16 日）

为什么学术研究需要实事求是？实事求是不仅是马克思主义哲学的精髓，也是科学研究、学术创新的精髓，是用于区分真伪科学的依据。实际上，对当代中国的研究存在大量的学术泡沫，包括伪命题、空洞的结论、各种偏见等，不胜枚举。它们产生的根本原因是违背了实事求是的原则。

怎样才能在国情研究方面坚持实事求是的原则？首先，要真正搞清楚中国国情的基本事实、基本阶段、基本特征和基本特点，而不是毫无依据地提出那些大致的、模糊的、似是而非的看法。

其次，在国情研究中坚持辩证与联系、动态与发展、历史与现实、全面与具体、整体与局部的分析方法，避免做出孤立的、静止的、片面的、局部的、零碎的结论。

再次，要透过现象看本质，通过客观“实事”来“求是”，找到那些隐蔽在背后起着决定性作用的客观事物，认识规律，发现真理。这可能是很难的，但也是极具创新性的。可见，真理一定是客观存在的；真理一定是比较简单的；真理一定是不可抗拒的；真理一定是要战胜歪理邪说的。在很大程度上，我发现的真理是基于前人所发现的真理之上，同时也赋予了它们时代意义。

最后，实践是检验真理的唯一标准，也是发展真理的唯一来源。我们对当代中国的认识越是接近中国的实际情况，那么接近真理、发现真理的可能性就越大；我们越是通过中国的实践来检验真理，我们就越有可能发展真理、完善真理。

总之，实事求是是国情研究的精髓和法宝，我们要掌握这一法宝，才能够对当代中国的认识从“必然王国”发展到“自由王国”，把握经济和社会的自然规律性特征，富于创造性、创新性，才会比他人先感悟、先发现、先发表。

国情研究要一以贯之

（2014 年 1 月 7 日）

许多人常常会问：为什么我们要做事情，我们如何才能做成事情，我们又如何才能取得成就等类似问题。人生就是一个不断选择的过程，这就涉及如何进行各种选择。

我自己也是如此，总要不断地做出选择，尤其是在人生的重要关键节点上，必须做出自己的选择。但选择并不是说要变来变去。孔夫子有云："吾道一以贯之。""吾道"是我对人生道路的领悟和设计，一旦确定下来就要一以贯之，遇到诱惑不动摇，遇到挫折不灰心，遇到成功不骄傲，遇到失败不气馁，一直坚持走下去，走到底，走到人生的尽头。我只有 60 岁，还可以再干上 20 至 30 年的时间。即使该退休了，还可以退而不休，利用退休后的宝贵时间更加专心地做更多的国情研究。

"吾道一以贯之"，我自己也是这样体会和行动的。一旦确立了"知识为民，知识报国"的人生目标，我就会不断地获取知识、吸收知识、创新知识，主要是关于当代中国的知识。边学习，边创造；边创造，边积累。国情研究就是要一以贯之，时间一长，积累下来的国情知识就十分可观、十分丰富了。有了自己的知识，就有自己的财富，就有实现"知识为民，知识报国"的核心能力。

换位思维研究中国国情

（2014 年 3 月 16 日）

毛泽东谈道：人的社会实践，不限于生产活动一种形式，还有多种其他的形式，阶级斗争，政治生活，科学和艺术的活动。[①]

人是属于社会的人，由于社会分工的不同，才有了不同的社会实践；有了不同的社会实践，才有企业家、革命家、政治家、科学家、教育家、艺术家等不同职业。

这里我来谈谈政治家。显然，政治家是从事社会政治实践的专门人才，他们的社会实践决定了他们的政治家功能与作用、才能与品质。

中国的政治领导人兼具学者的知识理论或专家的专业专长与政治家的品质风格，从他们的讲话、文章和媒体访谈中，我们可以看出这些特点。他们不仅能够正确地认识中国国情，还能够准确地把握自然、社会和人类思维的规律，最关键的是“改变世界”，[②] 改造中国社会，改革中国体制，实现科学发展。这是因为他们有长期的社会政治实践经历，从基层干起，到省级，再到中央级；还有长期的社会政治研究实践经历，从大学毕业生成长为专业人才，再到综合社会知识人才，最后成为治党治国的领导人才。

如何换位思维研究中国国情？从我自身来讲，作为从事兼具学术性与政治性的国情研究的专家，需要进行两种社会实践：一是社会科学研究实践，主题是认识中国、解释中国；二是社会政治实践，主题是改造中国、发展中

---

① 毛泽东．毛泽东选集：第 1 卷［M］. 北京：人民出版社，1991：283.

② 马克思说：“哲学家们只是用不同的方式解释世界，问题在于改造世界。”

国。形象地讲，即“双实践”“双肩挑”。所谓学术性，是指在当代中国研究领域始终保持前沿，引领该领域的学术研究方向和潮流，不断创新，不断超越自我；所谓政治性，是指深入研究当代中国政治家集体，总结他们的基本特征和重要决策机制，不仅成为“中国政治通”，还要成为“中国政治家通”。要在当代中国决策领域方面始终具有影响力，为中国领导人及时提供中国信息、中国知识、中国理念、中国战略思路，像中国政治家那样思考中国问题、分析问题、解决问题，我称之为“换位思维”，通过与政治家形成互动关系，真正实现信息沟通、知识沟通、思路沟通。这就是为什么我需要认真地了解和学习他们的讲话和文章。我是通过《国情报告》作为知识投资服务于他们，进而影响中国的。这是一个大学智库的基本功能和重要作用。

中国迅速崛起的思想密钥[1]

（2014 年 3 月 18 日）

中国最大的创新："中国之路"

1978 年改革开放以来，中国进入了一个大规模创新、集体创新、加速创新、不断创新的时代。人们不禁要问：中国为什么会迅速崛起？这源于中国的创新。那么，人们还会再进一步问：中国最大的创新是什么呢？这就是开拓了"中国之路"。

所谓"中国之路"，就是中国特色的社会主义现代化之路，它不照搬苏联式的社会主义模式，反对教条主义，也不盲目照搬西方式的资本主义模式。虽然中国在对外开放后要学习西方现代化，借鉴西方的经验与教训，但更要超越西方现代化，独辟蹊径，探索和开拓中国道路。邓小平提出的是一条不同于西方的现代化发展道路，也不同于其他所谓"非西方国家"（如印度）的现代化道路，我们在这一思路的指引下，创造出了大国迅速崛起的世界奇迹，也走出了社会主义国家富强的"人间正道"。2012 年，党的十八大报告将"中国之路"概括为"中国特色社会主义道路"，就是在中国共产党领导下，立足基本国情，以经济建设为中心，坚持四项基本原则，坚持改革开放，解放和发展社会生产力，建设社会主义市场经济、社会主义民主政治、社会主义先进文化、社会主义和谐社会、社会主义生态文明，促进人的全面发展，

① 此文发表于《人民论坛》，2014 年 3 月下。

逐步实现全体人民共同富裕，建设富强民主文明和谐的社会主义现代化国家。

什么是中国改革的创新？笔者结合中国改革开放的实践，把创新定义为“创造新的社会价值的（各类）活动”。这个定义有3个要点：一是能够创造新的价值，而不是已有的价值；二是所创造的价值主要是社会价值，具有正外部性；三是与创新有关的各种活动，以技术创新为例，不仅仅是技术创新本身，还包括与之相关的创新资金的融资和投入、新技术的研究和开发、技术创新知识产权的有效保护、技术创新的示范应用和推广等活动。这是一个广义的创新定义，因为中国的改革是世界最大规模人口的创新实践，并没有先例；中国的改革也是在相对短的时间内创造出了世界最大社会价值的创新活动，同样没有先例。

中国创新的主体包括两个方面：一是中国共产党的创新，特别是中央领导集体的创新；二是中国人民的创新，包括工人、农民的创新，企业家、创业者的创新，科学家、工程师的创新，以及无数人才的创新。由此构成了自上而下、自下而上的宏观创新与微观创新、国家创新与社会创新的有机结合，这就大大超越了西方资本主义的仅有企业家和科学家的创新，从而显示出社会主义的独特优越性，使中国不仅成功地实现对发达国家的追赶，还成功地实现了跨越式的发展，开启了中华民族伟大复兴的历程。

中国思想创新机制

中国最重要的创新机制在于思想创新、观念创新。这包括3方面的含义：一是“实事求是”，诚如毛泽东所言，“实事”就是客观存在着的一切事物，“是”就是客观事物的内部联系即规律性，“求”就是我们去研究。按照中国国情办事，避免脱离中国实际情况，超越发展阶段。二是“解放思想”，就是要运用马克思主义、毛泽东思想的基本原理，研究新情况，解决新问题。观念创新要提倡新思想、新主意、新观念和新理念，并广泛地扩散、传播和应用，从而解放人们的思想，发挥人们的潜力，形成人们的创造力。三是“不断创新、与时俱进。”正如江泽民同志所言，“过去有许多做法和经验已经不适用了，要根据新的实践要求，重新学习，不断创新，与时俱进。”党的十八大审议并通过将“求真务实”写入党章，因此，“实事求是、解放思想、与时俱进、求真务实”就成为中国改革开放的思想路线。

中国改革的过程是一个“物质变精神，精神变物质”的循环往复的过程，表现在制度创新、市场创新和技术创新变为观念创新，观念创新变为制度创新、市场创新和技术创新。

其中，“解放思想”的基本原理可以用“Ideas 增长模型”解释，Ideas 包括观念、主意、知识、经验、智慧、思想及理论创新等多方面的内容。Ideas 是一个具有边际报酬递增特性的投入，因此我们把它称之为“无形要素投入”或“软投入”，以区别于资本、劳动、资源等“有形要素投入”或“硬投入”。“软投入”与增长成正比，即使在“硬投入”没有增加的情况下，“软投入”仍然可以有效地促进经济增长。正如我们在比较改革前后的经济增长率差异及其来源时发现，改革时期（1978 年起，截至 2010 年）比计划经济时期（1952～1978 年）经济增速高出了 3～4 个百分点，但是资本和劳动投入增长率并没有多大变化，重要的原因是全要素生产率（TFP）增长率由负变正，达到 3%～4% 的水平，而这一转变正是由 Ideas 所发挥的“边际报酬递增”重要作用所带来的，也深刻反映了“解放思想”的促进作用和长期红利。

在中国，任何 Ideas 创新都会具有巨大的规模效应。这是因为中国总人口规模大，其崛起也不同于其他国家的崛起过程。例如美国 1870 年开始崛起时只有 4 020 万人，到 1913 年为 9 000 多万人；1950 年日本开始崛起时有 8 380 万人，到 1973 年时有 1 亿多人；而 1978 年中国开始崛起时总人口为 9.6 亿人。同一种创新对不同规模的人口会产生极大的边际性差异，这也反映了中国 Ideas 的规模效益。正是由于这种世界上任何国家都难以比拟的规模效益，一个好的思想诞生于中国、作用于中国，如同“精神原子弹”，可以发挥无比的威力，并且可以转化为“物质原子弹”（指强大的物质生产力）。

如何创新正确的思想和观念？它们不是凭空产生的，至少有以下3个重要来源：

一是老观念。新观念相对于老观念是“新的”，却又孕育于、产生于老观念。它是对老观念的历史学习、历史记忆、历史继承、历史再创新。凡是经过历史筛选而留存下来的好的观念，都可能成为历史财富。一个国家或社会的历史越长，历史财富就越丰富，后人可利用的历史资源就越多。例如党的十一届三中全会提出的“以经济建设为中心”政治路线和“实事求是”思想路线，就是对1956年党的八大路线的历史记忆和历史继承，同时也是对“以阶级斗争为纲”“文化大革命”时期深刻教训的历史反省和历史学习。从这个意义上看，无论是前人的宝贵经验还是深刻教训，都可能成为后人的历史资源，成为后人创新正确思想观念的基础，让后人实现“古为今用”。

二是外部观念。新的观念，还可能来源于对外开放条件下对外部观念的获取、消化、吸收、应用和再创新。一个社会越开放，获得的外部观念就越多，产生新的观念的可能性就越大。例如1978年和1979年邓小平先后访问8个国家，接见外宾几十次，许多重要的改革设想都是在对外交流中形成的。这非常符合充分利用现代化“后来者”的“后发优势”要求，即学习现代化“先行者”的成功经验，同时避免其失败教训，从而帮助后来者实现“洋为中用”。

三是社会实践。老观念、外部观念都是他人的、间接的观念，新观念最重要的来源是直接的、亲自参与的社会实践。诚如毛泽东所说：“人的正确思想是从哪里来的？是从天上掉下来的吗？不是。是自己头脑里固有的吗？不是。人的正确思想，只能从社会实践中来，只能从社会的生产斗争、阶级斗争和科学实验这三项实践中来。”① 中国的改革是十几亿人民参与的改革，也

---

① 毛泽东：人的正确思想是从哪里来的？［M］//毛泽东．毛泽东文集：第8卷．北京：人民出版社，1999：320.

是世界上最大规模的社会实践，这本身就为新观念的产生提供了认识来源。诚如邓小平所言，“我们改革开放的成功，不是靠本本，而是靠实践，靠实事求是。农村搞家庭联产承包，这个发明权是农民的。农村改革中的好多东西，都是基层创造出来，我们把它拿来加工提高作为全国的指导。实践是检验真理的唯一标准。”[①] 有了历史的继承，才能有创新；有了开放的学习，才能有更多的创新；有了广泛的社会实践，才能有更大的创新。中国改革的过程就是一个不断解放思想、创新观念的过程，就是一个不断接受社会实践检验的过程。诚如毛泽东所言：“成功了的就是正确的，失败了的就是错误的。”[②] 这样，人们可以不断地因成功而创新观念，又可以不断地因失败而修正观念，从而实现认识与实践的统一，即“知行合一”。

“两个大脑” 比 “一个大脑” 好

与“物质原子弹”相比，“精神原子弹”是典型的公共产品或公共知识，任何人消费都不需要付费，任何人消费都不影响其他人消费。尽管生产“精神原子弹”的成本远远低于“物质原子弹”，但其收益和外部性却可能远远高于“物质原子弹”。“精神原子弹”，是思想家个人创新和思想库集体创新的结果。

什么是思想家？根据维基百科的定义，所谓“思想家”是指研究思想、思维和思考模式并且形成思想体系的人。古今中外富有智慧的人，都可能成为思想家。

什么是思想库？它是一种特殊的生产知识和思想的组织。它是由专家组成的、多学科的，专门为决策者在处理社会、经济、科技、军事、外交等各

---

① 邓小平．在武昌、深圳、珠海、上海等地的谈话要点［M］//邓小平．邓小平文选：第3卷．北京：人民出版社，1993.

② 毛泽东．人的正确思想是从哪里来的？［M］//毛泽东．毛泽东文集：第8卷．北京：人民出版社，1999.

方面问题时出谋划策，提供最佳理论、策略、方法、思想的机构。思想库进行“创造性思维”的成果是思想，是知识，用这些以强化决策者的决策能力，从而对决策产生有利影响。

思想的主体不仅有思想家，还有思想库；不仅有分散的思想者“个人”，还包括那些有组织的、更具思想体系和思想传承的“集体”或“政党”。“个人”的思想创新过程会因为生命周期的结束而中止，“集体”或“政党”的思想创新过程却能够绵延不断、与时俱进、持续发展。中国共产党不仅是中国最大的政党组织，还是最大的思想家组织，其中有着成千上万的政治家、理论家、思想家，我们称之为“党的集体智慧”。中国共产党还能够通过民主化、科学化、制度化的决策有效地集中全党全国的思想智慧，引领和指导中国的社会主义现代化建设，基本避免了社会主流思想因人事调整、思想者死亡、制度变迁而中断或终止的可能。

如果将中国比作“东方巨人”，那么主导国家重大决策、具有高度智慧的党中央和国务院就是这个巨人的“内脑”，为“内脑”决策出谋划策、建言献策、提供思想产品的各类思想库，则是这个巨人的“外脑”。决策过程本质上是对信息和知识吸收、利用和再加工的过程。信息和知识是“投入”，决策结果是“产出”，没有投入就没有产出。即使最聪明的决策者也始终面临“投入”不足，即信息不对称的问题，这包括信息数量不足、信息质量不高、信息沟通不畅。改革开放30多年来，党中央、国务院作为“内脑”，不断推动重大决策走向民主化、科学化、制度化，在决策过程中自觉集中全党的政治智慧，主动问计于人民，最大限度地降低信息不对称性，这不仅防止了重大决策失误，并且及时纠正了较小的决策失误，使各项公共政策决策更具有代表性、包容性、灵活性和适应性，使经济保持持续增长、宏观经济达到基本稳定的水平，而且成功应对了各种危机，在亚洲金融危机、世界金融危机等“世界大考”中交出了高质量的答卷，还为中国长远发展做出了前瞻性的战略部署。

近年来，党中央积极鼓励科学界（如中国社会科学院、中国科学院、中国工程院等）、高水平大学等“要深入开展政策研究，积极发挥思想库和智囊团作用，努力为党和国家科学决策、民主决策作出积极贡献”。这就需要“外脑”更加科学化、专业化、职业化地辅助“内脑”，为决策层提供公共决策所需的社会科学与自然科学知识；还需要“内脑”更好地借力于“外脑”，主动问计于科学界、学术界及社会公众。中国的发展已经证明：拥有“两个大脑”比只拥有少数决策者这一个“大脑”要好，前者更加发达、更加智慧，也更能够在国际竞争中“以弱胜强”“由弱到强”“强而愈强”，稳固地立于不败之地。

结语：“百花齐放，百家争鸣”的智库建设新时代

随着全球化的持续深入和中国改革开放的不断发展，年轻的中国智库群体已经与全球智库一道，进入了“百花齐放，百家争鸣”的大创新、大角逐、大发展时代。

根据美国宾夕法尼亚大学智库与公民项目发布的《2013 年全球智库报告》统计，2013 年，全球共有智库 6 826 个，其中中国智库数量为 426 个，占世界总数比重的 6.2%，排名第二，第一名美国的智库数量为 1 828 个，占世界总数的 26.8%。根据上海社会科学院智库研究中心发布的《2013 年中国智库报告》，中国智库分为党政军智库、社会科学院智库、高校智库和民间智库 4 类；改革开放是推动中国智库发展的基本因素之一；影响力、多元化和国际化是中国智库发展的趋势。该报告指出，国际化合作进一步加强，这将为中国智库发展增添全球意识，海外著名智库也可能介入中国国内政策的制定过程，中国特色新型智库的国际化、全球化特征和趋势将更加明显。从另一角度看，参与智库国际化合作也意味着面对国际挑战，参与国际竞争。这就对包括清华大学国情研究院在内的中国特色新型智库建设提出了更高更长远的要求。

历史是最好的教科书

（2014 年 5 月 7 日）

我撰写《中国政治经济史论》系列专著最重要的目的就是为了“以史为鉴可以知兴替”，最重要的价值就在于论证了“中国道路”的现实合理性、历史进步性以及历史人物的局限性，符合中国历史发展之必然，也顺应了世界发展之大势，体现了中国十几亿人民的根本利益、长远利益。让中国的读者，从政治家到普通大众都能了解前人是如何开拓和探索“中国道路”的。“天下本来没有路”，人们也不可能准确地预见并预先设计出这条道路来，但是中国走着走着，就走出了一条自己的道路来。这套系列专著出版外文版后，也可以让世界读者真正了解中国是怎样走上社会主义现代化道路的，以及怎样开启了中华民族伟大复兴的历史征程。

“历史是最好的教科书。”① “前事不忘，后事之师。”无论是哪一段历史，它都是我们后人的老师。那么历史这个老师教会了我们什么？或者说我们从历史中学到了什么？历史错误的产生总会有各种原因，难以避免，但我们却不能重犯历史错误，因为它已是低级错误。不了解历史错误的人，就很可能犯下低级错误。

中国的现代历史在一些基本问题上，如处理政府与市场、国家与社会、中央与地方、中国与世界、人与人、人与自然等矛盾和关系方面，有成功之处，也有失败之处，有顺利之时，也有挫折之时。但是不管怎么说，中国从

---

① 习近平．在主持中央政治局第七次集体学习时的讲话．来源于新华网，2013－06－26.

1978 年之后能够走上社会主义现代化道路，实现了长达 30 多年的天下大治、经济起飞、社会进步和文化繁荣，这本身就说明了中国共产党、中国人民、中华民族具有强大的生命力和创造力。

那么，如何才能写出一部好的历史教科书呢？从我的写作实践来看，历史教科书需要深入浅出，平易近人（指读者），雅俗共赏，使得人人能读，读后有所得、有所感、有所获、有所记忆；需要给出最权威的数据，让数据说话；需要提供最明显的事实，让事实证明；需要说明最基本的实践，让实践检验；需要说明最通常的历史知识，让历史知识回答历史疑问。总之，需要彰显学术创新性、学风个性，体现深厚的历史、活跃的思想、深邃的政治、丰富的智慧。

怎样看待毛泽东的历史遗产

（2014 年 9 月 8 日）

罗斯·特里尔在《毛泽东传》一书的尾声部分写道：

> “那也是一个令人眼花缭乱的年代，中国像是准备了百场节目的狂欢场地，待演的节目都在谋求公众的允诺以便随时登场。共产党人、国民党人、军阀、土匪、教徒、外国探险家以及冠以其他名称的人物，全都旋转着拥挤在一起。兴起、败落、昙花一现的联盟，方生方死的新行动计划，在这种环境中，一个意志坚决的人，有着千载难逢的良机与世争雄，变革社会。”①

毛泽东曾自称为中间偏“左”派，这也是他的方法。

他常说“两条腿走路”。这种天然的均衡性——有点像古代中国人信奉的阴阳刚柔相济的二重性——在毛泽东的全盛时期，对毛泽东起了相当大的作用。②

在复杂多样的各种纷争之中，持中间偏“左”派的立场可能会更多地吸收、平衡不同观点。此外针对不同的问题，也不能简单地“骑墙”，还是要具体问题具体分析，具体分析具体观点。

---

① ［美］罗斯·特里尔．毛泽东传［M］．胡为雄，郑玉臣，译．北京：中国人民大学出版社，2006：494.

② ［美］罗斯·特里尔．毛泽东传［M］．胡为雄，郑玉臣，译．北京：中国人民大学出版社，2006：495.

我深受“两条腿走路”思路的影响，这反映在我们的国情研究之中，既是唯物主义的，又是辩证法的。

怎样看待毛泽东的历史遗产？

毛泽东给我们留下的历史遗产包括几个方面：

一是作为中国共产党的缔造者、新中国的统一者和缔造者，创建了真正意义上的现代国家，即新中国的现代国家制度，即人民民主专政的国家、社会主义国家的基本政治制度，这些都是留给后人的政治财富，后人在此基础上不断构建现代国家制度、不断显示制度优势、不断发挥制度优越性。

二是创新了真正意义上的现代国家主流思想，即毛泽东思想，作为毛泽东思想的主要贡献者，他所留下的观点、理论、方法和智慧都是最宝贵的思想财富。后人沿着这一原创思想与时俱进，不断创新内容、丰富内涵，显示了国家主流思想的继承性。

三是作为现代中国社会的建设者和改造者，为我们留下了巨大的社会财富；作为人民大众的新文化的倡导者，为后人留下宝贵的文化财富。

四是毛泽东晚年的错误也给后人留下了深刻的历史教训，后人将会以此为戒，将历史教训转变为历史财富。

我们的国情研究要坚持正确的政治观点。毛泽东曾经讲过：“没有正确的政治观点，就等于没有灵魂。”① 一篇好的国情报告，一部好的国情研究著作，必然有一个十分明确的“正确的政治观点”，它是报告和著作的灵魂。

---

① 毛泽东指出，在知识分子和青年学生中间，一个时期，思想政治工作减弱了，出现了一些偏向。在一些人的眼中，好像什么政治，什么祖国的前途、人类的理想，都没有关心的必要。好像马克思主义行时了一阵，就不那么行时了。针对着这种情况，需要加强思想政治工作。不论是知识分子，还是青年学生，都应该努力学习。除了学习专业之外，在思想上要有所进步，政治上也要有所进步，这就需要学习马克思主义，学习时事政治。没有正确的政治观点，就等于没有灵魂。（毛泽东. 关于正确处理人民内部矛盾的问题［N］. 人民日报，1957－06－19.）

怎样才能创新思想

（2014 年 6 月 24 日）

我们的确需要提出并回答几个基本问题：什么是思想？哪些思想能影响人类？我们怎样才能创新思想？又是怎样创新出影响人类的思想？

对中国思想家而言，只有创新出影响中国的思想，才有可能影响人类。诚如毛泽东提出的“实事求是”论，邓小平提出的“白猫、黑猫”论，陈云、邓小平提出的“摸着石头过河”论。我们可以向他们学习，创新出中国独特的思想和智慧。

正确的思想从哪里来？正如毛泽东所言，不是从天上掉下来，也不是人生来固有的，而是从社会实践中来。[①] 对我们而言，中国十几亿人民的改革开放实践就是最大的社会实践，也是最大的思想来源，关键是我们能不能从这个实践中形成新观念、提炼出新思想，与此同时还要用这些思想来影响、指导中国的改革开放。这是当代中国大学智库的历史使命，也是历史贡献。

回溯、总结自己过去的思想及成果，可以归纳为几个方面：关于“可持续发展”的思想（1989 年以来）；关于“国家能力”的思想（1993 年以来）；关于“逐步缩小地区发展差距”的思想（1995 年以来）；关于“以人为本”的发展观的思想（2000 年以来）；关于“绿猫”论（绿色发展）的思想（2002 年以来）；关于“国家制度建设”“国家制度现代化”的思想（2003 年

---

① 毛泽东．人的正确思想是从哪里来的？［M］//毛泽东．毛泽东文集：第 8 卷．北京：人民出版社，1999：320.

以来）；关于“中国道路”的思想（2005年以来）；关于“四个全面（建设、创新、改革、开放）”的思想（2006年以来）；关于中国现代化的“五位一体”（2010年以来）、“六位一体”（2012年以来）的思想以及关于“尊重自然、顺应自然、保护自然”的思想（2012年以来），等等。

中国创新来自哪里

（2014 年 1 月 7 日）

我们首先要讨论的问题是，中国经济是如何增长的？中国为何能够保持长期的经济繁荣，取得巨大的社会进步？

对这两个问题简要来回答是：没有创新就没有繁荣；没有持续的创新就没有持续的繁荣。

对中国而言，有哪些创新？又有哪些持续的创新？它们来自哪里？我的回答是：中国不仅有类似于西方国家的企业家创新，更有无数来自基层的创新，即自下而上的微创新。同时还有自上而下的创新，即中国共产党的创新、国家的创新。正是这两种创新有机结合起来，才构成了中国巨大的创新潮流。它们为中国的繁荣提供了根本动力，造就了中国经济的持续繁荣和社会的巨大进步，这些都源于取之不尽、用之不竭的创新力、创造力。因为我们身在创新的浪潮中，才能充分感知，并把它们记录、整理出来，最重要的是要把它们变成我们的学术创新。

用思想来引领社会

（2014 年 1 月 22 日）

怎样成为一位国情研究专家？怎样成为一个真正的中国思想者？这两者一直是我追求的目标和努力的方向，得到社会的承认对我来说是更大的鼓励和更大的激励。我们所从事的国情研究，在国际上称为“当代中国研究”或“当代中国学”，以当代中国发展为研究对象。这不同于一般的社会科学研究，一般的社会科学研究是以某一学科领域为对象的研究，如经济学、政治学等，而国情研究是运用不同学科理论和方法对一个特定对象的研究。我们将研究对象确定为当代中国。在过去十几年里，我特别关注中国发展成功背后的政治原因，这与我一直在参与中国发展规划和重大公共政策研究的个人经历和体会密切相关，也与我撰写《中国政治经济史论》系列的研究过程密切相关。

我写作的方式经常是“三段式”：第一段写“短文”，主要写出核心观点，反映出思想火花。第二段写“长文”（即专著），这要花很长的时间，经过不停地写、不停地改，将短文变成长文，将长文变成著作。比如，我在写完《中国政治经济史论（1949 ~ 1976）》时（指 2005 年 5 月完成“后记”，直到 2007 年才正式出版）总结：新中国成立以来的历史表明，重大的成功是战略决策的成功；重大的失败是战略决策的失败。而战略决策的成功是集体领导按民主集中制决策，反之，战略决策的失败是违反集体领导按民主集中制决策且个人决策的必然结果。第三段是再写“短文”，将专著的精华摘录出来，阐述其蕴含的简单真理。

凡是真理都是经得起实践检验的，所以真理是客观的真理；凡是真理都是由历史筛选出来的，所以真理是历史的真理；凡是真理都是简单明了的，如实事求是；凡是按真理办事者就会成功，凡是违反真理者就会受到惩罚。例如坚持民主集中制的原则进行决策，就能够做出正确决策，即使做出了错误决策也能够及时纠正。后来彭真同志概括为“坚持真理，随时纠正错误”。又如陈云同志所总结的“不唯上、不唯书，只唯实”。我想在“不唯书、不唯上”之后更加强调“不唯洋”，即“不唯洋人（权威）、不唯洋书（理论）”，“不迷信西方，不迷信美国”。

学术研究是思想火花产生的基础；思想是学术研究的最高成果，就像灵魂与火花，灯塔与航标。没有学术基础的思想是泡沫，很快就会消失；没有思想的学术是没有灵魂的学术，很快就会过时，消失在茫茫的学术大海之中。

谁在影响当代中国

（2014 年 2 月 5 日）

谁在影响当代中国？这是一个很有意义的话题。

我认为至少有两类人物：一是政治家或领导人，通过政治决策影响中国，这需要借助国家机构（从上至下）来实施国家发展规划和政策，有这样能力的人物就是政治领导人；二是思想家，通过思想或观念影响中国，这需要借助图书、文章、报刊传播思想和观点，有这样能力的人物就是思想领导人。他们从不同的方面来影响当代中国，有互补性、关联性和统一性，也有差异性、非关联性和对立性，他们有其自身的优势和劣势。在信息和实际经验方面，领导人是有优势的；在知识和理论方面，思想家是有优势的，这些不同方面的信息、知识、经验和智慧会存在着不对称、不完全、不平衡的缺点和各自的有限性、局限性和片面性。

当然，中国的政治家同时也可能是思想家，他们的政治决策中包含了丰富多彩的思想，在思想和观点传播中又体现了重大的政治决策。这样他们就会从两个方面，即政治决策和思想观念来影响中国。

我们作为思想库或智库的成员，应当扮演好“沟通”“传递”的角色：思想家向政治家传播新思想、新观点，特别是核心价值理念，如“以人为本”的观点，“尊重自然、顺应自然、保护自然”的观点；政治家向思想家阐述战略与政策决策的社会含义和社会意义。

学者可能有几种类型：一是有思想观点的学者；二是有思想理论的思想者；三是形成思想体系的思想家。这三种类型本身也是一个思想家的成长过程。

当然，除了政治家、思想家在影响当代中国外，还有各种有思想的企业家、科学家、艺术家、作家、记者等，都在以各自的方式和渠道影响当代中国、影响世界，如莫言、张艺谋等。这些思想的合力构成了中国的思想，反映了中国的创新，显示了中国的崛起。

为什么真理往往掌握在少数人手中

（2014 年 3 月 16 日）

列宁说，真理往往掌握在少数人手中。毛泽东也常说，真理有时是掌握在少数人手里的。

电视剧《红色摇篮》中，周恩来到达苏区后，临时中央决定要攻打赣州，周恩来要按照中央的决定去执行，召开会议研究攻打赣州问题，毛泽东认为不能强行攻打赣州，会议上多数人同意攻打赣州，彭德怀明知道毛泽东在军事上的韬略是无人能比的，他这次提出不能攻打赣州的理由也是充分的，只是因为周恩来主张要打，为了树立周恩来的威望，明知不能打还是肯定地说能打，结果最后是惨败。在失败之后，项英说看样子，毛泽东说的对，真理往往在少数人手里。

那么什么是真理呢？又如何定义“真理”呢？根据维基百科释义，真理是我们所认知的集合范围内可以预测现象的最高自然规律，是客观存在的，形式系统理论自身的逻辑无法证明。不可证性使人产生了对真理的自然绝对性规律的信仰（信念），成为指导行动的最高准则。认知超越原集合时会产生新的指导行动的真理，原来的不可证规律在新集合中得到证明而成为原集合的定理。使用真理概念的有科学、哲学、宗教等领域。真理通常被定义为与事实或客观实在相一致。然而，任何一个真理的定义都没有被学者普遍接受。许多不同的真理定义一直被广泛争论。许多与真理定义相关的主题同样无法获得共识。

“真理被认为是永恒的、不变的”，这也是对真理最通俗的描述。亚里士多德的《形而上学》记述了他的名言："是什么说不是什么，不是什么说是什么，这是假的；是什么说是什么，不是什么则说不是什么，这是真的。"

那么，我们需要进一步问：什么是马克思主义真理理论呢？马克思主义的真理理论认为，真理即客观事物及其规律在人的意识中的正确反映。

在总的宇宙发展过程中，人们对于各个发展阶段具体过程的正确认识，是对客观世界近似的、不完全的反映。相对真理和绝对真理是辩证统一的，绝对真理寓于相对真理之中，相对真理包含绝对真理的成分，无数相对真理的总和就是绝对真理。

科学的真理是利用具有逻辑性的科学方法获得或经过验证而得来的。近代科学旨在理性、客观的前提下，用知识（理论）与完整实验来证明真理。再将知识进行研究归纳和系统化后，便成为科学的真理。

列宁指出："从生动的直观到抽象的思维，并从抽象的思维到实践，这就是认识真理、认识客观实在的辩证途径。"① 这正是认识科学真理的重要途径。

毛泽东是怎么谈真理的呢？毛泽东指出："判断认识或理论之是否真理，不是依主观上觉得如何而定，而是依客观上社会实践的结果如何而定。真理的标准只能是社会的实践。"②

毛泽东又谈道："真理只有一个，而究竟谁发现了真理，不依靠主观的夸张，而依靠客观的实践。只有千百万人民的革命实践，才是检验真理的尺度。"③

毛泽东在《增强党的团结，继承党的传统》中提出："按照辩证唯物论，思想必须反映客观实际，并且在客观实践中得到检验，证明是真理，这才算

---

① 中央编译局．列宁专题文集 论辩证唯物主义和历史唯物主义［M］．北京：人民出版社，2009：135.

② 毛泽东．毛泽东选集：第1卷［M］．北京：人民出版社，1991：284.

③ 毛泽东．毛泽东选集：第2卷［M］．北京：人民出版社，1991：663.

是真理，不然就不算。”①

不过，用实践检验真理不是一时的实践，而是比较长时间的实践；不是少数人的实践，而是多数人的实践；不是部分地区的实践，而是多数地区的实践。

总之，真理往往掌握在少数人手中，认识真理要有一个认识过程，检验真理也要有一个实践过程。

① 毛泽东．毛泽东选集：第 7 卷［M］. 北京：人民出版社，1999：90.

国情研究的原创性、前沿性和权威性[1]

（2015年1月12日）

这里，我借助国情研究院的年度总结会议，再谈谈建设中国特色新型智库的话题，使大家了解党中央是怎样做出这一重大决策的，今后我们又怎样进一步落实这一决策。这里我对背景作一简介，并提出加强智库建设的几点考虑。

2013年4月，习近平同志对加强中国特色新型智库建设作了重要指示。

2013年5月30日，刘延东副总理专门传达了习近平同志的重要指示，要求充分发挥高校学科齐全、人才密集的优势，繁荣发展高校哲学社会科学，为建设中国特色新型智库做出贡献。我在这次会议上简要介绍了我们是怎样创办清华大学国情研究院的。

2013年11月，党的十八届三中全会决定明确提出："加强中国特色新型智库建设，建立健全决策咨询制度。"

2014年8月31日，我参加了中央宣传部组织召开的"新型智库建设征求意见座谈会"，具体落实十八届三中全会提出的改革举措，讨论中共中央文件，分为6部分，共计25条。为此，我还专门提交了文件的文字修改稿和修改意见稿，并作了发言，参与了讨论。

2014年10月27日，习近平同志主持召开中央全面深化改革领导小组第六次会议，并审议通过了《关于加强中国特色新型智库建设的意见》。

---

① 本文系作者2015年1月12日在"国情研究院年度总结会议"上的讲话，写于2015年1月10日。

习近平同志指出，智力资源是一个国家、一个民族最宝贵的资源。我们进行治国理政，必须善于集中各方面智慧、凝聚最广泛力量。改革发展任务越是艰巨繁重，越需要强大的智力支持。近些年来，我国智库发展很快，在出思想、出成果、出人才方面取得了很大成绩，为推动改革开放和现代化建设做出了重要贡献。同时，随着形势发展，智库建设跟不上、不适应的问题也越来越突出，尤其是缺乏具有较大影响力和国际知名度的高质量智库。要从推动科学决策、民主决策，推进国家治理体系和治理能力现代化、增强国家软实力的战略高度，把中国特色新型智库建设作为一项重大而紧迫的任务切实抓好。要坚持党的领导，把握正确导向，充分体现中国特色、中国风格、中国气派；坚持科学精神，鼓励大胆探索；坚持围绕大局，服务中心工作；坚持改革创新，规范发展。要统筹推进党政部门、社科院、党校行政学院、高校、军队、科技和企业、社会智库协调发展，形成定位明晰、特色鲜明、规模适度、布局合理的中国特色新型智库体系，重点建设一批具有较大影响和国际影响力的高端智库，重视专业化智库建设。①

虽然，习近平同志讲话报道的信息比较少，但是其已经将中央文件的主要精神公之于众，这就需要我们很好地理解和实践“加强中国特色新型智库建设”这一主题。

为什么中国需要建立新型智库？这就是说，智力资源是中国最宝贵的资源；新型智库又是智力资源的核心资源。这就是我经常讲的，中国作为东方巨人，需要“两个大脑”：不仅需要党中央国务院这一“内脑”，还需要新型智库这一“外脑”。形象地讲，有两个大脑就比仅有一个大脑要聪明得多、智慧得多。

我们知道，大脑是人体进行思维活动最精密的器官。事实上，一个人的确有两个大脑。大脑分为左半脑和右半脑，它们有不同的功能。左半脑管人

① 参见《人民日报》，2014 年 10 月 28 日。

的右边的一切活动，一般具有语言、概念、数字、分析、逻辑推理等功能；右半脑管人的左边的一切活动，具有音乐、绘画、空间几何、想象、综合等功能。人在用脑时，同时使用左半脑与右半脑，从而形成思维。

同样，我们把中国看成一个东方巨人，无论是在其农业现代化、新型工业化、新型城镇化和信息化过程中，还是在大规模融入世界经济的过程中，都遇到了极其复杂又十分不确定的内外部环境以及内外部挑战。因此，如何做出正确的形势判断，如何针对各类挑战做出正确的决策，就遇到了大量的决策信息、决策知识、决策智慧、决策战略的问题。诚如习近平同志所言：我们进行治国理政，必须善于集中各方面智慧、凝聚最广泛力量。改革发展任务越是艰巨繁重，越需要强大的智力支持。

所谓智力支持就是智库的智力支持。越是强大的国家，越是需要强大的智库的智力支持。美国就是如此，欧盟也是如此，我想中国更应是如此。这既是中国发展智库的社会需求，也是中国发展到今天的大势所趋。我们的智库，因中国崛起而兴办，又因中国强大而创新。强大的、高质量的中国智库本身就是中国在世界竞争中的国家软实力。

从过去近30年从事国情研究的实践来看，我始终如一地进行学术研究、政策咨询、教书育人。我们从创建最初的、非正式的智库（如1986年中国科学院国情分析研究小组）到正式的智库（如2001年中国科学院—清华大学国情研究中心），再到清华大学智库（如2012年清华大学国情研究院），被上海社会科学院评为享誉海内外的中国智库。这一过程反映了我的心路历程，先是非正规临时机构，后是正规研究机构；先是自己摸索创办，后是学校支持创新发展；先是少数几个人，后是一个核心团队；先是边缘参与决策咨询，后是核心参与决策咨询。

不过无论在什么时候，我们都坚持了1个核心目标：创办国内一流、具有国际影响力的、清华品牌的大学智库；我们都坚持了1个核心理念：知识为民，知识报国；我们都坚持了3个独立性原则：独立选题、独立研究、独立发表；我们都坚持了 3 个思路：想国家之所想、急国家之急、想国家之未想；我们都坚持了 4 个定位：国家目标的“瞭望者”、国家战略的“谋划者”、国家智库的“担当者”、国家治理的“监督者”。

可以认为，中国正在进入“百花齐放，百家争鸣”的智库时代，这以 2013 年 4 月习近平同志的重要批示为标志。正因为如此，我才在 2014 年出版了《中国特色新型智库：胡鞍钢的观点》（北京大学出版社，2014 年 1 月）一书。

可以想象，一旦中共中央关于建设中国特色新型智库的重要文件公布，就会出现中国智库建设的高潮，这至少包括“七路大军”：党政部门智库；社会科学研究机构智库；党校、行政学院智库；大学智库；军队智库；科学技术研究机构智库和企业智库；社会民间智库。在中国大地上，从而形成了一个宏大的各具特色的新型智库体系。

这里特别需要指出的是，中国已经是世界上第二大智库国家，但诚如习近平同志所言，中国尤其缺乏具有较大影响力和国际知名度的高质量智库。为此党中央提出要重点建设一批具有较大影响和国际影响力的高端智库，这就为我们下一步建设国情研究院提出了更加清晰的目标与定位。

首先，清华大学国情研究院的定位是高端智库。智力支持的服务对象是高端的“客户”，即党中央、国务院。智力支持的知识产品是高端的知识，即提供国情与世情的知识、国策与战略的知识，具体反映在《国情报告》之中。

其次，清华大学国情研究院虽然人数少、队伍小，但我们的定位是具有较大影响力的智库。我们的影响力第一体现为决策影响力，在重大决策问题上有发言权，有政策影响力；第二是学术影响，在重要学术问题上有引领性，有学术影响力（反映在学术论文的引用数上）；第三是社会影响力，在重大社会问题上有引导性，有话语权（反映在主流媒体的文章和报道上）。

再次，清华大学国情研究院是具有国际影响力的智库。首先是在中国问题上的发言权和话语权，反映中国未来发展的风向标；其次是在当代中国研究上的学术影响力，有意识地发表国际学术论文，出版各种外文著作，反映了中国学术水平。

以上是我们更加清晰的智库建设目标。为了实现这一“过河”的方向目标，我们需要找到“桥”和“船”的手段或途径，还需要进一步明确我们的主要功能和基本特征。

这里，我提出的问题就是：我们怎样定位？怎样创品牌？又怎样不断出经典？

我想，“创品牌”就是指《国情报告》；“出经典”就是指在学术界具有影响力的专著或合著。这就要求我们具有“原创性、前沿性、权威性”这3个基本特征。

所谓“原创性”，是指学术研究的原创。首先是自己研究、自己创作、自己首创、自己原创，不是委托课题、转包课题、合作课题；其次是具有较多的信息价值、较丰富的知识价值、较重要的理论价值、较强的实际应用价值；再次，“白纸黑字”的研究成果是可以经得起实践检验、时间检验、历史检验的学术作品、学术精品。

所谓“前沿性”，是指当代中国研究的前沿。首先是指中国问题的前沿性，这就需要高度的政治敏感性、社会敏感性和学术敏感性，总能够具有前瞻性、超前性和快速性，即出手要快；其次是指中国政策的前沿性，这就需要把握经济可行性、政治可行性和社会可行性，总能够在最适合的时候提出最适宜的政策，总能够“有的放矢”，不断提高政策建议的“命中率”（采纳率）；再次是指当代中国研究的前沿性和开创性，这就需要有高度的学术自觉性和创新性，总能够引领当代中国的学术研究方向。

所谓“权威性”，是指在当代中国社会具有影响力的威望。首先是学术权威性，获得学术同行的认同和尊重；其次是政策权威性，获得“客户”的认同和采纳；再有是社会权威性，获得社会的认同和威望；最后是国际权威性，获得国际机构、国际学术界或专家的认同和尊重。学术研究需要权威，但学术权威从来都不是自封的，权威性也从来不是自然而然产生的。无论是学术还是其他成果，都需要实践的检验、时间的检验、历史的检验。

以上的原创性、前沿性和权威性构成了“三位一体”的智库基本特征。在三者之中，最核心的是原创性，只有原创性才有可能保证权威性；其次是前沿性，只有处在前沿探索，“先行一步”，才有可能原创，也只有前沿引领才能够获得权威性。

如何才能做到这“三性”？这里以我们发表的《国情报告》及专刊为例，做一个案例介绍。2013 年 12 月 1 日，我们发表了《打造中国向西开放战略大通道：丝绸之路经济带的战略意义与路径》国情报告（专刊第 22 期）。2013 年 9 月 7 日，国家主席习近平在哈萨克斯坦发表重要演讲，提出共建“丝绸之路经济带”的战略思路，[①] 据此我们很快就完成了这一课题，在《国情报告》上内部发表，也引起有关领导同志的高度重视。2014 年 2 月 10 日，国家发改委、外交部、商务部组织召开“丝绸之路”经济带课题专家意见征集会，我带了一个专业的研究报告，在会上印发给主要负责人，而且报告的主题就是他们所需要的主题，即共建丝绸之路经济带的战略思路。后来，中国社会科学院的人告诉我说，习近平同志提出“一带一路”战略时，整个中国社会科学界几乎都不发声，我们是第一个系统地提出这一战略思路专题报告的机构。令人振奋的是，2014 年 11 月 8 日，习近平主席提出中国将出资 400 亿美元成立丝路基金。[②] 由国家发改委、外交部、商务部牵头编制的“一带一路”总体规划已上报国务院，[③] 不久将公布。这告诉我们，作为智库，必须为关键的人物，在关键的时候，提供关键的信息。

此外，《新疆师范大学学报（哲学社会科学版）》2014 年第二期刊登了题

---

① 习近平．弘扬人民友谊 共创美好未来—在纳扎尔巴耶夫大学的演讲［N］．人民日报，2013－09－08（3）．

② 新华网，2014 年 11 月 8 日。

③ 龙跃．“一带一路”：战略技术两相宜［N］．中国证券报，2014－12－10．

为《“丝绸之路经济带”：战略内涵、定位和实现路径》的文章，该文于2014年1月8日优先发表，也是最先出版的学术论文。根据中国知网提供的数据，该文已被引22次和下载文件5 112次，居“丝绸之路经济带”专题被引次数和下载的第一位。可以说，这是实践原创性、前瞻性和权威性的一个成功案例。

总之，我们只有心怀“知识为民，知识报国”的理念，才能真正做到国情研究的原创性、前沿性和权威性。

国情研究既是一门大学问，也是一门大科学

（2015 年 1 月 3 日）

所谓学问是指系统的知识，也泛指理论上、实践上的知识。那么，国情研究作为一门学问，就是关于当代中国问题的系统的知识，这既包括关于当代中国的理论知识，还包括它的实践知识，也就是理论与经验的、理论与实践的系统知识。国情研究具有做学问的主要特征：既要学又要问，先学后问，边学边问；不仅问他人，也问自己；不仅求他人答案，也要求自己答案。这样才能求得真知，获得真学问。

所谓科学是以范畴、定理、定律等形式反映自然、社会和思维的本质与规律的知识体系。其中，社会科学是以人类社会为研究对象，探索社会事物的运动、变化和发展规律的。国情研究作为一门社会科学，就是关于探索当代中国社会变化和发展规律的系统的知识体系，是我们理解中国、改造中国的认知活动和研究活动。

因此，国情研究本身就具有科学研究的基本特性：一是具有科学理性；二是具有科学实证性和验证性；三是具有科学探索性；四是具有科学研究的不确定性、信息的不对称性、知识的不完全性等。

从学问与科学的比较来看，它们的共同属性都是知识的积累，也是时间的函数；不同在于，前者主要是感性的、实践的、经验的、阅历的、隐性的系统知识，在大多数情况下，属于学问者个人的知识经验、知识禀赋或知识诀窍，具有很强的专有性或私人性，也很难为他人或社会所分享，为后人所继承；后者主要是理性的、理论的、实证的、探索的、显性的系统知识，在

大多数情况下，特别是通过正式发表论文、公开出版著作的情况下，才属于为他人或社会所分享的社会知识。不过，这两类系统知识具有互补性、联通性以及融合性，很难分得那么清清楚楚的。不过作上述分类，有助于我们在不同方面利用不同的系统知识的资源。学术研究探讨就是社会科学研究的理论创新，应用研究探讨就是社会科学研究应用的实践创新和社会学问的实践创意。

2014 年是我的第一个学术休假之年。我曾表示，只要合理安排好时间，学术休假之年也会成为学术成果收获之年。现在看来，2014 年成了学术成果大丰收之年：撰写国情报告 68 篇，其中单独发表 48 篇；发表 A + 类学术论文 3 篇，A 类学术论文 2 篇，B 类学术论文 4 篇，C 类学术论文 16 篇，SSCI 类学术论文 3 篇；校内公开讲座 9 次，学院培训授课 8 次。

当代中国研究是一门大学问

（2014 年 8 月 15 日）

什么是学问？什么是真学问？什么是大学问？怎样做好当代中国研究这门大学问？对此我是“自问自答”。

什么是学问？诚如曹雪芹在《红楼梦》中的一副对联所言：“世事洞明皆学问。”

什么是真学问？梁漱溟先生认为，真学问总是产生于那些为了解决实际问题而有的实践中，而又来指导实践的。[①] 这就是说，“真正的学问就是学有所用、学以致用的学问。”[②] 在当今中国，能够对当代中国做出知识贡献的学问才是真学问。

什么是大学问？大学问就是关于当代中国的学问。中国正在超过美国成为世界第一大国，因此我们有幸研究世界大国这门大学问。

怎样才能做好当代中国研究这门大学问呢？我曾把了解中国称为读一部天书，现在又把研究中国称为写一套多部天书。只有一本一本地写出来，汇集起来，才能编出一部天书，才能做出大学问。从这个意义上看，我既是当代中国的亲历者、记录者，又是当代中国的职业研究者、撰写者。每年撰写几十篇《国情报告》，每年出版若干国情研究专题著作，积累下来就是我所完成的这套多部天书。

---

① 卢羽华．梁漱溟之子讲述“最后的儒家”［N］．深圳商报，2014－08－15.

② 周大新．当下的批评是不是学问［N］．人民日报，2014－08－15.

国情研究的“望远镜”和“显微镜”

（2014年12月15日）

研究当代中国，就是运用社会科学理论和方法，以中国为研究对象。尽管社会科学理论和方法来自西方，但对我们来说，掌握了研究工具、研究方法，就相当于具备了“望远镜”和“显微镜”。毛泽东同志曾形象地称马克思主义为“望远镜”和“显微镜”。望远镜的作用是看得更远，高瞻远瞩；显微镜的作用是观察入微，条分缕析。从社会科学来看，除了马克思主义这一最重要的“望远镜”和“显微镜”之外，还有许多“望远镜”和“显微镜”，所以说学习和掌握社会科学就是掌握“望远镜”和“显微镜”。在当代中国研究中，“具体问题具体分析”，对不同的问题需要使用不同的“望远镜”和“显微镜”。

我向来主张国情研究需要“十八般武器”，而不是一两件武器就能够真正了解中国及其奥秘所在。我也向来主张即使研究具体的中国问题，也还是要多用几种武器。“有的放矢”，这个“的”可能是一个“的”，这个“矢”一定不是一个“矢”，而是多个矢，才能达到“有的放矢”。

为了避免“当局者迷”，我们也必须学会从国际视角看当代中国，既要了解中国人如何看中国，也要看外国人如何看中国，从不同视角会得出不同的结论，“横看成岭侧成峰，远近高低各不同”，我们只有汇集不同的视角，才能认识中国、理解中国，克服片面性，增强全面性。

另外，我还有一个观点，就是学会向对手学习。要与对手竞争，就要研究对手、学习对手，这样才能超越对手。这是我近30年从事国情研究的重要体会。

研究中国的天时、 地利、 人和

（2014 年 8 月 17 日）

当代中国是一个庞大而复杂的研究对象，令人难以驾驭和掌握。我把它简化、浓缩为 3 个研究要点，即“天时”、“地利”与“人和”。

“天时”就是经济全球化、贸易自由化和全球范围内的科技革命；“地利”就是区域一体化；“人和”包括：人与自然的关系，即“天人合一”；人与人的关系，即“人合（作）合一”；人与社会的关系，即和谐社会；中国与世界的关系，即和谐亚洲、和谐世界。中国要与亚洲、世界合作，一同解决亚洲、世界的共同难题。

我正是利用“天时”“地利”“人和”来解释为什么中国会迅速崛起，比起一般的社会科学理论要简明得多、易懂得多，而且又深刻得多、令人信服得多。

我们是怎样研究国情的[①]

（2014 年 9 月 3 日）

在这里我先向各位介绍国情研究院的基本情况：

（1）研究院的发展经历了 3 个阶段：第一个阶段是我于 1986 年在中国科学院参加国情分析研究小组，但这还不是正式的智库，它是由不同研究所的研究员组成的国情研究专题小组，坚持了十几年的时间一直从事国情与国策研究；第二个阶段是 2000 年以后我到清华大学公共管理学院，创建了中国科学院和清华大学国情研究中心；第三个阶段是 2012 年借清华新百年开始之际，在国情研究中心的基础上创办了清华大学国情研究院。

（2）研究院由一支少而精的队伍组成，除了我以外，还有青年教师、博士后、博士生、硕士生以及若干外国留学生。

（3）研究院的研究对象是当代中国，重点研究 1978 年以后的中国（但是由于我在清华大学上课，所以我们的研究一般扩展到 1949 年，对 1949 年之前的研究相对较少）。

（4）研究院的基本研究思路与中国兴盛同行，与中国开放相伴，与中国变革俱进；研究宗旨是“知识为民，知识报国”；主要功能是提供关于当代中国研究的公共知识；理念是“急国家之所急，想国家之所想，还要想国家之未想”。

---

① 本文系作者 2014 年 9 月 3 日应中共中央台湾工作办公室的安排，主持“中国发展的机遇与挑战”会议，台湾政治大学国发所所长童振源等一行 20 人参加，并进行座谈。

（5）研究院的研究可以分为3个层次：第一个层次是基础研究，主要是当代中国国情和中国道路，即中国发展总的道路和具体的道路，包括中国特色农业现代化道路；中国特色新型工业化道路；中国特色新型城镇化道路；中国特色自主创新道路；中国特色社会主义民主政治发展道路；社会主义生态文明道路；中国特色军民融合式发展道路等具体道路。第二个层次是国家战略构想和发展规划设计，包括两个内容，一是中国主要的战略，因此我们研究毛泽东和邓小平战略思路；另一个是国家发展规划，又包括两类：第一类是五年规划，如我们直接参与到“十五”计划、“十一五”规划、“十二五”规划之中，以及现在刚开始着手研究的“十三五”规划；第二类是国家重大专项的中长期规划，如国家中长期人才发展规划、教育规划、国家主体功能区规划。第三个层次是对策研究，主要研究不同时期的发展所面临的挑战，主要是指不同时期的重大发展挑战以及发展政策研究，如人口与发展、就业与发展、环境与发展、教育与发展、治理与发展、腐败与发展，等等。

（6）研究院的研究内容是“四位一体”：研究院以当代中国经济、社会、政治、生态环境为研究领域，进行综合性、战略性、前瞻性、全局性研究。当代中国经济研究主要涉及科学发展观、转变发展方式、调整经济结构、创新驱动与自主创新、四化同步与城乡一体化、区域协调发展、国有经济与民营经济、国企改革与竞争力等；当代中国政治研究主要涉及中国特色社会主义基本制度与制度优势、决策机制与决策效率、国家治理体系和能力现代化、反腐败与制度建设等；当代中国社会研究主要涉及民生与发展、就业与发展、教育与发展、健康与发展、减贫与发展、防灾减灾、社会治理等；当代中国生态环境研究主要涉及可持续发展、绿色发展、主体功能区规划、主要环境政策、林业发展与林权改革、能源政策、气候变化、生态文明制度建设等。

我们的研究与中国崛起的背景密切相关。很多国外学者对中国的预测都被证明是错误的，诸如“中国即将崩溃”之类的言论，层出不穷。1991年，我去美国访问的时候，当时美国流行的讨论话题是什么时候中国共产党领导下的中国会像苏联那样解体，但现在看来，这样的言论就是一个笑话，因为他们并没有对中国本身的机制问题进行深入研究。

我们的研究以中国问题为导向，对中国发展做出具体研究，主要围绕民生相关问题，如就业、教育、健康、减贫、防灾减灾、绿色发展等。其实就是对中国发展面临的挑战以及背后深层次的原因进行讨论；以破解中国难题为目标，提出发展思路和发展政策；以科学发展中国为目标，提出中国发展战略，设计中国发展规划，制定发展目标，分解发展指标以及设定发展路径；以“中国案例”为研究成果，总结中国发展实践，归纳中国发展经验，指导未来发展道路。

（7）我们的研究产品主要分为4类：第一类是国情报告，它充当了智库和决策者的信息知识桥梁，先内部交流，然后正式编辑出版，现在已经出版了14卷，一年两本为一卷，一直传承下来。第二类是国情研究系列著作，它充当了智库和社会的桥梁，将我们的专业知识传播出去。第三类是向海外输出版权，它充当了中国和世界的桥梁。第四类是学术论文，它充当了智库与学术界的桥梁。

2011年，胡锦涛同志在清华百年校庆时提及大学智库建设。习近平同志是中国特色新型智库建设的直接推动者，并在十八届三中全会做出了明确的制度安排。中国智库发展越来越与国际接轨，中国目前的智库数量居全球第二。上海社会科学院几年前和宾夕法尼亚大学智库评估中心合作，对国内智库进行了综合评估。2013年发布第一份评价报告《中国智库综合影响力排名》，国务院发展研究中心、中国社会科学院、北京大学、清华大学名列前茅。中国大学智库特别多，以清华大学公共管理学院为例，有几个特别的智库，例如农村研究院，采取了官学结合的模式，由中央农村工作领导小组副组长、办公室主任陈锡文任院长，国务院发展中心副主任韩俊任副院长。此外还有科技创新类的智库、发展规划类的智库等。

我们将自己定位为国家治理的监督者，在实践中我们对“十五”计划做过第三方评估，对“十一五”规划做过中期评估、后期评估，对“十二五”规划做过中期评估（2013 年）。现在第三方评估已经作为政策过程中的一个制度来进行安排。我们可以以专业研究对各时期的计划或规划进行评分，推动和改善国家治理绩效。

感悟人生，研究中国，记录当代

（2014 年 12 月 7 日）

人生只有一次。怎样理解人生？怎样度过人生？怎样记录人生？

人生是一个过程，如同岁岁年年之时。

人生是一条道路，如同万里长征之途。

人生还是一个记录，如同篇篇文章、册册图书。

感悟人生，是为了更好地度过人生，写下精彩人生。

不同的人有不同的人生。

一个人在不同的时代，会经历不同的人生。

一个人持不同的价值观，会有不同的人生价值追求。

我的人生是与中国兴盛同行的：在新中国成立之后出生，在红旗下长大；在改革开放之后上大学，成为大学生、研究生、博士生，又成为研究员、教授。

我的人生是以研究当代中国为专业、为职业，记录当代中国，成为人生之旅，人生之途，人生之舟。这就反映在《胡鞍钢记录》之中，书写中国的巨变，记录中国对世界的深刻影响。因此“中国”与“世界”成了关键词。

仅在 2014 年 11 月的记录中，“中国”一词就出现了 2 592 次，“世界”一词出现了 719 次。中国发生了什么？中国是怎样变化的？中国又是怎样影响世界的？

包含“世界第一”一词的语段如：

根据世界银行数据库提供的数据，2007 年中国出口额超过了美国，2009

年中国又超过德国，跃居世界第一位，到2013年中国商品出口额相当于美国的140.0%。

因为中国是第一大贸易体，还是120个国家的第一大贸易伙伴，不久将成为世界第一大经济体。

2010年，中国GDP超过日本，居世界第二，同时制造业规模超过美国，居世界第一。

世界银行（于2014年4月底）、国际货币基金组织（于2014年10月初）给我们送来一个“大礼包”，并向全世界宣布，2014年中国GDP按购买力平价计算，已经超过美国成为世界第一。

到2012年，中国发明专利申请量已经超过日本、美国，居世界第一位，占世界总量的27.80%。

从未来大趋势看，一是中国投资世界，从世界第三大对外投资国成为全球最大对外投资国，“中资”将成为世界各国最具吸引力的外资；二是中国服务世界，从世界第三大服务贸易体成为全球最大的服务贸易体；三是中国企业“走出去”，从配置国内资源到配置国际资源甚至全球资源，从国内企业成长为跨国企业甚至全球企业，从世界500强企业第二大国成为第一大国。

1913年之后，美国就成为世界第一大进出口国。100年之后，中国首次取代美国成为世界第一大进出口国。

我国机动车驾驶人数突破3亿大关，其中汽车驾驶人2.44亿人；全国民用机动车保有量达2.64亿辆，其中汽车1.54亿辆；驾驶人数量位居世界第一，汽车数量居世界第二位。

经济合作与发展组织（OECD）最新报告表明，欧盟、日本和美国压缩研发预算，削弱了发达经济体在科技研究、专利申请和科技出版方面的分量，从而使中国将在2019年左右成为世界第一研发支出大国。

国情研究是我的终身事业

（2015 年 2 月 5 日）

在年轻时期，我因上山下乡第一次亲身认识了中国农村，开始了对中国国情的认识和思考。后来我回忆，不认识农村，就不会认识中国。我也未能想到这 8 年（指 1969 ~ 1976 年北大荒和 1976 ~ 1978 年地质勘探队）的农村生活会成为我研究当代中国的宝贵财富。

不过，直到 30 多岁之后，我才开始正式从事国情研究，坚持至今。我以当代中国作为研究对象，以分析中国国情为基本内容，更加客观、综合、全面、系统地创新中国知识，也形成了自己独特的研究成果。

一路走来，国情研究不知不觉成为我的终身事业。2013 年，我满 60 周岁，还没有办理退休手续，却迎来了我从事国情研究事业的创新高峰。我自己已经感受到，这一事业已经与办不办退休手续没有多大关系，退休并不妨碍我继续攀登国情研究的高峰。国情研究已经成为我一生为之而奋斗的事业，我会奋斗到写不动、写不了、写不下去为止。

在我的奋斗目标中还有一个“写出百卷书”的具体目标，现在看来又会在不久后提前实现。

我的一生就是研究国情的一生，记录中国的一生，创新当代中国知识的一生。

而今迈步从头越。

自勉、自励。

《胡鞍钢记录》记录什么

（2014 年 2 月 8 日）

《胡鞍钢记录》每日记录 5 个方面：一是每日学术研究与教学活动；二是每日收到与发出的各种信函，包括指导各类学生的信函；三是每日检索出的关于我的媒体报道及相关信息；四是每日主要报刊的重要新闻和信息；五是每日点滴感受、体会与评论。这是一个“五位一体”的记录，比较全面地反映了我是如何研究、工作、指导学生的，有哪些新的想法和体会，形成了什么重要观点或主张，等等。同时也比较及时地记录了当今中国与世界的重大事件，具有较强的资料性和学术性。

我的基本做法是：自己记录、随时记录、事后记录、补充记录、修正记录。这样越记越多、越积越多，逐渐形成一个信息、知识的银行，随时“零存”，到期“整取”，过期不作废，受益无穷。由此可知，学会记录自己，就等于学会管理自己的时间和精力，提高效率，增强能力。

这是我 60 周岁的感悟和感想，写于德国法兰克福国际机场 K 站。

在不在其位，都要谋其政

（2014 年 10 月 22 日）

孔子提倡“不在其位，不谋其政”。但是他本人却以老师的身份，周游列国，劝说各路诸侯推行仁政，他想的和干的大都是文王、周公责任范围内的事。

我实际上也遇到过类似的问题，从 1986 年加入中国科学院国情分析研究小组之后，虽不居高位，不在“庙堂”，却心怀天下大事，想中央之所想，急中央之所急，还想中央之未想。的确是“业余爱好”“自愿服务”，有所谓“名不正”，倒也不是“言不顺”。

但是，现在党中央大力提倡建设中国特色新型智库，就为我们提供了大舞台、大讲台，促使我们“在其位”，就要“谋其政”。

从“必然王国”到“自由王国”

（2015年2月21日）

我们从事国情研究，主要目的及根本任务是正确认识中国，科学发展中国。国情研究是国策研究的基础和来源，国策研究又是国情研究的应用和检验。从马克思主义哲学的视角来看，一是怎样认识客观世界（如当代中国），这是一个对“必然王国”不断认识的过程；二是怎样改造客观世界（如中国社会），[①] 这是一个不断接近并最终达到“自由王国”的过程。这就要求我们自觉地掌握和运用马克思主义哲学，更好地指导国情研究和国策研究。

历史是最好的教科书。[②] 只有向历史学习，我们才能够了解中国共产党人在开创和发展中国特色社会主义的过程中历经了怎样的千辛万苦，付出了哪些代价，有哪些成功的经验，又有哪些失误的教训（如“大跃进”的错误和“文化大革命”的内乱），又是怎样走上了“人间正道”。[③]

一、毛泽东谈从“必然王国”到“自由王国”

首先，我们要了解毛泽东是怎样论述从“必然王国”到“自由王国”的。

---

① 马克思说：“哲学家们只是用不同的方式解释世界，问题在于改造世界。”毛泽东讲：“而无产阶级认识世界的目的，只是为了改造世界，此外再无别的目的。”

② 习近平同志在主持中央政治局第七次集体学习时指出：“历史是最好的教科书。”“学习党史、国史，是坚持和发展中国特色社会主义、把党和国家各项事业继续推向前进的必修课。”

③ 胡鞍钢、王绍光、周建明、韩毓海．人间正道［M］．北京：中国人民大学出版社，2011－07.

1962 年 1 月，毛泽东在“七千人大会”上专门谈到从“必然王国”到“自由王国”的问题。他说，自由是对必然的认识和对客观世界的改造。只有在认识必然的基础上，人们才有自由的活动。这是自由和必然的辩证规律。所谓必然，就是客观存在的规律性。① 他还说道：“对于建设社会主义的规律的认识，必须有一个过程。必须从实践出发，从没有经验到有经验，从有较少的经验，到有较多的经验，从建设社会主义这个未被认识的‘必然王国’，到逐步地克服盲目性、认识客观规律、从而获得自由，在认识上出现一个飞跃，达到自由王国。”②

毛泽东十分简洁地说明了从“必然王国”到“自由王国”的过程，尽管他本人也承认在社会主义建设上，我们还有很大的盲目性，还有许多未被认识的“必然王国”。③ 但是他所提出的马克思主义认识论和思想方法，为后来人留下了极其宝贵的财富，为我们认识和实现从“必然王国”向“自由王国”的迈进提供了重要途径。

新中国成立 60 多年来的历史主题始终是建设社会主义现代化。在这个长期过程中，认识中国国情这个客观世界，本质上就是认识社会主义现代化的客观规律。这个认识的过程就是不断地从克服“盲目性”到增强“自觉性”，不断从“必然王国”到“自由王国”。这是一个典型的“准确认识中国，科学发展中国”的过程，在很大程度上直接影响了中国社会主义现代化的进程与结果。

二、 对社会主义社会规律的认识

中国领导人所遇到的基本问题是：什么是中国的社会主义社会？怎样才

---

① 毛泽东．毛泽东文集（第 8 卷）［M］．北京：人民出版社，1999：306.

② 毛泽东．毛泽东文集（第 8 卷）［M］．北京：人民出版社，1999：300.

③ 毛泽东．毛泽东文集（第 8 卷）［M］．北京：人民出版社，1999：302.

能在中国建成社会主义社会？这实质上就是对中国基本国情的总体认识和基本判断。

1959 年，毛泽东谈道：社会主义这个阶段，又可能分为两个阶段，第一个阶段是不发达的社会主义，第二个阶段是比较发达的社会主义。[①] 但毛泽东还是没有具体划分这两个不同历史时期的时间表。不过在 1962 年，他在“七千人大会”上谈道：“中国人口多、底子薄，经济落后，要使生产力很大地发展起来，要赶上和超过世界上最先进的资本主义国家（指美国），没有一百多年的时间，我看是不行的。”[②] 这就是说，中国只有赶超了美国，才能进入比较发达的社会主义。

1987 年，党的十三大报告首次做出了基本论断：“从五十年代生产资料私有制的社会主义改造基本完成，到社会主义现代化的基本实现，至少需要上百年时间，都属于社会主义初级阶段。”这一基本判断是基于对中国基本国情——“人口多，底子薄，人均国民生产总值仍居于世界后列”[③] ——的深刻认识而提出的。

2012 年，党的十八大报告将社会主义初级阶段界定为当今中国的“最大国情”、“最大实际”，是建设中国特色社会主义的“总依据”。[④]

三、 对中国现代化的认识

中国领导人对这一问题的认识，实质上是对中国现代化的目标及其实现途径的认识。

1954 年，在第一届全国人民代表大会第一次会议上，周恩来在《政府工

---

① 毛泽东. 毛泽东文集（第 8 卷）[M]. 北京：人民出版社，1999：116.

② 毛泽东. 毛泽东文集（第 8 卷）[M]. 北京：人民出版社，1999.

③ 赵紫阳. 沿着有中国特色的社会主义道路前进 [R]. 1987－10－25.

④ 胡锦涛. 坚定不移沿着中国特色社会主义道路前进　为全面建成小康社会而奋斗 [R]. 2012－11－08.

作报告》中首次提出要“建立起强大的现代化的工业、现代化的农业、现代化的交通运输业和现代化的国防”。[①] 1956年，党的八大通过的《党章》中正式提出中国共产党的任务就是“四个现代化”，使中国具有强大的现代化的工业、现代化的农业、现代化的交通运输业和现代化的国防。1957年3月，毛泽东还提出了“三个现代化”设想。他在中国共产党全国宣传工作会议上讲话中提出：“我们一定会建设一个现代工业、现代农业和现代科学文化的社会主义国家。”[②] 1959年，毛泽东谈到，建设社会主义，原来要求是工业现代化，农业现代化，科学文化现代化，现在要加上国防现代化。[③] 1964年12月，在第三届全国人大第一次会议上，周恩来根据毛泽东建议提出了“四个现代化”，即在本世纪内全面实现农业、工业、国防和科学技术现代化。[④] 1975年1月，在第四届全国人大第一次会议上，周恩来又代表毛泽东重申了“四个现代化”，使我国国民经济走在世界的前列。[⑤] 因此，将“四个现代化”确定为20世纪下半叶的奋斗目标，但是对于什么是真正的现代化、是否能够实现现代化还是知之不多的。

邓小平在先后访问6个国家后，特别是访问了新加坡、日本（两次）和美国后，提出了“小康之家”“小康水平”的20世纪下半叶奋斗目标，替代了“四个现代化”目标。1982年，党的十二大报告提出了1980~2000年中国式（小康水平）经济现代化“两步走”设想。[⑥] 1987年，党的十三大报告提

---

① 周恩来．周恩来选集（下卷）[M]．北京：人民出版社，1984：132.

② 毛泽东．毛泽东文集（第7卷）[M]．北京：人民出版社，1999：268.

③ 毛泽东．毛泽东文集（第8卷）[M]．北京：人民出版社，1999：116.

④ 周恩来．发展国民经济的主要任务［M］//周恩来．周恩来选集：下卷．北京：人民出版社，1984：439.

⑤ 周恩来．向四个现代化的宏伟目标前进［M］//周恩来．周恩来选集：下卷．北京：人民出版社，1984：479.

⑥ 胡耀邦．全面开创社会主义现代化建设的新局面［R］. 1982-09-08.

出了经济现代化的“三步走”战略设想，[①] 实际上是将毛泽东、周恩来提出的“四个现代化”目标延长至2050年。这一时期，领导人所理解和提出的社会主义现代化，基本上还是经济现代化范畴。1997年，党的十五大报告提出了经济政治文化“三大目标”“三大纲领”“建设有中国特色社会主义的经济、政治和文化的基本目标和基本政策，有机统一，不可分割，构成党在社会主义初级阶段的基本纲领”。[②]

进入21世纪之后，从经济现代化拓展到其他方面的现代化：2002年，党的十六大报告做出了我国社会主义经济建设、政治建设、文化建设的“三位一体”的战略部署。[③] 2007年，党的十七大报告做出了我国社会主义经济建设、政治建设、文化建设、社会建设的“四位一体”的战略部署。[④] 2012年，党的十八大报告全面提出了经济建设、政治建设、文化建设、社会建设和生态文明建设的“五位一体”的总体布局，促进现代化建设各方面相协调。党的十八大报告最大的创新和亮点之一，就是生态文明建设。[⑤] 至此，党中央21世纪上半叶（指2000～2050年）中国社会主义现代化的总体布局基本形成。[⑥] 从世界性现代化历史和进程看，中国正在创新独特的更加全面的现代化。

---

① 赵紫阳. 沿着有中国特色的社会主义道路前进［R］. 1987-10-25.

② 江泽民. 高举邓小平理论伟大旗帜，把建设有中国特色社会主义事业全面推向二十一世纪［R］. 1997-09-12.

③ 大会同意报告关于我国经济、政治、文化建设和改革的部署。《中国共产党第十六次全国代表大会关于十五届中央委员会报告的决议》（2002年11月14日中国共产党第十六次全国代表大会通过）。

④ 大会同意报告关于我国社会主义经济建设、政治建设、文化建设、社会建设的部署。《中国共产党第十七次全国代表大会关于十六届中央委员会报告的决议》（2007年10月21日中国共产党第十七次全国代表大会通过）。

⑤ 胡锦涛. 坚定不移沿着中国特色社会主义道路前进　为全面建成小康社会而奋斗［R］. 2012-11-08.

⑥ 胡鞍钢. 中国道路与中国梦想［M］. 杭州：浙江人民出版社，2012.

四、 对中国工业化道路的认识

中国领导人对这一问题的认识，实质上是对中国作为工业化的后来者如何赶超西方工业化并创新新型工业化道路的认识。

1953 年，毛泽东正式提出国家工业化目标。毛泽东指出，从中华人民共和国成立，到社会主义改造基本完成，这是一个过渡时期。党在这个过渡时期的总路线和总任务，是要在一个相当长的时期内，逐步实现国家的社会主义工业化，并逐步实现国家对农业、手工业和对资本主义工商业的社会主义改造。[①] 这是国家发动、国家计划、国家投资、国家（直接）管理的工业化模式，成功地提前完成了第一个五年计划目标和任务，创造了新中国的第一个“黄金时代”,[②] 但也体现出如下特点：集中在国有经济，排斥了私人经济；集中在集体经济，排斥了个体经济；集中在城镇地区，排斥了农村工业化。之后，毛泽东多次强调要从中国是一个大农业国这种情况出发，以农业为基础，正确处理重工业同农业、轻工业的关系，充分重视发展农业和轻工业，走出一条适合我国国情的中国工业化道路。[③]

2002 年，党的十六大报告提出“两化同步发展”的思路：坚持以信息化带动工业化，以工业化促进信息化，走出一条科技含量高、经济效益好、资源消耗低、环境污染少、人力资源优势得到充分发挥的新型工业化路子。[④]

2012 年，党的十八大报告提出“四化同步发展”的思路：坚持走中国特色新型工业化、信息化、城镇化、农业现代化道路，推动信息化和工业化深

---

① 毛泽东．毛泽东文集（第 6 卷）［M］．北京：人民出版社，1999：316.

② 胡鞍钢．中国政治经济史论（1949—1976）［M］．北京：清华大学出版社，2008.

③ 1981 年 6 月 27 日，中国共产党第十一届中央委员会第六次全体会议一致通过《关于建国以来党的若干历史问题的决议》。

④ 江泽民．全面建设小康社会，开创中国特色社会主义事业新局面［R］. 2002 - 11 - 08.

度融合、工业化和城镇化良性互动、城镇化和农业现代化相互协调，促进工业化、信息化、城镇化、农业现代化同步发展。① 这“四化”就成为中国经济发展的“四大发动机”，相互需求、相互支撑、相互作用。

五、 对社会主义基本经济制度的认识

领导人对这一问题的认识，实质上是对我国基本国情、对我国如何建立和完善社会主义基本经济制度并使之符合“生产关系一定要适应生产力发展”规律的认识。

1949 年 9 月制定的《共同纲领》明确规定了中国实行“五种经济成分”的混合经济：国营经济、合作社经济、农民和手工业者的个体经济、私人资本主义经济和国家资本主义经济。在第二十六条中提出：“使各种社会经济成分在国营经济领导之下，分工合作，各得其所，以促进整个社会经济的发展。”② 这是新中国最初的新民主主义“混合经济”阶段，既不同于西方资本主义的私有制，也不同于苏联社会主义的公有制，是“两条腿走路”，对迅速恢复国民经济起到了关键性作用。③

1952 年底，毛泽东提出了过渡时期的总路线，1953 年底开始对农业、手工业和对资本主义工商业实行社会主义改造，到 1956 年底基本完成了“三大改造”，基本建成了社会主义公有制，即全民所有制和集体所有制。

1959 年 9 月，刘少奇评价道，这条总路线，是社会主义革命和社会主义建设同时并举的总路线，是引导中国社会由当时的既有社会主义经济，又有资本主义经济，又有个体经济的复杂的经济结构，过渡到单一的社会主义的

---

① 胡锦涛. 坚定不移沿着中国特色社会主义道路前进 为全面建成小康社会而奋斗［R］. 2012 - 11 - 08.

② 1949 年 9 月 29 日，中国人民政治协商会议第一届全体会议通过《中华人民政治协商会议共同纲领》。

③ 胡鞍钢. 中国政治经济史论（1949—1976）［M］. 北京：清华大学出版社，2008.

经济机构的（总）路线。[①] 同年周恩来宣布："中国已经成为以生产资料公有制为基础的社会主义社会。"[②] 当时的领导人都以为只要建立了单一的公有制经济就是建立了社会主义社会。

直到1987年，党的十三大报告才认识到这是"过分单一的所有制结构和僵化的经济体制"，"严重束缚了生产力和社会主义商品经济的发展"，并对此作了深刻的反思，[③] 正式提出"在公有制为主体的前提下继续发展多种所有制经济"，认为私营经济"是公有制经济必要的和有益的补充"。"中外合资企业、合作经营企业和外商独资企业，也是我国社会主义经济必要的和有益的补充。"[④] 这就有力地促进了混合经济的发展。

1997年，党的十五大报告正式把社会主义公有制为主体、多种所有制经济共同发展的制度确立为社会主义初级阶段的基本经济制度。[⑤]

2002年，党的十六大在强调要坚持和完善这一基本经济制度的时候，提出了两个"毫不动摇"、一个"统一"，即坚持公有制为主体，促进非公有制经济发展，统一于社会主义现代化建设的进程中，不能把这两者对立起来。各种所有制经济完全可以在市场竞争中发挥各自优势，相互促进，共同发展。[⑥] 实践证明，社会主义的混合经济体制符合中国基本国情，作为生产关系也适应生产力的发展，形象地讲，作为"东方巨人"用"两条腿走路"，就

---

① 刘少奇．马克思列宁主义在中国的胜利［M］//中共中央文献研究室．建国以来重要文献选编：第12册．北京：中央文献出版社，2011：474－475.

② 周恩来．伟大的十年［M］//中共中央文献研究室．建国以来重要文献选编：第12册．北京：中央文献出版社，2011：517.

③ 赵紫阳．沿着有中国特色的社会主义道路前进［R］．1987－10－25.

④ 赵紫阳．沿着有中国特色的社会主义道路前进［R］．1987－10－25.

⑤ 江泽民．高举邓小平理论伟大旗帜，把建设有中国特色社会主义事业全面推向二十一世纪［R］．1997－09－12.

⑥ 江泽民．全面建设小康社会，开创中国特色社会主义事业新局面［R］．2002－11－08.

是比一条腿走路要稳得多、快得多。[①]

六、 对社会主义市场经济的认识

中国领导人对这一问题的认识，实质上是回答社会主义能不能搞市场经济，中国能不能超越资本主义市场经济，进而在当今世界创新社会主义市场经济的问题。

1953年之后，中国正式建立了计划经济体制。[②] 1956年9月，陈云在党的八大的发言中提出“大计划、小自由”的设想，提出了著名的“三个主体、三个补充”。[③] 党的八大《关于政治报告的决议》接受陈云这一设想，《决议》指出：这种社会主义的统一市场应当以国家市场为主体，同时附有在一定范围内的国家领导下的自由市场，作为国家市场的补充。[④] 这是对高度集权计划经济体制的重大修正。

1958年，毛泽东提出了社会主义商品生产的新概念，他指出：“现在要利用商品生产，商品交换和价值法则，作为有用的工具，为社会主义服务。”“商品生产要看它与什么经济制度相联系，同资本主义制度相联系就是资本主义的商品生产，同社会主义制度相联系就是社会主义的商品生产。”[⑤] 这就成为党的十二届三中全会关于社会主义商品经济和党的十四大关于社会主义市场经济体制的重要思想来源。

---

① 胡鞍钢，等．中国国家治理现代化［M］．北京：中国人民大学出版社，2014.

② 刘少奇．关于中华人民共和国宪法草案的报告［M］//刘少奇．刘少奇文选：下卷．北京：人民出版社，1985：144.

③ 陈云．社会主义改造基本完成后的新问题［M］//陈云．陈云文选：第三卷．北京：人民出版社，1995：13.

④ 中国共产党第八次全国代表大会．中国共产党第八次全国代表大会关于政治报告的决议［M］//中共中央文献研究室．建国以来重要文献选编：第9册．北京：中央文献出版社，2011：524.

⑤ 毛泽东．关于社会主义商品生产问题［M］//毛泽东．毛泽东文集：第7卷．北京：人民出版社，1999：435、439.

1979年11月，邓小平破天荒地提出了“社会主义也可以搞市场经济”的观点。他认为，市场经济只存在于资本主义社会，只有资本主义的市场经济，这肯定是不正确的。社会主义也可以搞市场经济。我们是计划经济为主，也结合市场经济，但这是社会主义的市场经济。[①] 社会主义可以利用这种方法来发展社会生产力，但是这并没有成为政治共识，之后经历了从“社会主义计划经济体制”向“社会主义市场经济体制”的转变，出现了几种不同的过渡体制。十二大提出计划经济为主，市场调节为辅。这是“建立计划经济为主、市场调节的社会主义计划经济体制阶段”。十二届三中全会指出，商品经济是社会经济发展不可逾越的阶段，我国社会主义经济是公有制基础上的有计划的商品经济。这是建立社会主义商品经济体制阶段。十三大提出，社会主义有计划的商品经济体制应该是计划与市场内在统一的体制。这是建立计划与市场相结合的社会主义商品经济体制阶段。十三届四中全会后，提出建立适应有计划商品经济发展的计划经济与市场调节相结合的经济体制和运行机制。

1992年，邓小平在“南方谈话”时说：“计划多一点还是市场多一点，不是社会主义与资本主义的本质区别。计划经济不等于社会主义，资本主义也有计划；市场经济不等于资本主义，社会主义也有市场。计划和市场都是经济手段。”[②] 同年，党的十四大报告正式提出“我国经济体制改革的目标是建立社会主义市场经济体制。”[③]

之后，中国在建立新体制方面经历了3个阶段：“建立新体制阶段”，反

---

① 邓小平．社会主义也可以搞市场经济［M］//邓小平．邓小平文选：第2卷．北京：人民出版社，1994：236.

② 邓小平．在武昌、深圳、珠海、上海等地的谈话要点［M］//邓小平．邓小平文选：第3卷．北京：人民出版社，1993.

③ 江泽民．加快改革开放和现代化建设步伐　夺取有中国特色社会主义事业的更大胜利［R］．1992-10-12.

映在十四届三中全会《中共中央关于建立社会主义市场经济体制若干重大问题的决定》；“完善新体制阶段”，反映在十六届三中全会《中共中央关于完善社会主义市场经济体制若干重大问题的决定》；“全面深化改革”阶段，反映在十八届三中全会《中共中央关于全面深化改革若干重大问题的决定》。如果从1992年算起，中国用了20多年的时间，创新了世界独特的社会主义市场经济体制。

七、总结：怎样才能从“必然王国”到“自由王国”

以上分析，对我们认识当代中国社会主义建设重大问题、认识从“必然王国”到“自由王国”发展规律的启示是：

第一，从“必然王国”到“自由王国”，既是一个认识上的飞跃，又是一个经历了较长时间的认识过程。对此，毛泽东曾讲过：“人对客观世界的认识，由必然王国到自由王国的飞跃，要有一个过程。”他讲到，对于在中国如何进行民主革命的问题，从1921年到1945年一共24年，全党的认识才统一起来。[①]类似的，对在中国如何进行社会主义现代化的问题上，中国共产党从1949年到1978年经过了29年的时间才真正达成了共识，进而走上“中国之路”。

在中国，如何改革开放，如何实现现代化，并没有一个现成的模式和现成的经验。[②]“中国这个客观世界，整个地来说，是由中国人来认识的。”对于中国社会主义现代化的全局和规律的认识，必须有一个较长时间的社会实践过程，也是一个从知之不多到知之较多，从知之不深到知之较深，从知之不全到知之较全的过程。这正是中国社会主义现代化不断成功并将继续成功的奥秘所在。[③]

---

① 毛泽东．毛泽东文集（第8卷）［M］．北京：人民出版社，1999：298.

② 毛泽东．毛泽东文集（第8卷）［M］．北京：人民出版社，1999：299.

③ 胡鞍钢．中国道路与中国梦想［M］．杭州：浙江人民出版社，2013.

第二，从“必然王国”到“自由王国”不可能一蹴而就，可能会经过多次反复，甚至还会经过从肯定到否定、再到肯定的过程。例如，党的八大提出的路线是：国内主要矛盾已经不再是工人阶级和资产阶级的矛盾，而是人民对于经济文化迅速发展的需要同当前经济文化不能满足人民需要的状况之间的矛盾；全国人民的主要任务是集中力量发展社会生产力，实现国家工业化，逐步满足人民日益增长的物质和文化需要。[①] 实践证明，八大的路线是正确的，它为新时期社会主义事业的发展和党的建设指明了方向。[②] 但是，1962年9月，中共八届十中全会再次强调阶级斗争。1969年4月，中共九大确定了以阶级斗争为纲的基本路线。后来，1978年12月，党的十一届三中全会又重新肯定并延续了党的八大路线。[③] 1981年党中央决议评价道：党的十一届三中全会果断地停止使用“以阶级斗争为纲”口号，作出了把工作重点转移到社会主义现代化建设上来的战略决策。[④] 又如，《共同纲领》肯定了新民主主义混合经济，后来毛泽东又否定了个体、私人经济，改革开放后，社会主义混合经济又重新受到肯定。

第三，从“必然王国”到“自由王国”，集体认识优于个人认识，集体智慧优于个人智慧。1962年1月，毛泽东在“七千人大会”上讲，拿我来说，经济建设工作中间的许多问题，我就不太懂，别人比我懂，少奇同志比我懂，恩来同志比我懂，小平同志比我懂。陈云同志，特别是他，懂得较多。对于农业，我懂得一点。我注意得较多的是制度方面的问题，生产关系方面

---

① 中共中央文献研究室．建国以来重要文献选编（第9册）［M］．北京：中央文献出版社，2011：292－293.

② 1981年6月27日，中国共产党第十一届中央委员会第六次全体会议一致通过《关于建国以来党的若干历史问题的决议》。

③ 《中国共产党第十一届中央委员会第三次全体会议公报》（1978年12月22日通过）。

④ 《中国共产党中央委员会关于建国以来党的若干历史问题的决议》（1981年6月27日中国共产党第十一届中央委员会第六次全体会议一致通过）。中共中央文献研究室．三中全会以来重要文献选编（下）［M］．北京：人民出版社，1982：841.

的问题。至于生产力方面，我的知识很少。① 如果毛泽东能够听取领导集体意见，集中他们的智慧，既可以避免“大跃进”的失误，也会避免“文化大革命”的错误。尽管历史不能假设，但是历史的教训是不应忘记和重演的。

第四，从“必然王国”到“自由王国”，还需要“走出去”，了解西方世界，更加开放地学习和借鉴西方的经验。毛泽东本人多次提出“四个现代化”的目标，还多次提出赶超美国的大战略，尽管中美没有建交，尼克松总统可以访问中国，但是毛泽东却不能访问美国，因此对西方现代化知之不多，对美国也不甚了解。邓小平则不同，1974 年到美国纽约参加联合国大会，途经法国。1979 年，他又专程访问美国，回国途中第二次访问日本，进一步加深了对西方现代化、对中国与美国和日本之间差距的认识。这些认识，直接推动邓小平做出对外开放的重大决策。这就更不用说后来的领导人更加频繁地出国访问、参加多边国际会议，直接获得全球信息和发展知识，也直接向世界传递中国信息和声音。

第五，从“必然王国”到“自由王国”，需要坚持实事求是的原则，由实践来检验真理。实事求是本身就是科学方法，能够透过现象看本质，通过客观“实事”来“求是”，发现那些隐藏在“实事”背后并起着决定性作用的、带有客观规律性的东西，从而认识规律、发现真理。真理一定是客观存在的；真理一定是比较简单的；真理一定是不可抗拒的；真理一定是要战胜歪理邪说的。实践才是检验真理的唯一标准，也是发展真理的唯一来源。对当代中国的认识越是接近中国的实际情况，接近真理、发现真理的可能性就越大；越是通过中国实践来检验真理，就越有可能发展真理、完善真理。掌握了实践这一法宝，对当代中国的认识就能够从“必然王国”不断迈向“自由王国”。

第六，从“必然王国”到“自由王国”，是一个不断重复、循环往复的

---

① 逄先知，金冲及．毛泽东传（1949—1976）（下卷）［M］．北京：中央文献出版社，2003：1203.

过程，是没有终结的过程。诚如毛泽东所指出的："人类的历史，就是一个不断地从必然王国向自由王国发展的历史。这个历史永远不会完结。""新与旧、正确与错误之间的斗争永远不会完结。""人类总得不断地总结经验，有所发现，有所发明，有所创造，有所前进。"①

① 毛泽东．毛泽东文集（第8卷）[M]．北京：人民出版社，1999：325.

是碎片化的中国还是系统化的中国

（2014 年 2 月 26 日）

这是信息大爆炸、知识大爆炸的时代，也是信息碎片化、知识碎片化的时代，因此人们对当代中国的认识和解读就难免会碎片化、片面化。未知事物总是会有两个不同方面，社会主义社会从来就不是一个纯而又纯的社会，也不是一切都美好的社会，而是一个好事与坏事、先进与落后、健康与腐朽、廉洁与腐败、进步与倒退、正义与邪恶并存的十分复杂的社会。

事实上，早在 1956 年，毛泽东就指出："我们不要迷信，认为在社会主义国家里一切都是好的。在我们的社会里，一定有好的东西，也有坏的东西，有好人，也有坏人，有先进的，也有落后的。正因为是这样，我们才要进行改造，把坏的东西改造成好的东西。"他承认，"但是我们不会把一切都做好，否则我们的后代就没有工作可做了。"①因此，我们就要有不断改革、不断完善的制度自觉和制度自信，我们也相信在社会主义社会和社会主义制度条件下，总是好事多于坏事，先进取代落后，健康战胜腐朽，廉洁胜于腐败，进步阻止倒退，正义战胜邪恶。

现实的中国，并不是一个碎片化的中国，而是一个不断变化的中国，还是一个具有相互关联的整体性的、系统化的中国。这就更需要我们提供关于当代中国的专业知识、历史知识、系统知识、整体知识和前沿知识。

何为公共知识？一般而言，就是指那些有助于公众和社会福祉的知识，

---

① 毛泽东．毛泽东文集（第 7 卷）[M]．北京：人民出版社，1999：69.

不仅具有公共性，是开放的、可获得的，而且具有收益性，特别是公共收益、公共福利、公共福祉，有助于经济繁荣、科技进步、社会和谐。

我们所提供的国情研究成果就属于公共知识，进一步讲就是关于当代中国的系统知识、整体知识、集成知识，我们作为中国大学智库，要真正拥有“话语权”“解读权”，从而引领学术界、影响全社会。

当代中国研究如何走出去[①]

（2014 年 6 月 17 日）

伴随着中国的迅速崛起，世界各国都在关注中国、研究中国，并与中国打交道，当代中国研究已经成为世界学术界一项新兴的学科研究。其中，中华人民共和国国史研究应当是一个重要的方面。中国学者在国际上掌握话语权绝不是“天上掉馅饼”的事情，但也不是办不到的事情，这就需要我们有自觉意识、主动意识，即自觉地、主动地参与国际学术竞争，力争一席之地，进一步形成更大、更强的“中国声音”。

如何参与国际学术竞争？如何发出“中国声音”？这就需要知彼知己，了解世界上最优秀的学者是如何做的，我们应当如何向他们学习，又如何创新自己的学术成果。这里，我也介绍一下自己的实践，谈谈自己的体会。

在国际上，最有影响力的中国经济史著作应当是安格斯・麦迪森所著的《中国经济的长期表现：公元 690—2030 年》（中文版，上海人民出版社，2011 年修订版），这部书并不是史料叙述史，而是比较专业的经济数据分析史。我认为这是一部 1949 年之后最有参考价值、最具影响力的中国经济史。该书的特点不仅是介绍了中国的“前天”“昨天”，还介绍了

① 此文系作者 2014 年 4 月 16 日参加由中国社会科学院世界社会主义研究中心和当代中国研究所新中国历史经验研究中心承办的“国史研究话语权建设”研讨会的发言稿。

中国的“今天”，更预测了中国的“明天”，我比较欣赏这类著作。我本人就是安格斯·麦迪森的学术知己。从1997年起，我就开始频繁地、大量地引用麦迪森的研究成果，这成为我自己学术研究的国际背景和重要数据来源。

2005年，林毅夫和我专门邀请麦迪森来中国访问并讲学。2009年，我在法国巴黎参加国际能源署的咨询时，还专门拜访了麦迪森，与他谈到国际金融危机的爆发是否加快了中国追赶美国的进程。

2010年2月，麦迪森更新了数据，即2008年中国的GDP（PPP，1990年国际美元价格）相当于美国的96%，这意味着2009年美国是负增长，中国仍然保持在9.2%的高增长，实际上中国已经超过了美国。同年4月底，麦迪森逝世，我于4月26日专门写了《麦迪森的数据与预言》一文，认为麦迪森验证了毛泽东的“中国梦”，即毛泽东在党的八大上提出用50年（指2006年）、60年（指2016年）的时间赶上并超过美国的战略设想。最令人惊叹的是，他早在2007年就预测到2015年中国的GDP相当于美国的107%；2030年，中国的GDP相当于美国的1.38倍。因此，我认为麦迪森的数据研究也给我们提供了研究当代中国及其历史的范式。所以，我们还是要更加专业化地向国际同行学习，创新自己的研究成果，在国际学术界竞争中发出自己的“声音”。

事实上，我们做的所有中国研究都是在与国际同行竞争，而这一竞争是不可避免的，常常是他们做在前，我们做在后，有时也会出现同时竞争。

2011年，我们基于麦迪森的数据做了《2030中国：迈向共同富裕》（中文版，中国人民大学出版社，2011年；英文版，Springer，2014），用3种方法计算得出，到2030年中国的GDP相当于美国的2.0～2.2倍。与此同时，2012年2月，世界银行与国务院发展研究中心联合课题组正式出版了《2030年的中国：建设现代、和谐、有创造力的社会》（英文版，中文版，中国财政经济出版社，2012 年）。

毛泽东同志讲过：不要割断历史。不但要懂得中国的今天，还要懂得中国的昨天和前天。同时他还提出，应先作经济史、政治史、军事史、文化史几个部门的分析研究，然后才有可能作综合的研究。①

正是受毛泽东同志的启发，我先后撰写了《中国政治经济史论（1949—1976）》（清华大学出版社，2007 年版）、《毛泽东与“文革”》（香港，大风出版社，2008 年版）、《中国政治经济史论（1977—1991）》（清华大学出版社，2014 年版），现在开始着手撰写《中国政治（1992—2002）》。实际上，我们都是在与世界同行同台竞争。例如，哈佛大学的麦克法夸尔和费正清主编的《剑桥中华人民共和国史》，包括《剑桥中国史》第十四卷《革命的中国的兴起（1949—1965）》和第十五卷《中国革命内部的革命（1966—1982）》，麦克法夸尔（Roderick Macfarquhar）和沈迈克（Michael Schoenhals）所出版的《毛泽东最后的革命》（*Mao' s Last Revolution*，2009）和傅高义（Ezra F. Vogel）所著的《邓小平时代》（英文版，Belknap Press October 26，2011；中文版，2013 年 1 月）。

对中华人民共和国国史进行分析的基本框架是什么？我认为，主线还是工业化与现代化。从中国现代历史看，不同时代会有不同的鲜明特色，先是中国革命的时代，接着是建立新中国的时代，以及社会主义革命和建设时代，再是进入改革开放时代。

改革开放时代不仅形成了当代中国最鲜明的特色，还是持续时间最长、成就最大的时代，是中国“大踏步赶上”世界工业化、现代化、全球化步伐的时代。

如何比较准确地描述中国的工业化与现代化的历史进程呢？我采用了许

① 毛泽东．改造我们的学习［M］//毛泽东．毛泽东选集：第 3 卷．北京：人民出版社，1991：801－802.

多指标来进行更专业的计算和讨论，除 GDP 外，我还使用了发电量[①]作为衡量现代化最重要的指标，使用的数据时间长达 110 年，从 1900 年到 2012 年。我是以最发达、最现代化的美国作为比较对象，以美国主要指标为 100%，计算中国的相对系数（也可以称追赶系数），因为中国本身就是工业化与现代化的后来者，它的成功或失败是可以用追赶系数来定量评价的。基本上可以看出，现代中国分为两个截然不同的时代：1900～1950 年，中国与美国的相对差距是扩大的，即“大趋异”时代，从庞然大物的老大帝国变为“一穷二白”、“一穷二弱”之国，其中 1990 年中国发电量只相当于美国的 0.01%，到 1950 年也只有美国的 1.2%；1950～2010 年，中国与美国的相对差距是不断缩小的，特别是 1980 年之后，进入“大趋同”时代。按照汇率法计算的中国国内生产总值，到 2012 年进一步提高到 11.5%，居世界第 2 位，相当于美国的 53.3%。按照购买力平价（1990 年国际美元价格）计算的中国国内生产总值（1990 年国际美元价格），到 2012 年相当于美国的 129.3%，居世界第 1 位。[②]

从反映一国国际市场竞争力的出口额指标看，到 1950 年美国出口占世界比重高达 16.8%，中国出口额仅占世界比重的 0.9%，中国仅相当于美国出口额的 5.3%，到 20 世纪 90 年代美国被德国超过。[③] 到 2007 年，中国超过了美国，2009 年又超过德国，跃居世界第一位，到 2012 年中国商品出口额相当

---

① 发电量是指发电机进行能量转换产出的电能数量。发电量包括全部电力工业、自备电厂、农村小型电厂的火力发电、水力发电、核能发电和其他动力发电（如地热能发电、太阳能发电、风力发电、潮汐发电和生物能发电）。发电量的计量单位为“千瓦时”。作者在这里假设“没有发电量就没有现代化”；反之“只有发电量才有现代化”，因为一个国家的现代化因素都要基于发电量，才能使各种现代化因素扩散、传播和应用。该指标比其他指标（包括 GDP）更好地代表了一个国家与最发达的现代化国家（如美国）的相对程度。

② 1978 年、2000 年的数据来自：Angus Maddison，World Population，GDP and Per Capita GDP，1－2008 AD，2010，http：//www.ggdc. net/maddison/，2012 年数据系作者推算。

③ ［英］安格斯·麦迪森. 世界经济二百年回顾［M］. 北京：改革出版社，1997：162－163.

于美国的132%。

从反映一国现代化因素看，中国和美国的国土面积基本相等，中国发电量与美国发电量的比值从1980年的12.1%上升至2010年的97.2%，2012年已经超过了美国，达到了116.0%。

从反映一国技术创新实力看，以发明专利申请量为代表指标（中国是从1985年4月1日正式实施《专利法》，在此之前，中国是没有发明专利申请的），到2012年，中国发明专利申请量已经超过美国，相当于美国的120.3%，从“一穷二白”的中国变成了真正具有更高现代化水平的世界大国。

正是在这一时代，中国跨越式发展，后来居上，无论是工业化还是现代化因素都不同程度地追赶并超过美国，尽管人均水平还低于美国，但是这也极大地影响了当前世界政治经济发展格局，也极大地影响了人类的发展前景。

我们就是要拿出更加专业化的研究成果才能与世界同行竞争。这里我还可以举一个例子来说明不要迷信所谓的美国权威。以美国国家情报委员会为例，2004年12月其发表的《全球趋势2020：绘制全球报告》预测：到2020年中国国内产出总值将超过单个西方经济强国（除美国之外）。[①] 2008年11月，该委员会在《全球趋势2025：转型的世界》报告中，将综合国力定为GDP、国防支出、人口以及技术四大类战略资源占全球比重的加权平均。该报告预测美国的综合国力占世界比重将从2005年世界的25%下降到2025年的22%，而中国则从2005年的11%上升到2025年的14%。这意味着美国综合国力将从中国的2.27倍缩小至1.57倍。该报告再次预测：如按目前的态势发展下去，中国到2025年将成为世界第二大经济体。实际上，2010年中国GDP就超过了日本，成为世界第二大经济体，比该报告的预测时间提前了

---

① National Intelligence Council，2004. Mapping the Global Future. http：//www.foia.cia.gov/2020/2020/.pdf.

15 年。

2012 年 12 月，美国国家情报委员会又发表了《2030 年全球趋势：不一样的世界》报告，该报告专门计算了综合国力，这是由 11 个指标所构成的，包括 PPP（购买力平价）、贸易额、外国直接投资、对外援助、人力资本、政府财政收入、研发支出、互联网及通信技术、国防支出、能源消耗、核武器，预测到 2030 年美国占世界总量比重近 20%，中国仅为 15%，美国相当于中国的 1.33 倍，仍是世界最强之国。而我们的研究结果表明，美国和中国综合国力的相对差距发生巨大变化，从 1990 年的 4.32 倍缩小到 2010 年的 1.22 倍。预计在不久的将来，中国完全有可能超越美国，成为世界第一大综合国力国。

这表明，从专业化角度看，美国国家情报委员会的得分很差，根本就经不起时间的检验，过高估计自己，过低估计中国，这类例子很多。

我们正在积极“走出去”，已经出版了一批外文著作。其中，包括英文著作 10 部、日文著作 11 部、韩文著作 1 部和葡文著作 1 部。

如何看待当代中国的改革开放

（2014 年 2 月 13 日）

如何看待当代中国的改革开放？中国是一个极其复杂的社会，既不是纯而又纯的社会主义社会，也不像许多人所认为的一片黑暗的社会，中国总会有这样或那样的问题，包括十分严重的问题。由于人们所持立场不同，看问题的方法不同，对中国就会产生各种各样的看法。诚如毛泽东曾批评过的：他们不去看问题的本质方面、主流方面，而是强调那些非本质方面、非主流方面的东西。应当指出：不能忽略非本质方面和非主流方面的问题，必须逐一地将它们解决。但是，不应当将这些看成为本质和主流，以致迷惑了自己的方向。①

那么，什么是当今中国社会的本质和主流呢？什么是中国发展的正确方向呢？这就是“中国道路”“中国理论”“中国制度”。中国存在的所有问题都不会改变中国道路，更不会葬送中国的前景。因此，有问题就要解决，要解决就要有办法，要有办法就要改革，要改革就要创新。中国的道路就是这么走过来的，中国的问题也是这样得以解决的。

---

① 毛泽东．毛泽东文集：第 6 卷［M］．北京：人民出版社，1999：430.

向世界传递正能量[①]

（2014 年 10 月 14 日）

早在 20 世纪 90 年代初，我就与《人民日报》（海外版）结下了不解之缘。

如获至宝，获益匪浅

1991 年 9 月至 1992 年 9 月，我在美国耶鲁大学经济学系做博士后，在此期间，一直收到中国驻纽约总领事馆寄来的《人民日报》（海外版），当时感觉如获至宝，自然很快成为忠实的读者，从字里行间获得信息、知识与思想。后来我又陆续在美国名牌大学和世界银行做了多次的访问研究，访问期间也坚持阅读《人民日报》（海外版），将其视为获取中国信息的重要来源之一。后来海外版有了手机新闻客户端，我又将 APP 应用下载在手机里，便于出差或出国时都能够即时阅读。在海外的中国学人，都渴望深刻了解中国的发展与变化，阅读海外版是一个重要途径。

在频繁地到国外访问、讲学、交流过程中，我碰到许多和我一样的“海外版之友”。这也反映了海外版的确是一个中国与世界交流的桥梁，特别是中国与海外华人以及掌握了汉语的外国人之间的一座桥梁。例如 2003 年首创“北京共识”的雷默是“中国通”，他也通过阅读海外版了解中国。因此，无论是海外版的中国读者还是外国读者，都会或多或少、或深或浅受到这张报纸的影响。我把它的影响概括为三大影响，即知识的影响、思想的影响和文

① 此文发表在《人民日报》（海外版），2014 年 10 月 14 日。

化的影响。

既是读者，也是作者

我和海外版的另一层缘分，除了是其20多年的忠实读者外，我还是海外版的专栏作者。最近我在编辑新作《中国政经时评（2010—2013）》时，才发现我已经在《人民日报》（海外版）“望海楼”专栏发表了19篇文章。从这些文章的内容和标题来看，都旨在及时向海外介绍中国、解读中国、展望中国，都是基于清华大学国情研究院最新研究成果、以政治经济时评方式发表的，为中国改革开放、迅速崛起立言，留下白纸黑字，最重要的是传播当代中国的信息、知识和理念。这会在国内外产生重要的影响，也势必会产生不可避免的争议，这反映了中国百花齐放、百家争鸣的新气象。这里举两个例子。

2012年6月底，我在英国牛津大学当代中国研究中心完成了《中国集体领导体制》书稿（约有十多万字）。该书首次总结了中央政治局常委会及其集体领导机制，这一制度创新于毛泽东，重建于邓小平，逐渐形成了中国特有的集体分工协作、集体交接班、集体学习、集体调研、集体决策五大机制，充分反映了中国制度创新已经超越了所谓的个人总统制。随后在2012年7月3日，我在海外版发表了《辉煌十年，中国成功之道在哪里》一文。文章发表后，一石激起千层浪，反响很强，争论热烈。一年后的2013年7月，该书中文版正式出版，随后我又做了增订版，增加了对十八届中央政治局常委的分析内容；两年后的2014年5月，该书英文版正式出版。针对该书中的观点，美国宾州州立大学拉里·凯特·巴克（Larry Catá Backer）教授[①]发表了

---

① Larry Catá Backer（拉里·凯特·巴克）W. Richard and Mary Eshelman Faculty Scholar & Professor of Law, Professor of International Affairs, Pennsylvania State University. The author may be contacted at lcb911@gmail. com.

长篇评论稿。他特别指出，胡鞍钢就围绕集体领导制，阐述了一种社会主义民主理论。他认为，未来共产党所需要做的不仅仅是从事实中总结理论，更重要的是将理论应用到实践中。

2013 年 7 月 19 日，我在海外版发表了《人民社会为何优于公民社会》，旗帜鲜明地指出，人民社会是中国最基本的社会国情。人民社会的理念不是“舶来品”，而是源于中华民族的创新；人民社会的理念不是照搬外国的“公民社会”，而是中国的“全体人民社会”；人民社会是根据中国实际，继承而创新，充分调动广大人民群众的积极性，共同构建一种新型社会主义现代化社会。此文发表后，再次引起社会强烈反响和极大争论。

信息桥梁、文化桥梁

我把海外版视为中国与世界的桥梁之一。海外版的读者遍布全世界 80 多个国家和地区，他们都希望了解一个真实的中国、复杂的中国、动态多面性的中国，更希望看到一个正在迅速崛起、迅速强大的中国。

我一直认为，中国既是一部天书，也是一部巨著。即使我们天天读，还是读不完；天天写，还是写不尽。因此，我还是会继续通过《人民日报（海外版）》这一信息桥梁、文化桥梁，向世界华人以及懂中文的外国人传递正能量，与他们共同分享我对迅速崛起的中国及其对世界影响的最新研究成果，我还会继续写下去。

中国经济学家的历史责任

（2015 年 1 月 10 日）

林毅夫教授说，中国经济学家获得诺贝尔经济学奖的条件还没有成熟，就学术环境而言，我们还缺乏具备国际影响力的经济学学术期刊，诺奖现有的学术评价标准和体系以及投票机制，还不利于中国经济学家完整地展现自己的研究成果，并得到公正的评价。这些都需要包括中国经济学家在内的方方面面持续不断的努力。①

我同意林毅夫教授的观点，中国经济学家要想获得诺贝尔经济学奖，还是相当困难的。尽管中国很快就要在经济总量上超过美国，并将结束美国 130 年世界第一的历史。这在很大程度上不仅是中国经济学家不断创新积累的结果，还是一个在西方独霸社会科学界的国际背景下的竞争。真正的中国经济学家本身就是西方经济学家的竞争者，而不是复制者、跟随者，更不是西方经济学家的“留声机”，中国经济学家的创新之点就在于能否突破西方经济学家的理论，以中国经济发展的创新实践为出发点，构建中国经济发展的理论及其体系，由此来指导中国未来经济发展实践。我以为这是我们最需要做的，也是我们学术研究的最终目的，其他都是身外之物。

这就是我为什么一直主张我们的中国经济学创新，就是两句话：“知识为民，知识报国。”不过，中国经济学家的贡献不只是对中国的贡献，在日益经济全球化的背景下、南方国家日益崛起的背景下，中国经济发展的理论与实

① 陈昕．林毅夫与他的发展经济学理论［N］．文汇报，2015－01－09.

践还将产生明显的外部性、知识的外溢性，也会为南方国家经济发展提供重要的知识贡献。从这个意义上来看，我们所创新的中国发展知识与理论正确与否、价值大小与否，不是他人的标准与评价，而是中国社会实践的检验、时间的检验、历史的检验。从更深刻的意义上来看，就是以实践为检验真理的唯一标准。

推进当代中国话语体系建设

（2014 年 5 月 6 日）

推进当代中国哲学社会科学话语体系建设，就是与西方话语权竞争，这既是学术竞争，也是价值竞争。学术竞争是表现形式和现象，价值竞争是表现内容和本质。

没有学术竞争能力，就没有价值竞争能力。因此要从学术竞争开始，提高自身的学术创新能力、传播能力和话语影响能力。

目前的国际学术界，仍然是“西风压倒东风”，西方学术界不仅独占英文世界的文字优势，而且借助社会科学杂志及教科书的影响，也拥有了影响中国大学讲堂、教科书的话语权，再加上某些中国教授们“言必称希腊”，说明这不只是“西学东进”，而且是“西学”已经大行其道，占据了主流话语权。

为此，我们要让中国学者率先“走出去”，加快将已有学术成果翻译为不同文字，要持续不断地写作翻译，还要争取出版一本就要有一本的影响力。我们要有愚公移山的精神，每日挖山不止，总会感动上帝的。这个上帝不是别人，就是中国学术界的有志者，以及外国同行中的知音者，像拉里·凯特·巴克（Larry Catá Backer）教授等。

大学文化与大学精神

（2014 年 10 月 20 日）

大学的定义，泛指实施高等教育的学校，指提供教学、研究条件和授权颁发学位的高等教育机关，包括综合性大学、学院、高职高专等。就现代大学历史而言，中国只有 100 多年的历史，北洋西学学堂（今天津大学）是中国近代史上第一所大学，成立于 1895 年，距今只有 119 年的历史。

现代大学不同于中国唐朝所创立的书院。书院是唐宋至明清出现的一种独立的教育机构，是私人或官府所设的聚徒讲授、研究学问的场所。中国有著名的四大书院：江西庐山白鹿洞书院、湖南长沙岳麓书院、河南登封嵩阳书院和河南商丘应天府书院。它们都是文化机构，为中国的教育、学术、藏书、出版、建筑等文化事业的发展，以及对民俗风情的培植、思维习惯及伦常概念的养成等都做出了重大贡献。

到了清代，全国的书院达 2000 余所，官学化也达到了极点，大部分书院与官学无异，如张之洞在武昌建立的两湖书院、在广州建立的广雅书院等。到了光绪二十七年（1901 年），政府诏令各省的书院改为大学堂，各府、厅、直隶州的书院改为中学堂，各州县的书院改为小学堂。至此，书院退出了历史舞台，逐渐被从西方引进的现代大学所取代，变成了教学机构、学术机构、知识机构、专业机构，即使有人文社会科学院系，也没有人认为现代大学是文化机构。

20 世纪下半叶，香港中文大学开始实行学院和书院并行。学院负责“学科为本”的教学，书院负责“学生为本”的教学，通识教育多由书院承担。

香港中文大学由新亚书院（1949 年成立）、崇基学院（1951 年成立）和联合书院（1956 年成立）组成，其后逸夫书院于1986 年成立。这是将西方的学院制与中国的书院制有机结合起来的新的现代大学制度创新，也反映了现代大学的多重属性，尤其是文化机构的属性。

尽管中国各大学都有自身的文化，如校训、校风、传统等，但是并没有意识到大学的本质还是文化机构，确切地讲是塑造人的价值、精神、理念的场所，不仅是“教育”出来的，而且是“教化”出来的，即使培养未来的工程师，也是要培养出有理想、有信仰、有精神、有文化的工程师。

所以说构建中国特色的大学制度，不仅要有现代大学的要素，还要有中国文化、中国价值的要素，不仅秉承中国文明，还要传播中国文化，真正能够塑造每个人（包括学生、教师等）的价值。

最近，清华大学公布了《清华大学章程》，其中“序言”指出：本校秉持“自强不息、厚德载物”校训、“行胜于言”校风、“严谨、勤奋、求实、创新”学风，弘扬“爱国奉献、追求卓越”传统和“人文日新”精神，学术上倡导“独立之精神，自由之思想”。

这反映了清华大学在有意识地塑造文化大学、文化机构，或者说是有中国文化的现代大学，是充分反映中华文化精髓的现代大学。这是一个自我定位、自我升华、自我构建的过程。我作为清华大学的教授，不仅认同这些理念、价值，而且还要“知行合一”，带头示范，做出表率。

无论是讲课，还是指导学生，既教书，又育人，重在育人；既传授知识，又传播思想，重在思想投资；既形式上地教育，又内在地教化，重在精神教化；既指导学术，又指导人生，重在人生导师。

人才培养：以提高核心竞争力为本

（2014 年 1 月 23 日）

培养人才，关键是培养高端的中国国情与公共政策人才。这需要更加明确的定位，即有助于解决哪一类问题的人才是国家最需要的人才，如何让人才进入国家关键部门的关键岗位，在走上了工作岗位后，更具有创新力、更具有竞争力。

从我的教育实践看，还是要培养综合素质好、专业素质高、写作能力水平强的人才更有竞争力和发展前途。对不同的学生要有不同的培养方式和目标，我们要提供学术创新舞台，发挥其所长，以提高核心竞争力为本。

第二部分

智库建设

创新力是中国智库的核心竞争力

（2014 年 1 月 26 日）

2013 年，中国智库排行榜分为综合影响力排名、系统影响力排名和专业影响力排名 3 类。位列综合影响力前 10 名的分别为国务院发展研究中心、中国社会科学院、北京大学、清华大学（第四位）、中国国际经济交流中心、中共中央党校、国家发改委宏观经济研究院、复旦大学、上海社会科学院和中国（海南）改革发展研究院。

该项研究以影响力为核心概念和衡量指数。我们对于中国智库的研究，不仅要考虑影响力，还要考虑创新力。创新力包括学术研究创新力和政策研究创新力，是影响力的基础和来源。智库需要定位为“桥梁”：一是学术界与政府之间的桥梁，将学术研究成果转化为决策参考；二是学术界与社会之间的桥梁，将学术成果思想化、通俗化，成为引领社会主流的思想；三是中国与世界之间的桥梁，将中国案例、中国思想向世界传播，向世界发出中国声音，同时也将世界的最新理念传播到中国，如知识发展的概念等。

中国大学智库的定位和任务[①]

（2012 年 1 月 24 日）

2012 年 1 月 18 日，美国宾夕法尼亚大学智库和公民社会研究项目公布《2011 年全球智库排名报告》。该报告列出全球前 30 所智库，美国布鲁金斯学会排名第一，英国皇家国际事务研究所排名第二，美国卡内基和平基金会第三，美国外交学会第四，美国战略与国际研究中心第五和美国兰德公司第六。中国社会科学院排名第 28 位。从智库数目看，美国第一，中国第二，这与中国经济实力、综合国力的地位大体一致。

该报告对智库的定义是：智库或公共政策研究、分析及参与机构是从事政策导向研究、分析和倡议国内外问题的机构，能够为决策者和公众决策的选择提供有关公共政策的信息。这些机构经常作为学术界与决策机构之间的桥梁，以独立的声音为社会公众利益服务，面向决策者和公众，将应用研究和基础研究转换为通俗易懂的、可靠的、可获得的语言和形式。

我对清华大学国情研究院作为中国大学智库的理解：自觉代表国家利益和人民利益，对世界是“中国代言人”“中国风向标”；专职从事国情与国策研究，这是我们的研究方向和研究任务，在不同的时期会有不同的重点任务；为决策者提供中国短期（5 年）、中期（10 年）、长期（20 年）和远期（30 年以上）目标设想、发展展望和路径分析，如同绘制中国巨轮的航海图；为

① 系作者对美国宾夕法尼亚大学智库和公民社会研究项目公布的《2011 年全球智库排名报告》的评论。

社会公众提供基本国情和重大信息，引导社会正确地、客观地、全面地看待中国。

如何评价智库？该报告提出了 17 个方面，但也不局限于这些方面，对我来说是很有启发的，也给我们提供了如何才能建成一流智库的思路和途径。

中国大学智库的作用是“三个桥梁”：学术界与政界的桥梁，为政界提供“思想”“战略思路”“咨询报告”，参与具体政策讨论；政界与社会公众的桥梁，引导社会，解读政策，向政界反映社会诉求、社会意愿；中国与世界的桥梁，与世界对话，代表中国，介绍中国，解读中国，阐述中国。

我们要学会并熟练掌握 3 种语言：学术语言，与学术同行对话，引导学术潮流；政治语言，与政治家对话，影响政治决策；大众语言，与媒体对话，与社会对话，引导社会，影响社会。

作为中国大学智库，我们的社会责任是什么？就是能够及时提供高水平、高质量、高价值的关于国情与国策的信息、知识和决策建议，为中国经济发展、社会进步、人民福祉、国家强大做出知识贡献。

我们的目标是什么？建立两个“一流”，成为中国一流的决策思想库和世界一流的当代中国研究基地。

我们的理想是什么？就是为十几亿中国人民及后代创造更加美好、更加公平、更加幸福的未来，就是为几十亿世界人民及整个人类福祉做出知识贡献。

这就是我们以天下为己任的理想和责任。

中国大学智库的“三独立”原则

（2014 年 5 月 5 日）

作为中国大学智库，我们是如何保持独立性的？智库是否具有独立性，对我们而言，已经不是一个抽象的理论问题，而是一个具体的实践问题；也不是一个选择智库模式或特征的问题，而是一个如何实践和操作的问题。

那么，我们是怎么实践的呢？早在 1995 年，我还是中国科学院国情分析研究小组成员时，我们就确立了“三个独立性”原则：

一是选题的独立性。我们根据中国发展需求独立地提出研究课题，保证选题的前瞻性、超脱性和独立性。

二是研究的独立性。我们是对中国的科学研究、学术研究、专业研究，而不是非科学的讨论、非学术的议论、非专业的评论，这样才能保证研究成果的客观性、公正性和独立性。

三是发表的独立性。我们的研究成果基本上是内部发表在前、公开发表在后，这就保证了研究成果的参考性（对决策者的）、公开性（对学术界或社会界的）和独立性。

此后的 20 年里，我们的国情研究中心将始终如一地坚持“三个独立性”原则。对一个大学智库来讲，没有独立性就没有创造性，但是独立性也是相对的，随着中国决策的民主化、科学化、制度化，客观上决策层对智库政策咨询的需求越来越大，对其要求越来越专业化，对其质量要求越来越高，同时我们也主动接受中国政府重要机构的政策咨询，根据委托研究课题的合同来确定发表的时间和要求。

国家智库是国家战略的谋划者

（2014 年 6 月 2 日）

作为国家智库，我们的定位为“国家战略的谋划者”。涉及中国发展与长治久安的国家战略全局研究，始终是我们国情研究与国策研究的重中之重。

什么是战略？如何谋划战略？古人早就懂得战略的重要性。2500 多年前的《孙子兵法》就是研究战争、战略、战术的经典著作，被视为世界三大兵书之一，在西方被译为《战争的艺术》（*The Art of War*）。

毛泽东是研究战略的大师，是当代伟大的战略家。他在《中国革命战争的战略问题》（1936 年）一文中指出：“战略问题是研究战争全局的规律的东西。”“只要有战争，就有战争的全局。”“凡属带有照顾各方面和各阶段的性质的，都是战争的全局。”[①] 这是毛泽东关于中国革命战争战略问题的精辟论述，其高度的战略思想对我们研究中国现代化的战略问题也是适用的，我们就是要研究中国现代化“全局的规律的东西”。

所以我对战略的理解涉及两点。一是全局观，即所谓“不谋全局者，不足谋一域”[②]。这是要求从全局出发，而不是从局部出发，诚如毛泽东所言：“因为懂得了全局性的东西，就更会使用局部性的东西，因为局部性的东西是隶属于全局性的东西。”[③] 一个很好的例子就是习近平总书记在《关于〈中共

① 毛泽东．中国革命战争的战略问题［M］//毛泽东．毛泽东选集：第 1 卷．北京：人民出版社，1991：175.

② 出自于［清］陈澹然《寤言二·迁都建藩议》：“不谋万世者，不足谋一时；不谋全局者，不足谋一域。”释义：不从全局的角度考虑问题，是无法治理好一方地区的。

③ 毛泽东．中国革命战争的战略问题［M］//毛泽东．毛泽东选集：第 1 卷．北京：人民出版社，1991：175.

中央关于全面深化改革若干重大问题的决定〉的说明》中引用了这句话。他指出：全面深化改革是关系党和国家事业发展全局的重大战略部署，不是某个领域某个方面的单项改革。“不谋全局者，不足谋一域。”大家来自不同部门和单位，都要从全局看问题，首先要看提出的重大改革举措是否符合全局需要，是否有利于党和国家事业长远发展。要真正向前展望、超前思维、提前谋局。[①]《中共中央关于全面深化改革若干重大问题的决定》就是对中国改革全局的战略谋划和战略部署。我们研究中国现代化战略就是要关注全局，着眼全局，了解全局，把握全局，谋划全局，驾驭全局。

二是规律观，从马克思主义哲学角度看，所谓“规律”是事物和现象内在的、本质的联系。无论是自然界还是人类社会，都有自己的规律。规律是客观的，不以人的意志为转移，人们只能认识和利用规律，但不能创造或消灭规律。我这里讲的“规律”，主要是指中国经济社会发展的客观规律。这些规律决定着经济社会发展的总趋势和总体过程。人们的认识和活动只要符合了这些规律，发展就会比较顺利、比较成功；反之，人们的认识和活动只要违背了这些规律，发展就会比较曲折、比较失败。这就需要我们主动地、自觉地研究中国经济社会发展进程中带有规律性的趋势、阶段和特点。这就既涉及中国社会主义现代化的总道路，也涉及具体道路，例如中国农业现代化发展道路、城镇化发展道路、教育发展道路、科技发展道路等。这也反映在我与鄢一龙的合著《中国：国情与发展》一书的各章之中。中国现代化的过程，是一个从低级到中级、从中级到高级的发展过程，会不断突破各种障碍，如极低收入阶段的“贫困陷阱”，中等收入阶段的“中等收入陷阱”，等等。

---

① 习近平．关于《中共中央关于全面深化改革若干重大问题的决定》的说明［N］．人民日报，2013-11-16.

国家发展规划的设计者

（2013 年 6 月 25 日）

与 5 年前（指 2008 年）一样，清华大学国情研究院接受国家发展改革委员会委托，对国家“十二五”规划进行中期评估。这是根据《国家“十二五”发展规划纲要》明文规定：在规划实施的中期阶段，由国务院组织开展全面评估，并将中期报告提交全国人民代表大会常务委员会审议。为此，第一步，由我们以及国民经济研究所等机构分别进行第三方独立中期评估；第二步，国务院有关部门对规划相关领域实施情况进行自我评估；第三步，由国务院进行全面评估；第四步，由国务院向全国人大常委会报告并审议，同时还要附上我们各机构的评估报告（详细内容）。这就是我们不断完善国家五年规划实施和评估机制，使之更加专业化、科学化和制度化的过程。

我们将组织研究团队，这要求我们更加专业化、职业化地按时按质（量）完成第三方独立评估报告，给服务对象提供具有参考价值的新信息、新结论、新建议。与此同时，锻炼我们的博士生、博士后，在学中干，在干中学。

过去，我们直接参与了国家“十一五”规划（2003 ~ 2006 年）、国家中长期人才发展规划（2008 ~ 2010 年）、国家中长期教育改革和发展规划（2008 ~ 2010 年）、国家“十二五”规划（2009 ~ 2011 年）等中期评估、前期研究、总体设计，逐渐成为国家发展规划的“设计者”。

毛泽东指出：“马克思说人比蜜蜂不同的地方，就是人在建筑房屋之前早在思想中有了房屋的图样。我们要建筑中国革命这个房屋，也须先有中国革命的图样。不但须有一个大图样，总图样，还须有许多小图样，分图样。而这些图样不是别的，就是我们在中国革命实践中所得来的关于客观实际情况的能动反映（关于国内阶级关系，关于国内民族关系，关于国际各国相互间的关系，以及国际各国与中国互相间的关系等等情况的能动的反映）。"①

同样，我们要建设中国社会主义现代化这个大厦，就必须要有一个总体设计，这就包括总体目标、总体布局、总体蓝图和总体规划。不仅如此，还需要不同领域的专项设计。这个总体设计，不是对发达国家的照抄和模仿，是我们对中国国情和发展阶段这一客观实际的总体认识，也是对未来发展趋势这一客观规律的总体判断，还是对未来中国科学发展这一主观能动性的总体设计。

① 毛泽东．毛泽东著作选读（下册）[M]．北京：人民出版社，1986：486.

建设一流高校决策思想库，为科学决策做出知识贡献[①]

（2011 年 5 月 19 日）

2011 年 4 月 24 日，庆祝清华大学建校 100 周年大会在北京人民大会堂隆重举行，胡锦涛总书记发表了重要讲话。我有幸在现场参加了庆祝大会，见证了清华大学及我人生中的这一重要历史时刻。胡锦涛总书记强调，大学“要深入开展政策研究，积极发挥思想库和智囊团作用，努力为党和国家科学决策、民主决策作出积极贡献”。[②] 我作为清华大学公共管理学院的一名教授，长期带领国情研究中心团队开展国情研究，对此有深刻体会。我想围绕“建设一流高校决策思想库，为科学决策做出知识贡献”这一主题作一简要阐述。

中国改革开放一个最重要的特点和成功的经验就是“观念创新”，即邓小平同志所言“实事求是，解放思想”。[③] “观念创新”从根本上改变了中国，这如同毛泽东同志所说的“一个正确的认识往往需要经过由物质到精神，由精神到物质”。“物质可以变成精神，精神可以变成物质。”[④] “观念创新”就如同“精神原子弹”，也会“精神变物质”，特别是在中国产生了巨大的影响力。

---

① 本文系作者参加清华大学文科院系教授学习胡锦涛总书记讲话座谈会的发言，写于 2011 年 5 月 19 日。

② 胡锦涛．在庆祝清华大学建校 100 周年大会上的讲话．来源于新华社，2011 - 04 - 24.

③ 邓小平．解放思想，实事求是，团结一致向前看［M］//邓小平．邓小平文选：第 2 卷．北京：人民出版社，1994：140.

④ 毛泽东．人的正确思想是从哪里来的？［M］//毛泽东．毛泽东文集：第 8 卷．北京：人民出版社，1999：321.

中国作为世界人口最多的国家，面临世界各国所有的发展挑战，因而比任何时候都更加需要社会科学。社会科学是一个国家创意、思想、观念创新力的集中体现；它是“国家精神财富”“国家政治智慧”；它是人们认识世界和改造世界的重要工具。对中国而言，社会科学的核心是认识中国和发展中国。

我认为，社会科学研究特别是国情研究，应当以创新为核心理念，紧密围绕着国家发展的重大需求，出思想，谋战略，建言献策。这也是我多年来追求的目标。10 年前，我将国情研究中心定位为“国家高层决策思想库，从事国家重大发展战略研究，为国家宏观决策提供社会科学研究和咨询建议”。通过学习胡锦涛总书记的重要讲话，这一目标更为清晰，这一实践更为坚实，这一体会更为深化。

大学是生产知识的地方，知识是公共产品，无论是国情知识、公共决策知识还是全国性公共产品，都能够产生世界性的外溢作用，这些知识既直接为中央和国务院提供政策咨询，又直接为中国的改革开放服务。我想结合我所从事的国情研究，谈谈在社会科学领域，如何践行上述目标与任务。

所谓“出思想”，就是要能够高屋建瓴地从理论层面出发，对经济社会发展趋势做出总体性的判断，形成历史性的认识，创新理论，创新观念。在大学中从事研究，应当注重研究的学术性，形成学术贡献，具体到国情研究而言，就是要提供有关国情问题的理论性知识。比如“中国之路”的研究，从历史和国际两个视角来阐述中国特色社会主义现代化道路的长期性、曲折性以及创新性。这也反映在《中国政治经济史论（1949—1976）》（清华大学出版社，2007 年）、《2020 中国：全面建设小康社会》（清华大学出版社，2007 年），以及我正在着手撰写的《国情与发展：中国之路（1949—2009）》等著作当中。此外，我多年倡导的绿色发展理念已经正式写入《国家“十二五”规划纲要》并作为第六篇的主题，公共服务均等化、改善民生作为政府最大政绩的理念也充分反映在该《纲要》第八篇的主题之中。

所谓“谋战略”，就是要能够总揽全局，对经济社会发展战略做出前瞻性的研究，直接参与国家五年规划和中长期规划背景研究和发展目标设计。10年来，我和我领导的国情研究中心先后参加了国家“十一五”规划的战略研究和中期评估，国家“十二五”规划的战略研究和目标设计，《国家中长期教育改革和发展规划》的战略研究和目标设计，国家中长期人才发展规划的战略研究和目标设计，《国家综合防灾减灾规划（2011—2015年）》的战略研究与总体设计。通过专业化的研究，我希望能够把我们的理论思考、研究发现和政策建议纳入到国家发展战略规划的框架之中，推动战略决策的科学化和规范化，直接为国家发展战略及规划提供知识、信息和建议。

所谓“出谋划策”，就是要能够细致准确地从现实层面出发，对经济社会发展问题做出诊断性的评估，形成有针对性的措施，解决矛盾，理顺关系。我把中国所面临的挑战视为自己的挑战，十分关注最突出、最关键、最重大的现实问题。近年来，我带领国情研究中心先后参与了“汶川地震灾后重建”“气候变化与节能减排”“林业新政”“全面控烟策略”“调整计划生育政策”“构建老年友好型社会”等具体政策领域的研究与咨询工作，参与相关政策的讨论，为决策提供参考意见与信息资料。其中多项研究得到了中央和国务院领导同志的高度重视，许多建议得到了采纳。

《国情报告》已经成为我们影响国家决策的品牌和名片。《国情报告》是以思想研究为先导，以战略研究和政策研究为两翼，既有思想性的学术意见，又有操作性的政策建议；既关注中长期战略问题，又关心短期的现实问题。近年来，我们在发表的《国情报告》中逐渐形成了3个层次的国情研究：一是中国国情与中国之路；二是国家战略与发展规划；三是重大发展挑战与重要公共政策研究（见表1）。这3个层次相互关联又相互衬托，从而形成我们自己国情研究的特色和独到之处。我们平均每年提供40份左右的《国情报告》，供中央领导和省部级主要负责人参阅，《国情报告》成为清华大学的一个品牌。

表 1 《国情报告》中各类研究统计数（2008～2010 年） 单位：期

	2008 年	2009 年	2010 年	合计
中国之路	2	1	7	10（8.4）
战略与规划研究	15	16	21	52（43.7）
公共政策研究	15	22	14	51（42. 9）
其他	3	0	3	6（5. 0）
合计	35	39	45	119（100. 0）

注：上述数据仅包括《国情报告》正刊，不含专刊、特刊和海外中国研究系列；括号内为比重。

资料来源：作者根据 2008～2010 年《国情报告》目录计算

清华大学是中国最著名的大学之一，也是世界极具影响力的大学，它的人文社会科学研究依托于此，也理应贡献于此。清华大学在人文社会科学研究领域已奠定了扎实的基础，一大批学者活跃在公共政策研究领域，积极为国家重大决策咨询出谋划策，及时向决策者和社会强有力地发出清华大学的“声音”，在新的百年中，这样的地位和作用将会更加凸显。

总之，清华大学面向新的百年，对清华大学的学生、清华大学的教师都提出了更高的要求。人的一生应该是有创造性的一生，也就是胡锦涛总书记所号召的“奋斗、奋斗、再奋斗”的一生。我们国情研究中心的宗旨，同时也是我所理解的创造性人生内涵是：与中国发展同行，与中国开放相伴，与中国变革俱进，与中国兴盛共存。①

① 胡鞍钢．中国战略目标［M］. 杭州：浙江人民出版社，2003.

建设中国特色新型智库[①]

（2013 年 6 月 1 日）

一、 高校社科界的重大使命与发展机遇

中国高等学校哲学社会科学界担负了四大历史使命：服务决策、传承文明、创新理论、咨政育人。党中央明确提出建设中国特色新型智库的任务，这促进了高校哲学社会科学界发挥服务决策、咨政育人的作用，为高校，特别是名牌大学建设中国特色新型智库提供了新的发展机遇。

5 月 30 日下午，中共中央政治局委员、国务院副总理刘延东在教育部主持召开“繁荣发展高校哲学社会科学推动中国特色新型智库建设”座谈会，参加会议的人员有教育部负责人、教育部社会科学委员会主任、副主任委员、部分专家学者、首批“2011 计划”协同创新中心（社会科学）、部分人文社科重点研究基地和科研机构负责人。

刘延东同志首先传达习近平同志关于推动中国特色新型智库建设的批示。从历史梳理的角度介绍了邓小平、江泽民关于建设智库的论述，党的十七大报告提出了“繁荣发展哲学社会科学，推进学科体系、学术观点、科研方法创新，鼓励哲学社会科学界为党和人民事业发挥思想库作用，推动我国哲学社会科学优秀成果和优秀人才走向世界”，党的十八大报告提出了“坚持科学决策、民主决策、依法决策，健全决策发挥思想库作用，建立健全决策问责

① 此文系作者 2013 年 6 月 1 日晚在清华大学国情研究院“建设高校新型智库”研讨会上的讲话稿。

和纠错制度”的新要求。这也充分反映了中国决策机制越来越科学化、民主化、制度化，不仅大大地增强决策的信息透明度，还扩大了决策的社会参与度，尤其是决策所需要的重要信息、专业化知识、国际经验、政策评估等方面的需求与日俱增。

刘延东强调，要深入贯彻落实党的十八大精神和中央领导同志有关要求，充分发挥高校学科齐全、人才密集的优势，繁荣发展高校哲学社会科学，为建设中国特色新型智库做出贡献。

随后有 8 位专家学者围绕会议主题作了发言，结合实际工作，提出了许多有见地的意见和建议。专家学者们认为，建设中国特色新型智库，是高校义不容辞的重要责任，高校哲学社会学工作者要增强责任感和使命感，聚焦重大问题，服务国家战略，深入开展应用对策研究，积极建言献策，为全面推进小康社会建设，增强国家软实力，提高党和国家决策科学化水平，实现中华民族伟大复兴的中国梦贡献智慧和力量。①

我是以“建设中国特色一流高校智库”为题作了发言。在我们发言之后，刘延东同志作了主旨发言。

二、 为什么要建设中国特色新型智库

从国际竞争看，不只是经济竞争、市场竞争、科技竞争，还包括思想竞争、文化竞争、话语权竞争。中国不缺硬实力，但是还缺少软实力，尤其是缺少国际舆论话语权、国际学术影响力。例如中国能不能可持续发展？“中国崩溃论”已经没有太多的市场，但是对中国仍有许多“奇谈怪论”，是国家资本主义？还是市场经济加威权制？是不是民主国家？中国制度是不是有优势？本质上对中国道路、中国制度的不同看法，如何从学理上阐述？刘延东同志认为，中国缺少有全球影响力的中国智库。那么我们怎么才能跨越式发展，

① 参见《光明日报》，2013 年 5 月 31 日。

早日登上“世界舞台”，与他们“同台比武”。我们如何在中国问题上有更大的发言权（即“中国声音”），在世界的重大问题上有“中国主张”或“中国议案”。

从国内发展需求看，各类矛盾凸显，各种思想观点交锋，出现了“无奇不有”的社会现象，“五花八门”的社会思潮，各方都在争夺“国内话语权”。社会需要大学智库提供准确信息，提供专业知识，提供正确观点，提供深刻思想。那么，我们怎么看待这些社会现象？我们又怎样引导社会舆论？《光明日报》评论部就邀请我开辟“胡鞍钢专栏”，就是为了在主流媒体上发表主流观点，引导社会舆论。

从党和国家决策需求看，对智库的需求与日俱增，我们如何及时、适时提供战略思路、政策建议，并使它们更具有指导性、战略性、针对性和可操作性？

刘延东同志指出，建设中国特色新型智库是服务党和政府科学民主决策、破解发展难题的迫切需要，对于坚持和发展中国特色社会主义、提升国家软实力、全面建成小康社会具有重要意义。

刘延东同志强调，高校作为我国哲学社会科学事业的生力军和各学科人才聚集的高地，是建设中国特色新型智库的重要力量，要以服务决策为导向，以提升能力为核心，以改革创新为动力，以哲学社会科学繁荣发展为依托，努力打造一批在国内外具有重要影响的高端智库。这里我想强调的是：我们要打造的不是一般的智库，而是高端智库；也不是仅有国内影响的智库，而是有国内外重要影响的智库。

对清华大学而言，要建立世界一流大学，必须要有世界一流智库，或者说，世界一流智库是世界一流大学的重要标志。根据《英国泰晤士报高等教育增刊》2013 世界大学排名，清华大学位居世界第 52 位。实际上从第三方的评估来看，清华大学已经属于世界一流大学，但是根据美国宾夕法尼亚大学智库与公民社会项目组年初发布的《2012 年全球智库年度报告》，中国社会科学院在世界排名第17位，在中国大学智库中，只有北京大学国际战略研究中心在世界排名第63位。尽管这一排名的评估体系有许多缺陷，但是也反映了清华大学有众多的智库，却未进入国际智库视野，更谈不上在世界的排名。

尽管从总体上看，我们不如世界一流智库，但是，在中国问题研究上，千万不要迷信西方的智库，我们作为他们的竞争对手，看得比较清楚，他们对中国的判断和未来的预测，常常是一错再错、错误百出。例如以最著名的美国大西洋理事会为例，他们受美国国家情报委员会委托，主持长达20年时间的全球趋势研究，2004年12月发表《全球趋势2020：绘制全球报告》的预测表明：到2020年中国国内产出总值将超过单个西方经济强国（除美国之外）。[①] 2008年11月，该委员会发表《全球趋势2025：转型的世界》，该报告中的综合国力为GDP、国防支出、人口以及技术四大类战略资源占全球比重的加权平均。该预测认为美国的综合国力占世界比重将从2005年世界的25%下降到2025年的22%，略有下降，而中国则从2005年的11%上升到2025年的14%，略有上升。这意味着美国综合国力相当于中国的相对差距从2.27倍缩小至1.57倍。该报告再次预测：如按目前态势发展下去，中国到2025年将成为世界第二大经济体。实际上，2010年中国GDP就超过了日本，成为世界第二大经济体，比该报告的预测提前了15年。从2002年我们就开始持续地研究中美综合国力，采用八大类战略性资源、18项主要指标，我们的研究结果表明，1990年，美国综合国力相当于中国的4.32倍，到2000年缩小为2.75倍，到2010年进一步缩小为1.22倍。[②]

我主张要讲究“名”，“名正言顺”嘛。但我们不徒有虚名，要讲究实效，有些“名”，其实是“盛名之下，其实难副”，“中看不中用”，更经不起

---

① National Intelligence Council, 2004. Mapping the Global Future. http://www.foia.cia.gov/2020/2020/.pdf.

② 胡鞍钢，高宇宁．对中美综合国力的评估（1990—2010）［J］．国情报告，2013（25）．

实践检验、历史检验。作为后来者，我们的确需要学习西方智库，还要追赶西方智库，更要超越西方智库。即使超越了西方智库，我们也不必骄傲自满，仍然要向对手学习，更重要的是要勇于与对手展开知识竞争、国际话语权竞争。

三、什么是中国特色新型智库

什么是智者呢？公元前 5 世纪之前，智者泛指聪明并具有某种知识技能的人，后来自然科学家、诗人、音乐家乃至政治家，也被称为智者。换言之，智者就是有智谋或智慧过人的人。经济学大师马歇尔曾说过，经济学家应该有“热情的心灵，冷静的大脑”。应当说，经济学家是智者之一，根据马歇尔的提法，至少有两个基本要素：一是有过人的追求和激情，二是有过人的知识和智慧。两者缺一不可，前者是热爱它，后者是擅长它。推而广之，无论你做什么，只要你始终既热爱又擅长，你就会成为某一方面的智者。这里“始终如一”是关键，当然成为智者最难的是“始终如一”。

所谓智库，顾名思义就是智者之库，即智者集聚之处。我们国情研究院应当是国家智者集聚之地，思国家之所思，想国家之所想，急国家之所急。所以在国内，我们是“国家智库”，不是“私人智库”；在国际上，我们是“中国智库”，不是“美国智库”，自觉代表中国核心利益，自主发挥中国话语权。

智库也是思想库。什么是思想库？它是一种特殊的生产知识和思想的组织。因此，创新主意、创新理念、创新思想是思想库最重要的产出。我们的研究就是要将中国发展和变革的实践条理化、系统化、理论化。

当然，不是每个同学一进入国情研究院就会自动成为“智者”或“思想者”，这只是从学生角色转变的开始，转变能否成功取决于你在多大程度上从学习者成为创新者，创意思想，谋划战略，设计政策，评估政策效果。

那么，党和国家对高校智库提出了哪些要求呢？高校智库应当有什么样的定位呢？刘延东同志指出，高校要聚焦重大问题，服务国家战略，坚持求真务实、奋发有为，多出具有前瞻性、战略性、针对性和可操作性的研究成果，为党和政府科学决策提供高质量的智力支持，努力做改革发展决策方案的建言者、政策效果的评估者、社会舆论的引导者。

对此，我们是怎么定位的呢？我们应当成为国家未来目标的“瞭望者”、国家战略的“谋划者”、国家智库的“担当者”、国家治理的“监督者”，要站得更高、看得更远、想得更深、看得更准。

那么，中国特色新型智库有什么样的特征呢？对此，刘延东同志提出了四条：一是“特”，即中国特色；二是“专”，专业化、精细化；三是“新”，创新理念和组织方式；四是“优”，质量高、效果好的思想产品。

我们如何认识中国特色新型智库呢？一方面，我们在许多做法上应当和世界一流的智库对标，要后来居上，缩小差距。另一方面，我们的确要有中国特色。一是“特”，问题在于如何理解中国特色，又如何不同于西方国家的新型智库？我的理解，一是国家不同，中国是社会主义国家，不是资本主义国家，因此从智库的性质来看是根本不同的，立场也是根本不同的；二是服务对象不同，我们最大的服务对象就是党中央、国务院，这就决定了我们一定是急国家之所急，想国家之所想，想国家之未想；三是服务对象的价值与需求不同，这就决定了我们所提供的决策支持一定是“知识为民，知识报国”。如果我们能够实现上述宗旨，就会自然而然地形成中国特色的新型智库。从这个意义上来看，这也超越了西方国家的传统智库。因为我们所产生的知识不仅有强烈的外溢性，关键是有巨国的规模效应，任何一个好主意都会使人民受益、社会进步、国家富强。事实上，我们所提出的建议，从转化为社会生产力的视角来看，已经比西方国家智库提出建议的效果要好得多。我们直接参与设计国家“十一五”规划、“十二五”规划，就是比较典型的例子。

二是“专”，一是指专业化，二是指职业化。无论哪一种智库，最重要的特点都在于其专业化与职业化。专业化，是指某一领域的权威专家，能够与同行对话，也能够被同行所认同。职业化，是指在专业化的基础上，长期从事专题研究、深度研究、跟踪研究，做到融会贯通，不仅高人一筹，还要独树一帜。无论是专业化还是职业化，都是时间的增函数，需要不断积累、长期积累。

三是"新"，创新理念，创新组织方式。

四是"优"，质量高、效果好的思想产品，提供高质量解决方案，产出有深度、有影响的优秀学术成果。

总之，作为中国特色新型智库，它的主要特征和作用就是：服务国家和人民，具有世界一流的专业化与职业化的特点，为中国提供思想，为人类提供智慧，做出重大（知识）贡献。

四、 如何建设中国特色新型智库

刘延东同志提出，要创新体制机制，加强平台建设，强化协同创新，增强内生动力，推动形成特色鲜明、结构合理、形式多样的智库发展新格局。要深化对外交流，积极参与全球性问题的国际合作研究，提升中国话语权，为世界和平发展和人类文明进步贡献中国智慧。

从我们国情研究院的实际出发，首先要明确我们的目标是打造国内外具有重要影响的高端智库。这包括4个方面的影响：

一是学术影响力。我们必须在国内外最好的学术刊物上，特别是当代中国研究刊物上不断发表高水平的学术论文。这可能是我们的弱点，也是难点。我们需要采取有力措施，组成团队，选择前沿课题，取得突破性的进展。

二是政策影响力。以《国情报告》为平台，持续扩大我们在高层决策界的影响，我们既是学术界与决策界之间的信息桥梁、知识桥梁，更是"清华声音""清华建议""清华方案"的提供者，在关键问题上为关键的人物提供关键的信息和建议。这是我们的核心竞争优势，我们仍然需要不断强化这一优势。

三是社会影响力。要主动与主流媒体合作，成立各种形式的写作小组，有针对性地发表深度而有影响力的评论文章。这次应《光明日报》评论部之邀，我们先后组织了9篇评论稿，已正式发表了6篇，短小精悍，言简意赅，观点鲜明。为下半年举行的中共十八届三中全会关于全面深化社会主义经济体制改革的决定发声，积极争取话语权。这些评论稿到底有什么样的社会影响，在多大程度上影响中国，并不取决于我们的自我评估，而是取决于其对该决定的实际影响，就像我们对国家“十二五”规划纲要、党的十八大报告做出的知识贡献。

四是国际影响力。在当代中国研究领域里独树一帜，代表学术前沿，代表中国学派。

今天借这个机会，我专门讲一讲写作小组的问题。国情研究院有多种角色、多种功能、多种影响，我们不应局限于做一个专业化的、职业化的高水平智库，更应有意识地组建类似于《人民日报》《光明日报》等评论部的机构，要对中国与世界的重大问题发表我们的观点，做出及时的评论，深度的分析，准确的判断。最重要的是，我们要通过写作小组锻炼同学，历练同学，训练写作，强化写作，频繁写作，不断地写，不断地改，不仅成长为专业人员、行家里手，更要成长为真正的“笔杆子”，这是培养高端人才，即“专家＋秀才”的模式。

从我的角度看，关键是选择好的写作题目，创立好的核心思想，明确重要的观点，加强具体指导，严格把关。从各位同学的角度看，一旦接受了写作题目，首先要仔细阅读我们以往的《国情报告》，因为任何一个思想都不是某一天产生的，都是有其来源的，要不断地实践，不断地思考，不断地省悟，才有可能持续产生思想火花；其次，要尽可能用我的思想、语言和研究成果，将其融入短文之中，写得要像胡老师而不是学生自己；再次，一旦写成，就如同一件粗糙的艺术品，需要不断打磨，直到成为真正的艺术品。我还会根据每位同学的特点、专长，安排不同的评论文稿，希望发表长短不一、形式各样的评论和文章。对此，我们要专门研究有关刊物发表的文章，还要写出我们的特色，真正做到“文如其人”。在这方面，我们有专业上的竞争优势，但还缺少写作上的竞争优势。

中国有最大的沃土，我们的学术扎根并成长于此，只有根深才能叶茂，我们需要每天细细地吸收沃土的水分和营养，才能茁壮成长，日积月累，才能成长为参天大树。一旦我们脱离实际、高高在上、孤芳自赏，就会干枯，也就是创新的枯竭、思想的枯竭。

只有建立了中国特色新型智库组织，我们才能传承学术、后继有人，不仅成为参天大树，还能茂密成林，真正形成“中国学派”“中国风格”。

再谈中国特色新型智库

（2014 年 9 月 14 日）

中国已经进入一个伟大的战略机遇期，即实现中国梦最好的历史时期。早在 1962 年，毛泽东在七千人大会上就预言："从现在起，五十年（2012 年，笔者注）内外到一百年（2062 年，笔者注）内外，是世界上社会制度彻底变化的伟大时代，是一个翻天覆地的时代，是过去任何一个历史时代都不能比拟的。处在这样一个时代，我们必须准备进行同过去时代的斗争形式有着许多不同点的伟大的斗争。为了这个事业，我们必须把马克思列宁主义的普遍真理同中国社会主义建设的具体实际，并且同今后世界革命的具体实际，尽可能好一些地结合起来，从实践中一步一步地认识斗争的客观规律。"①

由于我们正处在这一伟大的时代，就更需要进行最有意义的国情研究与战略研究。这包括认识三大客观规律，诚如习近平同志所言："发展必须是遵循经济规律的科学发展，必须是遵循自然规律的可持续发展，必须是遵循社会规律的包容性发展。"②

作为清华大学的智库，我们的确需要不断明晰自己的定位，不断拓展自己的研究方向，不断提高自己的核心能力。具体地讲，一是研究课题的选题，要具有前瞻性、战略性、关键性；二是研究课题的做法，要具有针对性、时效性、应用性；三是研究课题的成果，要具有建设性、实用性、影响力。例

---

① 毛泽东．在扩大的中央工作会议上的讲话［M］//毛泽东．毛泽东文集：第 8 卷．北京：人民出版社，1999：302.

② 习近平主持中共中央政治局会议 决定召开十八届四中全会讨论研究当前经济形势和下半年经济工作．来源于新华社，2014－07－29.

如国情研究院关于“十三五”规划基本思路的研究课题，就充分反映了以上设想和要求。

我们还要与有关部门加强联系，进行信息沟通，尽可能为决策者提供高水平、高质量的咨询报告。本着在关键的时候为关键的人物提供关键性信息的目标，使咨询工作达到更好的效果。

社科院政治研究所所长房宁介绍[①]，中国社会科学院哲学社会科学创新工程提出了“四个影响力”：决策影响力、社会影响力、学术影响力和国际影响力。这和国际智库功能与影响的评价标准是吻合的。比如，美国智库影响力评价主要有3个方面：政府影响、国会影响和媒体影响。

我们同样也提出了“四个影响力”[②]：把决策影响力视为核心竞争力，其中《国情报告》是我们的品牌，是我们服务决策的重要渠道，我们将这一平台作为国家“外脑”，直接服务国家决策者；把学术影响力作为研究基础，引领中国学术界；把社会影响力视为我们知识的外部性、外溢性，以及我们的重要声誉和社会资产，作为“社会良知”，我们要主动自觉地引导中国社会导向；把国际影响力视为我们的外部影响力，作为中国名牌大学的智库，要不断发出“中国声音”，提出“中国主张”。国际影响力虽是我们的弱项，但我们有巨大的提升空间。

从整体来看，这4个影响力构成了一个智库总的影响力，并相互支撑、相互关联、相互强化。我们需要对这4个影响力做一个总体的、可量化的自我评估、自我评价，清晰认知我们的竞争优势在哪些方面，在哪些方面还有潜力可挖，在哪些方面还可以改善。同样我们也需要了解第三方对各类智库的评估，有比较才有鉴别，有鉴别才有差距，有差距才有改进。

---

① 房宁（中国社会科学院政治学研究所所长）．中国需要职业化的现代智库［J］．中国社会科学报，2012-03-05（275）．

② 胡鞍钢．国情研究院是“有学生的大学”智库［M］//胡鞍钢．中国特色新型智库：胡鞍钢的观点．北京：北京大学出版社，2014．

如何创办清华大学国情研究院[①]

（2015 年 2 月 26 日）

清华大学国情研究院（简称“国情研究院”）作为大学智库，在清华大学的大力支持下，由胡鞍钢教授创办，至今已经有 15 年时间，已经成为公认的拥有较大国内外影响力的中国知名大学（即清华大学）高端智库。[②]

在中国知名大学创办大学智库，先后经历了两个阶段。

第一阶段是 2000 ~ 2011 年的“中国科学院—清华大学国情研究中心”（简称“国情研究中心”）的成立。2000 年初，由胡鞍钢教授建议，清华大学和中国科学院联合设立国情研究中心，作为公共政策研究咨询机构，教学和研究生管理依托清华大学公共管理学院，研究工作自主决策。国情研究中心成立之初就十分明确地定位为“国家高层决策思想库，从事国家重大发展战略研究，为国家宏观决策提供社会科学研究和咨询建议”。以原创性的《国情报告》为品牌，既是决策咨询方面的“公共知识产品”，又是中国改革开放的历史记录。[③]

---

① 此文应有关部门之邀，以清华大学国情研究院的名义撰写。写于 2015 年 2 月 12 日；2 月 26 日又作了修改。

② 根据上海社会科学院中国智库综合影响力排名（2013），清华大学在全国居第四位，这是因为有当代国际关系研究院和国情研究院，其中清华大学国情研究院在政治领域排名第五位，在城镇化研究排第五位。根据零点研究咨询集团下属的零点国际发展研究院和中国网联合发布《2014 中国智库影响力报告》（2015 年 1 月 15 日），清华大学国情研究院在中国智库综合影响力排第 11 位，在高校智库综合影响力排第三位，在政府影响力全国排第三位，在国务院发展研究中心、中国社会科学院之后。

③ 现已由党建读物出版社、社会科学文献出版社联合出版，胡鞍钢主编《国情报告》系列丛书，共计 14 卷 27 册，反映了这一阶段的国情研究成果，堪称国情研究集大成者。德国斯普林格（Springer - Verlag）出版社将出版《国情报告》精选本，4 卷，英文版。

第二个阶段是2012年初清华大学国情研究院的成立。它是应运而生，恰逢其时，其成立的主要背景是，2011年4月，胡锦涛同志在清华大学百年校庆大会上明确提出："高等学校需要深入开展政策研究，积极发挥思想库和智囊团作用，努力为党和国家科学决策、民主决策作出积极贡献。"为了服务于清华大学新百年学科建设、世界一流大学建设，满足于国家重大战略需求，具体落实党中央对清华大学的新要求，在胡鞍钢主动建议并得到清华大学主要负责人的支持下，2011年12月清华大学校务委员会正式批准决定，在原有国情研究中心的基础上，依托公共管理学院，组建清华大学国情研究院，聘任胡鞍钢教授为首任院长。其定位就是建立以新兴学科当代中国研究为核心领域，以跨学科、综合性、多方位的国家发展战略和重大公共政策研究为方向的决策思想库，成为国家高层决策的"大学智库"。其核心目标是成为中国一流决策思想库和世界一流的当代中国研究基地。

一、 建设高端智库研究团队

国情研究院按照"小实体、精队伍"的原则，组建了一支十分精干的专职研究团队，创建了"灵活、合作、高效、激励"的管理机制，产出高质量的国情研究成果为目标，主打《国情报告》知名品牌，创办了一个特色鲜明、充满创造力、活跃在中国大舞台上的著名大学智库。

第一，作为国情研究院院长，胡鞍钢教授就是国情研究领域的开拓者和领军人，也是开创中国特色新型智库的代表性人物。他从1986年参加中国科学院国情分析研究小组至今，一直从事国情研究和决策咨询，已经正式出版当代中国研究系列中外文专著、合著等图书96部，内容涉及当代中国的多方面多领域，为服务高层决策奠定了深厚的学术基础。他还是国家"十一五""十二五""十三五"规划专家委员会委员，国家中长期教育、人才、主体功能区规划纲要的专家委员。作为党的十八大代表，他先后对党的十八大报告、十八届三中全会、四中全会决定提供了背景性研究和书面征求意见稿。他所创办的《国情报告》超过1000期，超过1000万字，持续服务几届决策者。他曾获得的奖励包括：有突出贡献的中国博士学位学者（1991年）、国家杰出青年科学基金（1994年）、中国科学院科技进步一等奖（1996年、1997年）、国家科技进步三等奖（1998年）、第九届孙冶方经济科学论文奖（2000年）、复旦管理学奖励基金会第三届“管理学杰出贡献奖”（2008年）等。

第二，有一个专业基础扎实、多个学科交叉、团结协作高效的专职研究人员的智库团队。国情研究院现有专职研究人员16人，其中包括教授3人、研究员1人、副研究员1人、助理研究员2人，作为核心成员；还有博士后9人，作为重要研究成员；另有外聘兼职研究人员7人，都曾在国情研究院做过博士生和博士后研究。专职和兼职研究人员都具有博士学位，其中具有海外博士学位者3人，80%以上具有博士后研究经历，学科背景涵盖经济学、管理学、政治学、法学等社会科学领域，专职从事公共政策研究和决策咨询，以及公共管理、公共政策教学工作。研究团队不仅具有专业化、知识化、职业化的特点，而且从事国情、国策研究的时间都在10年以上，具有丰富的实践经验，从而形成了比较合理、后继有人的老中青梯度的年龄结构。此外，研究院办公室有全职职员3人，专职服务工作。这个研究团队具有“小而精”的特点，虽然专职研究人员少，但是学历学位高、专业素质高、知识面宽广、效率高、成果多，而且还具有“少而美”的特点，无论是团队还是个人，口碑好、美誉度高。

第三，有一个独具特色、高度认同、共同追求的智库文化。胡鞍钢教授在30年国情研究的探索过程中，逐步创意性地提出了智库文化，这是创办中国特色新型智库的文化灵魂和精神财富。这包括一系列独具特色的理念：坚守“知识为民，知识报国”的使命；奉行“急国家之所急，想国家之所想，想国家之未想”的宗旨；秉承“与中国发展同行，与中国开放相伴，与中国变革俱进，与中国兴盛共存”的理念；遵循“获取决策知识，创新决策知识，传播决策知识，影响决策政策”的路径；扮演“国家目标的瞭望者、国家战略的谋划者、国家智库的担当者、国家治理的监督者”的角色；以“着眼中国；服务中国；放眼世界，贡献世界”为出发点和落脚点。这些理念成为智库文化的核心和灵魂，是价值塑造和事业追求，并被国情研究院同仁高度认同，成为凝聚人、激励人、鼓舞人的内在动因，以教书育人为本，以从事国情研究事业为荣，以贡献国家决策知识为乐。

二、创新高端决策知识产品

国情研究院一直秉承“知识为民，知识报国”的学术使命，从一开始就明确：以创新决策知识为国情研究的基本内容，以提供决策知识作为国情研究的基本目的。这就是“学术为本，应用为（目）的”。国情研究，顾名思义，以当代中国为研究对象，以社会科学理论方法为手段，其目的，一是全面准确认识中国；二是全面科学发展中国。[①] 国情研究院以国情和国策研究为核心领域，[②] 对重大公共政策开展理论研究、实证研究，从而形成比较系统的高水平的学术研究成果，不断创新服务国家高端决策的知识产品，实现当代中国知识学术价值最大化（体现在被广泛地引用），实现公共决策知识社会价值最大化（体现在社会中的应用）。

第一，国情研究院的研究内容分为3个层次：第一个层次是基础研究，包括两个方面：一是从基础数据、基本信息、基本情况等方面关于当代中国国情的基础性研究，如总的基本国情及发展阶段，作为研究基本国策、长期发展的基础；基本国情的主要方面，如人口及人力资源国情、自然国情、经济国情、社会国情、政治国情等（参见《中国：国情与发展》），作为研究不

---

① 这里主要是受到毛泽东的启发。他说：“哲学的研究不是为着满足好奇心，而是为改造世界。认识世界的规律性，找到正确的理论，为着有效的指导实践，改造世界。”

② 胡鞍钢提出，把国情研究与国策研究紧密联系起来，把学术研究与公共政策研究紧密贯穿起来。国情研究是国策研究的学术基础，而国策研究又是国情研究的重要产出，两者相互依托、相互促进。胡鞍钢主编《国情报告（1998—2011）》丛书的《总序》，党建读物出版社、社会科学文献出版社联合出版（2012年）。

同领域发展战略的基础。二是从历史比较、国际比较、理论视角研究中国道路，如当代中国发展总道路及经验与教训、得与失（参见《中国政治经济史论（1949—1976）》《中国政治经济史论（1977—1991）》《毛泽东与文革》《中国崛起之路》《中国道路与中国梦想》），以及未来发展道路（参见《2030中国：迈向共同富裕社会》《中国：创新绿色发展》）。又如中国的具体道路，包括中国特色农业现代化道路；中国特色新型工业化道路；中国特色新型城镇化道路；中国特色自主创新道路 ；中国特色社会主义民主政治发展道路 ；社会主义生态文明道路等具体道路。第二个层次是应用研究，是指在深入全面分析中国国情的基础上，充分吸收毛泽东和邓小平大战略思想的政治智慧，充分研究党中央社会主义现代化大布局的政治思路，更加专业化、具体化地提出国家发展战略构想和目标设计（参见《中国大战略》《2020 中国：全面建成小康社会》）。作为国家规划专家委员会成员，胡鞍钢教授带领团队，直接参与国家“十一五”“十二五”规划研究、编制和中期评估，以及《国家中长期教育改革和发展规划纲要》《国家中长期人才发展规划纲要》《全国主体功能区规划》的研究编制工作。第三个层次是对策研究，主要研究不同时期发展面临的不同挑战，主要是指在不同时期的不同重大发展挑战研究以及发展政策研究，如人口与发展、就业与发展、环境与发展、教育与发展、治理与发展、腐败与发展等。以上 3 个层次之间相互关联、相互支撑，基础研究是国情研究的基础，应用研究是国情研究的重心，对策研究是国情研究的重点。

第二，国情研究院的研究领域是“四位一体”。这是根据中国社会主义现代化“五位一体”总体布局，精选其中 4 个主要方面，即当代中国经济、社会、政治、生态环境“四位一体”，作为研究领域，进行综合性、战略性、前瞻性、全局性研究。当代中国经济研究主要涉及科学发展观、转变发展方式、经济结构调整、创新驱动与自主创新、四化同步与城乡一体化、地区差距与区域协调发展、国有经济与民营经济、国企改革与竞争力、对外开放与建立开放型经济等。当代中国政治研究主要涉及中国特色社会主义基本制度与制度优势、决策机制与决策过程、国家治理现代化、反腐败与制度建设、电子政务与政府治理手段现代化等。当代中国社会研究主要涉及民生与发展、就业与发展、教育与发展、健康与发展、减贫与发展、防灾减灾、社会治理等。当代中国生态环境研究主要涉及可持续发展、绿色发展、主体功能区规划、水情与水治理、环境治理及政策、林业发展与林权改革、能源政策与气候变化、生态文明制度建设等。在不同的时期，面对不同的重大挑战、选择不同的主题进行深度研究，从而形成《国情报告》以及正式的著作。

第三，国情研究院开展的当代中国研究方法是独具特色的。主要特点：一是以“中国问题”为导向，归纳为认识“真世界”，研究“真问题”，找到“真方法”。《国情报告》的选题或主题均来自中国社会及各个方面的“真世界”，都是现实正在发生的“真问题”，是基于“真世界”中具体的“真问题”务实性地提出的“真办法”。《国情报告》充分反映了我们围绕着党和国家的重大发展需求和发展战略，自主地进行前瞻性、战略性、长远性的研究，始终是持续性、跟踪性、系统性地研究，开展更加专业化、知识化、职业化的国情研究和国策研究。① 二是以“重大矛盾与关系”为重要线索。正确认识和处理当代中国社会重大矛盾关系，是制定党的路线方针、确定国家发展目标政策的基本依据。这是充分学习和借鉴了毛泽东研究十大关系的方法。所谓重大关系，实际上就是中国面临的重要深层次矛盾和当前突出问题，是影响中国发展的最大约束条件，也是最大的国情特征。在不同时期，重大矛盾与关系也会发生很大的变化，这就需要跟踪性地研究这些关系，从 1995 年到现在，我比较系统地研究了两次。② 三是以“综合创新、集成创新”为重要方法。面对当今中国的任何一个重大问题，我们都要充分利用长期积累的

---

① 胡鞍钢．国情报告（1998—2011）［M］．北京：党建读物出版社、社会科学文献出版社联合出版，2012.

② 胡鞍钢．中国走向 21 世纪的十大关系［M］．哈尔滨：黑龙江教育出版社，1995. 胡鞍钢．论新时期的“十大关系”［J］．清华大学学报（哲学社会科学版），2010（2）．

国情研究信息、知识和成果，进行集成研究、集中攻关、突破自我，做出创新性的研究。

三、 为服务对象提供有价值的决策知识

作为高端智库，我们是为高端客户提供有价值的高端知识产品，形成智库品牌，即《国情报告》。该报告是国情研究和国策研究的“知识产品”，是中国改革开放的历史记录，也是我们的品牌。《国情报告》于 1998 年 2 月创刊，由胡鞍钢主编，内部发行，送阅对象为中央领导人和省部级主要负责人。该刊内容主要涵盖关于中国国情、国家战略、发展规划和重大公共政策的调查与研究、分析与建议，并逐步形成以正刊为主体，专刊、增刊和海外中国研究为补充的内容体系。到 2014 年底，《国情报告》正刊已发行 1094 期，专刊和增刊发行了 229 期，共计发行了 1323 期。在此基础之上，党建读物出版社、中国社会科学文献出版社通过精选，集结出版了《国情报告（1998—2011）》（14 卷 27 册，2012 年）、《国情报告（2012）》（第 15 卷 1 册，2014 年），获选为国家出版基金重点资助项目，被列入新闻出版总署“十二五”国家重点图书出版规划。《国情报告》在不同时期有针对性地提供国情与国策等方面的重要信息、决策知识和政策建议；在重大经济社会决策中发出声音，对中国发展的国际环境、国内条件进行全面、系统的研判；在重大发展战略、重大发展规划和关键发展政策方面提供有价值的决策咨询意见。十几年来，《国情报告》受到党和国家领导人的高度关注、多次批示，也为有关部门制定国家规划和重要政策提供参考，形成了独具特色的思想库和智库。

国情报告之所以成为我们的知名品牌，就在于我们坚持了“原创性、前沿性、权威性”3 个基本原则。

所谓“原创性”，是指学术研究的原创性。首先是自己研究、自己创作、自己首创、自己原创；其次是具有较多信息价值、较丰富知识价值、较重要理论价值、较强实际应用价值；再次是“白纸黑字”的、可以经得起实践检

验、时间检验、历史检验的学术作品、学术精品。

所谓“前沿性”，是指当代中国研究的前沿性。首先是指中国问题的前沿性，这就需要高度的政治敏感性、社会敏感性和学术敏感性，总能够具有前瞻性、超前性和快速性，就是出手要快；其次是指中国政策的前沿性，这就需要把握经济可行性、政治可行性和社会可行性，在最适合的时候提出最适宜的政策，做到“有的放矢”，不断提高政策建议的“命中率”（采纳率）；再次是指当代中国研究的前沿性和开创性，这就需要有高度的学术自觉性和创新性，引领当代中国学术研究方向。

所谓“权威性”，是指在当代中国社会具有影响力的威望。首先是学术权威性，获得学术同行的认同和尊重；其次是政策权威性，获得认同和采纳；再者是社会权威性，获得社会的认同和尊重；最后是国际权威性，获得国际机构、国际学术界或专家的认同和尊重。无论是学术成果还是其他成果，都需要经得起实践检验、时间检验和历史检验。

四、打造中国特色新型智库

经过15年，从国情研究中心到国情研究院，我们比较成功地打造了一个具有中国特色、清华品牌的大学智库。它的成长，一是依托当代中国这个大舞台，二是依托清华大学这个学术舞台，三是依托公共管理学院这个管理平台，这些创造出了一个灵活高效的大学智库。这样一个智库是如何打造出来的？主要体现在以下几个方面：

首先，国情研究院挂靠在公共管理学院，并作为公共管理学院的一部分，人事关系、教学管理、科研管理、学生管理等事项均依托公共管理学院。研究院主要负责学术研究、政策咨询、教学任务、学生培养，同时研究成果计入公共管理学院，并接受公共管理学院的各项考核。

其次，国情研究院承担全校和公共管理学院的教学任务，开设多门当代中国研究课程。我们不仅是一个成功的研究团队，还是一个成功的教学团队，充分利用清华大学和公共管理学院所提供的教学平台，面向各类学生，分别开设了《社会主义经济理论与实践》（公共管理专业硕士必修课）、《社会主义建设理论与实践》（公共管理研究生必修课）、《国情与发展》（清华大学本科生选修课）、《当代中国研究》（清华大学研究生选修课）、《国际发展前沿问题》（公共管理学院博士生选修课）、《比较政治学》（公共管理专业硕士必修课）、《公共政策分析》（公共管理专业硕士必修课）、《中国传统政治哲学与治国思想》（公共管理专业硕士必修课）、《电子政务理论与实践》（公共管理专业硕士必修课）、《政府绩效管理》（公共管理专业硕士必修课）、《战略分析》（公共管理专业硕士必修课）等课程。经过十几年不断地撰写和授课，我们已经形成了更加系统的、更具原创性的教学参考书，这包括《中国政治经济史论（1949—1976）》（清华大学出版社，2007 年版，2008 年版，2011 年版），《中国政治经济史论（1977—1991）》（清华大学国情研究中心，2011 年版，2013 年版），以及几十部当代中国研究的原创性学术著作，真正做到了写自己的书、教自己的书。这些书的主题就是中国国情、中国道路、中国发展，这在中国大学中是十分独特和少见的，真正做到了“进课堂、进教材、进头脑”。

再次，国情研究院培养了高端国情研究人才。在培养人才方面，我们强调“能力为本”，注重通过“学术大学”训练学术研究的能力，以及通过“社会大学”训练把握国情的能力。到目前为止，已出站博士后 50 余人，已毕业博士生 30 余人，已毕业学术性硕士生 60 余人，已毕业外国来华留学研究生 40 余人，已毕业公共管理专业学位硕士（MPA）100 余人。此外，有多名学生分别获北京市优秀博士学位论文、清华大学研究生学术新秀、清华大学研究生特等奖学金、百人会英才奖①、北京市三好学生、北京市优秀学生干

① 百人会英才奖是由美国华人精英团体“百人会”（成员包括马友友、贝聿铭、李政道等）为“支持在中国培育学养俱佳、德才兼备的新时代精英，并加强与中国高等院校之间的联系”所设立的一个长期项目。该奖评选标准尤其注重思想能力，领导力和创新力。该奖项自 2005 年开始颁发，目前仅针对中国大陆高校的研究生。

部等荣誉。

另外，我们建立了一个高效团队研究机制，创新了一批高质量的研究成果。研究院采取了“小班制”的做法，除了设置硕士生班、博士生班、博士后班外，还设置了课题组、写作组，以青年教师为核心骨干，不同层次的学生参与并接受不同的具体指导。我们这个研究团队真正做到了“出活快、效率高、能出活、成果多”，实现了高效产出、高质量产出、高影响力产出。除了《国情报告》外，国情研究院正式出版的各类专著、合著近百部，其中英文等外文著作20多部；在各类学术杂志发表的论文数百篇；在国际学术期刊发表论文数十篇；在国内主流报刊发表的文章上百篇。

清华大学国情研究院努力打造“中国学派”，展示“中国风格”，发出“中国声音”，已经成为具有较大学术影响力、国际影响力和社会影响力的大学智库。

根据2013年上海社会科学院中国智库综合影响力排名，清华大学在全国位居第4位，这是因为清华大学有当代国际关系研究院和国情研究院，其中清华大学国情研究院在政治领域排名第5位，在城镇化研究领域排名第5位。根据零点研究咨询集团下属的零点国际发展研究院和中国网联合发布《2014中国智库影响力报告》（2015年1月15日），清华大学国情研究院在中国智库综合影响力排名第11位，在高校智库综合影响力排名第3位，在政府影响力全国排名第3位，在国务院发展研究中心、中国社会科学院之后。

美国布鲁金斯学会董事会主席桑顿对胡鞍钢作了高度评价，称“他可能是当代中国最全面也是最具务实主义的经济学家”。该学会中国问题研究专家李成博士在为胡鞍钢出版的《2020中国：一个新型的超级大国》一书（英文版）所作序言中评论道：“本书中丰富的经验数据、多学科综合研究的性质、对中国概念的本土化解释，以及发人深省的有关中国崛起的论述，使其对认识中国在当代世界中的角色具有极其宝贵的价值。”该学会李侃如教授也评价说，一直十分关注胡鞍钢的研究，并认为他的研究不是“事后诸葛亮”式的智慧，而是在若干年后能够反映在中国政府的政策实践中。

此外，还有其他学者的评价。如美国宾夕法尼亚州立大学国际关系教授、法学教授 Larry Catá Backer 评论道,[①] 在中国宪政论述中，中国共产党和政府决策结构具备集体性的观点是最引人关注的。最近，胡鞍钢就提出了党和政府通过集体行动进行民主治理的理论，尤其是围绕集体领导制展开的社会主义民主理论。他所属的理论阵营正在研究的民主理论，讨论的不是进行选举，而是国家和政治实体中权力的行使。胡鞍钢认为，西方关注的是民主的外在形式要素，而他关注的是内在实质要素。二者都关注社会行为的集体要素，但是传统西方民主理论强调选举机制和诚信作为民主合法性的标志，而胡鞍钢支持的社会主义民主则强调集体政府机制和诚信作为民主合法性的标志。二者在政治组织的政治前提上有着截然不同的观点，这很好地解释了西方自由民主和中国社会主义民主之间的差异。

① 拉里·凯特·巴克（Larry Catá Backer）：《为 21 世纪的中国设计社会主义民主理论：中国宪政国家兴起语境下对胡鞍钢“集体领导制”理论的思考》，中文稿拟于 2015 年发表在《清华大学学报（哲学社会科学版）》。

如何加强中国特色新型智库建设

（2015 年 1 月 26 日）

一、 从国际视角看 “加强中国特色新型智库建设”

两办（中共中央办公厅、国务院办公厅）文件从 3 方面界定加强建设中国特色新型智库的重大意义：一是党和政府科学民主依法决策的重要支撑，二是国家治理体系和治理能力现代化的重要内容，三是国家软实力的重要组成部分。

这为我们认识国家智库的作用和地位开拓了眼界，提供了新的视角。

智库是国家软实力的载体、国际竞争的主要因素，应当有意识地增强国际影响力和国际话语权，不是代表个人或单位，而是代表国家，即以中国形象发出中国声音、提出中国方案。这一方面要通过中国主流媒体发出我们的声音，另一方面要借助西方主流媒体或学术刊物表达我们的看法，比如美国《外交事务》季刊主编曾主动找我撰写中国经济新常态文章，这是“送上门”的表达中国的机会，又如《现代中国》学术刊物主动约稿，请我介绍中国“十二五”规划是如何制定的，以说明中国公共政策的民主化、科学化、制度化的过程及结果。

智库在对外交往中发挥着越来越重要的作用。我们的自我定位就是公共外交大使、学术交流大使，至今已与不少国际知名智库、中国研究机构以及美、俄、德、澳、加、日、韩等国驻华使馆建立了交流联系。

这几年，我们加强了国情研究（当代中国研究）专著的外文出版，已正式出版《2020中国：一个新兴超级大国》（2011年）、《中国政治经济史论（1949—1976）》（三卷本，2013年）、《中国绿色发展》（2014年）、《2030中国》（2014年）、《中国集体领导体制》（2014年）等著作，受到了国际同行的关注。今后我们还将陆续出版多部外文学术著作。

二、 如何打造国家高端智库

“两办”文件首次提出，重点建设50～100个国家高端智库的核心目标。同时还将高端智库定位为“国家亟需、特色鲜明、制度创新、引领发展的专业化高端智库”。

清华大学国情研究院的发展定位就是国家高端智库。从我们的实践和理解来看，“国家高端智库”的核心词是“国家”与“高端”，具体如何理解和界定呢？

第一，我们服务的对象是党中央、国务院。

第二，我们奉行“客户至上”的服务理念。坚持“知识为民，知识报国”“急国家之所急，想国家之所想，想国家之未想”的服务理念。

第三，我们提供高端产品。1998年以来的每一期《国情报告》（已经超过1000期）都持续为党中央、国务院提供关于国情和国策的知识产品。

第四，我们的高端知识产品是“原创”产品，不是对他人产品的再编辑，不是发表他人的报告（初期，有一部分内容是他人撰写的报告）。

第五，我们做得如何要由服务对象评价，而不是自我评价。领导同志对我的肯定与鼓励，对知识及专家的感谢、尊重，更令我感动。

第六，与高端智库加强沟通联系。一是加强与中央政研室、中办调研室、中央财办、中央外办、国务院研究室、国务院发展研究中心等高端智库的联系，就政策研究相互交流；二是加强与中国社会科学院、中国科学院等智库的联系和学术交流；三是加强与高校知名智库的联系和学术交流；四是加强与中央重点新闻媒体的联系，扩大社会影响力。

我们研究国情的内容大体可分为3个层次，它们相互衔接、相互关联，形成了“三位一体”的框架：

第一个层次是基础理论研究。一是围绕“中国国情”开展基础数据、主要信息、重要发现的基础性、资料性、专业化的系统研究、跟踪研究、持续研究；二是围绕“中国道路”开展中国发展理论研究、中国现代历史研究、社会主义政治制度研究、国际比较研究，阐述中国道路的历史必然性、进步性，中国制度的独特优越性，逐个研究具体的中国道路与中国总道路，为中国道路创新、制度创新、实践创新提供理论基础和学理支撑。

第二个层次是战略规划研究。一是围绕“中国（大）战略”，即国家发展战略，开展前瞻研究、预测研究、综合研究、集成研究，“谋大事、谋长远”；二是围绕“中国（发展）规划”开展总体设计研究、前期研究、基本思路研究、目标任务研究等，形成学术上的发展规划。

第三个层次是对策咨询研究。一是围绕中国经济发展和社会转型中的重大关系和矛盾、党和政府关注的重大现实问题、人民群众关心的难点问题、国内外争议的重要热点问题，开展对策研究，做到“管用、好用、实用”；二是围绕“中国挑战”，即有可能在短期（5年左右）、中期（10年左右）、甚至长期（20年及以上）会出现的问题或将演变为重大挑战的问题，开展前瞻预测性以及储备性研究，形成政策方案。

以上3个层次的研究既相互区别，又相互联系，既相对分工，又相互补充。

基础理论研究是基础性研究，让“理论”指导“实践”；战略规划研究是战略性研究，让“谋划”变为“规划”；对策咨询研究是应用性研究，让“对策”变为“决策”。

三、智库的专业化、知识化、职业化

智库，顾名思义，就是智者之家，智力人才之集体或团队。智库要集专家、博学者、思想者为一体，具有专业化、知识化、职业化的特点。

所谓专业化，是指某一专业的专业人才，对智库人才而言至少是某一特定领域的专家或权威，是学术带头人或领军人。

所谓知识化，是指掌握并能够运用多方面、多学科、多领域知识的博学人才，对智库人才而言就是拥有丰富知识、多专业、跨学科的综合性知识人才。

所谓职业化，是指长期甚至终身从业的职业家，对智库人才而言是指至少从业 10 年以上的专门人才。既不是“业余爱好者”，也不是半路出家或半路转行的人。

首先，专业化、知识化、职业化都是以时间的函数来体现，随着时间的延长而不断得到提高。其次，专业化、知识化、职业化也会随关注度的集中而不断得到提高。同样的 10 年时间可能相当于其他人的 20 年、30 年，甚至更长时间的效率。因此要培养或成长为一个高水平、高端的智库人才，既需要时间，又需要关注度，专心致志做好一件最值得从事的事业。

归根结底，无论是智库还是智力人才，可能有无数个定义，但是根本的是要有智力产品。如世界银行有世界发展报告，UNDP（联合国开发计划署）有人类发展报告，中国社会科学院有蓝皮书报告等。我们的智力产品就是国情报告，迄今已有 1 000 多期，超过 1 000 万字。

从严格的定义看，没有自主原创智力产品的智库只是徒有虚名，通过借他人成果、买他人成果而形成的产品，是不属于原创成果的。同样的，通过大量引用或摘编他人成果而形成的产品，也不属于原创成果。

高端智库建设——以国情研究院为例[①]

（2015 年 5 月 25 日）

问：今年，清华大学国情研究院成立已经 15 周年了。15 年前，当您成立这个智库的时候，目标是什么？对中国智库的总体期待是什么？15 年来，您感觉到智库在中国国家治理体系中的作用有什么样的变化？领导人对于智库与智库专家的重视程度是否有明显提升？

答：我创办中国智库花了近 30 年时间，也经历了不同的阶段，从非正规机构到正规机构，从科研智库到大学智库。第一阶段（1986 ~ 1998 年），成立了中国科学院国情分析研究小组，这不是一个实体机构，而是一个课题研究小组机构，成员来自不同的研究所，不定期地出版国情研究著作，累计下来有 8 部，其中我主笔撰写的有 2 部，主要参与的有 5 部。第二个阶段（1999 ~ 至今），正式创立正规的智库机构，1999 年创办“中国科学院国情研究中心”，2000 年 1 月，中国科学院、清华大学签署合作协议，成立了“中国科学院—清华大学国情研究中心”。百年校庆时，胡锦涛提出大学要办思想库，为此，2011 年 12 月，经清华大学校务委员会批准成立清华大学国情研究院。由此，步入第三个阶段，即创办高端智库。这是一个不断实践、不断探索、不断完善的智库建设过程。

早在 15 年前，我就明确提出了国情研究中心的定位：是国家高层决策思想库，国内外具有重要影响的公共政策研究中心。同时明确提出了 8 项主要

① 本文系作者接受《光明日报》主编王斯敏的书面采访稿，写于 2015 年 5 月 25 日。

任务：研究基本国情；开展专题调查研究；搜集和整理重要国情信息，建立国情决策数据库；主要研究21世纪中国中长期发展的重大战略性问题，以及相关的公共政策；重点研究中央当前高度关注的重大问题和热点问题；推动全国的国情研究和国情教育；促进国际合作和交流；培养公共政策高级研究人才。我们还有意识地打造智库品牌《国情报告》，为决策者提供国情信息、国策建议、战略谋划，等等。

现在回过头来看，我们已经成功地在清华大学打造了真正意义上的大学高端智库。2000年以来，研究院编辑发行《国情报告》1300多期（含正刊、专刊、增刊、特刊及海外中国研究，文字1000多万字），就经济和社会发展中的重大问题直接向党和国家领导人提交专题研究报告上百件，受到国务院领导同志批示113次。

我曾在《中国政治经济史论（1949—1976）》一书中总结道，战略决策成功，是最大的成功；战略决策的失败，是最大的失败。因此，我也认为中国作为东方巨人，需要两个“大脑”：一个是党中央、国务院的“内脑”；另一个是智库的“外脑”。道理很简单，两个大脑总比一个大脑要聪明和智慧，有助于防止重大决策失误，还可以及时纠正决策失误。

我自己的实践就证明了这一点，早在1997～2000年期间，中国爆发了前所未有的“下岗洪水”“失业洪水”，我们先后发表了多篇《国情报告》，明确提出创造就业是中国政府的最大目标、最大任务，需要实行就业优先的战略。我记得，1999年我撰写了《跨入新世纪的最大挑战：我国进入高失业阶段》的《国情报告》（1999年第48期，1999年7月9日）一文，呈送中央领导同志，时任总理办公室专门打电话来询问该报告是否已送其他中央常委，我们告知已经分送。2008年，我见到李岚清同志，他对我说：“你有一句话给我留下深刻印象。”我问是哪句话？他说：“就是‘就业优先’。”这对中央从“下岗分流，减员增效”的政策转向“就业是民生之本”的根本方针起了重要的作用。

作为智库，我们可以独立地进行数据分析，独立地阐明观点，最重要的是能够独立地发表《国情报告》，这不仅促进了决策的民主化、科学化、制度化，最重要的是作为国家治理的监督者，还可以及时纠正决策失误，避免小错变成大错。

那时中国社会科学院的蔡昉、国务院发展研究中心的陈淮等都提出了类似的建议。所以不同智库的思想合力、政策合力，发挥了催化剂的作用，成功实现从“增长优先”到“就业优先”的政策转变。这就是为什么东方巨人一定需要两个“大脑”的原因。要尽量减少关于重大公共决策的信息不对称性、不完全性和不确定性，才有利于决策机制的民主化、科学化和制度化。

领导人对智库和专家的认识也有一个过程。应当说，早在毛泽东时代和邓小平时代，政府智库就在决策咨询过程中扮演了重要角色，非政府的专家很少发挥作用，当时也没有非政府的智库。1986 年成立的中国科学院国情分析研究小组，也不是一个实体性的非政府智库。直到 20 世纪 90 年代，非政府的智库和专家才开始在决策咨询中发挥作用，如中国是否能够建立社会主义市场经济体制，如何设计这一体制框架，都邀请了非政府机构和专家参与讨论和咨询。党的十四大报告首次提出，“充分发挥各类专家和研究咨询机构的作用，加速建立一套民主的、科学的决策制度。”但是，这套制度怎么建立？又怎么实施？对此并没有具体的规定和制度安排，还需要经历一个又实践、又探索的过程。不过，目前已经出现了一些非政府的智库和有政策影响力的非政府专家，如林毅夫、樊纲、我和其他人，都算是代表性人物。

问：不久前，刘奇葆同志在清华大学召开座谈会时讲道，中国特色新型智库要做到“不仅技高一筹，而且独树一帜”。[①] 您怎样理解“独树一帜”？其重要性是什么？怎样做到“独树一帜”？这种“独树一帜”和智库专业化之间的关系何在？

---

① 刘奇葆．发挥高校独特优势　大力推进智库建设．来源于新华社，2015－05－09.

答：我们以国情与国策研究为核心领域，具有长期积累的决策咨询研究成果、丰富的政治经验和智慧，无论在高层决策者中还是在社会科学界都有着极高的信誉度和声望，在国内国情研究独树一帜，在国际当代中国研究自成一派。

的确，智库需要专业化，诚如刘奇葆同志所讲，智库越是专业越是著名。同时，智库也需要独树一帜，越是独树一帜越是著名。

对此，我深有体会。我们的核心专业是国情研究，在国际上叫作当代中国研究。这是非常专业的领域，世界上所有最好的大学几乎都有这方面的专业，在国内我们称之为国情研究，培养的都是“中国通”、中国自己的国情专家。因此，我们作为国情专业的智库，越是在这方面专业化，也就越著名。同时，正是因为我们从事的是国情研究，在国内智库中本身就是独树一帜，特别是我们以撰写《国情报告》作为智库的产品，更视为智库的品牌。我们凭借原创性、前沿性、权威性的《国情报告》来创智库的品牌，从而形成国情研究这一领域的专长和学术优势。

所谓“技高一筹”，就是《国情报告》具有很高的信息含量、知识含量、政策建议含量，这本身就是一个高要求、高质量、高门槛。

所谓“独树一帜”，就是独辟蹊径，自己开辟一条独特的学术之路、资政之路；独创一种新的研究领域，即国情与国策研究；逐步形成一种独特的学术风格。

在学术研究上要想创新就要学会“与众不同”，如形成独特的学术风格、独创的学术理论或体系、独到的见解、独具匠心的学术作品。独具匠心通常是描述艺术作品的，但是我把学术作品也看成艺术作品，因此就使用了“独具匠心”这个词。事实上，我在写每一部书时都是力图做到这一点，既突破他人，更突破自己。

独创性是相对于模仿性、重复性而言的；差异性则相对于相同性、相似性而言；新颖性相对于传统性而言，不属于现有的知识、已知的知识。

我自己就是要做特立独行之人，开创国情研究的新领域，提供《国情报告》的新知识，不断地创造出具有独创性、差异性、新颖性的新知识、新思想。

我们除了要在国内智库中独树一帜，更要在国际智库中独树一帜，也就是说在国际上的当代中国研究领域中要做出自己独特的研究，而不是跟在别人后头，你做什么我就跟着做什么，你说什么我就跟着说什么。

例如2010年我们就开展了“2030中国研究”，几乎与世界银行和国务院发展研究中心类似的课题同时起步。不过，我们早在2011年8月就以《国情报告》的形式内部出版，提交给国家领导人；10月正式出版了中文版，早于世界银行和国务院发展研究中心《2030中国》中文版（2013年3月）的出版。当然，我们提供了不止一种分析，至少是两个版本，既会有相同的看法，也会有不同的看法。例如我们都认为2030中国将成为高收入国家，但不同的是，我们的核心主张是实现共同富裕。

问：您的团队，被称为“小而精，精而美”。有您这样的首席专家，也有战斗力很强的主要专家、成长中的“生力军”。由此我们想到，一个智库的队伍建设非常重要，但不一定是以规模取胜，而是以质量与结构为主要衡量标准。您怎么看待这个问题？一个智库的人才结构应该是什么样的？团队建设应该怎样进行？对一个高校智库而言，应该怎样把智库研究与人才培养结合起来？

答：国情研究院是按照“小实体、精队伍”的原则，组建起来的一支精干、团结、高效的专职人员的智库队伍，队伍成员十分全部具有博士学位，其中80%以上具有博士后研究经历，不仅专业化、知识化，更为职业化，即从事国情国策研究的时间都在10年以上，具有丰富的实战经验，也形成了专业比较合理、后继有人的老中青梯度年龄结构。所谓“小而精”，就是指专职人员虽少，但是学历学位高、专业素质高、知识面宽，最重要的是效率高、成果多。

所谓“精而美”，是指我们每一份国情报告都得到了领导人的重视或批示，每一部公开出版的国情研究系列著作都获得学术界乃至社会各界的好评。例如2009年以来，我们已经有8部著作上了“光明书榜”。这是因为我们都是原创性的研究著作，不是汇编或编辑的作品。

大学智库不仅要出成果，更要出人才。只有具备人才，才能出高质量成果。反过来讲，通过国情研究，进行密集性的知识投资、知识创新，能使人才更加优化。

问：您对研究院提出了3个字的要求：出思想。而我们对智库的一般理解首先强调“出对策”“出招数”。您怎么看待这两个层面之间的关系？

答：智库，也可以称之为思想库，因此“出思想”是最重要的，也是最难的。“出对策”相对来讲比较具体，也比较务实。通常政府智库更擅长“出对策”，直接满足政府决策的需要。而大学智库，不仅要“出对策”，更需要“出思想”，以思想引领对策而不是就事论事。不仅服务于政府决策，更要影响社会。对策会因事因地而不同，也因时过境迁而消失，但思想却不同，它反映了经济、社会、政治、文化、自然的规律性的东西。

此外，还有一个规律在起作用，即物质变精神，精神变物质。形象地讲，智库就是要制造“精神原子弹”，使“精神原子弹”变成“物质原子弹”，只有思想才能产生“精神原子弹”的巨大作用。

因此，建设大学智库的关键问题是如何创新思想。这就需要坚持“独立之思想，自由之精神”。无论是学术研究，还是思考思维，总是自由的，也总是独立的，确有“天马行空，独往独来”的自由和意境。思想者就如一只“天马”，在思想的天空中行走万里。

从我个人的感受来看，思想者的“天马行空”绝不能脱离中国实际，而是要深深地扎根中国大地，紧密地联系中国实际，把中国视为研究的大舞台，自由地思想，自由地表达。

需要说明的是，思想的自由不等同于胡思乱想，思想是具有社会价值的理性思维。当然有时候看起来是胡思乱想的却会成为思想，那是在它具有了社会价值的前提下，反过来说没有社会价值的想法就是胡思乱想。因此任何一个思想都是可以被识别、被判断、被检验的，关键看它能不能产生社会价值，能不能经受住社会实践的检验。

匡亚明先生在为《中国思想家评传丛书》写总序时有一些新的体悟。他在总序中写道：历史事实反复证明，“凡是在各个不同时代不同领域和学科中取得成就者，大多是那些在当时历史条件下自觉或不自觉地认识和掌握了该领域事物发展规律的具有敏锐思想的人。他们取得成就的大小，取决于思想上认识和反映这些规律的程度如何。”

因此，“出思想”也取决于思想的创造力和思想的合力（与党中央之间的互动所形成的合力），既要符合社会发展规律，又要顺应社会发展需求（人心所向）。

问：您可否分类地给高校建设智库提出建议：在像清华大学这样条件优厚的学校建设智库，应该瞄准什么，注意些什么；在基础较为薄弱的高校建设智库，有没有可能性，应该瞄准什么，注意些什么？

答：国情国策的研究内容分为3个层次：第一个层次是基础性研究。一是中国国情的基础数据、基本信息、基本情况等，具体可分为人力资源国情、自然国情、经济国情、社会国情、政治国情等；二是中国道路的基础理论研究，当代中国现代化总道路与经验教训，以及未来发展道路，中国的具体道路包括中国工业化道路、农业现代化道路、自主创新道路、绿色发展道路等。

第二个层次是应用性研究。在全面深入分析中国国情的基础上，充分吸收毛泽东、邓小平大战略的政治智慧，充分研究党中央社会主义现代化大布局的政治思路，更加专业化、系统化地提出国家发展战略构想和目标设计，特别是国家五年规划和国家中长期专项规划。

第三个层次是对策性研究。主要研究不同时期发展面临的不同挑战，均反映在不同时期的《国情报告》之中，具体问题具体分析，同时提出具体对策，供决策者参考。由此我们也形成了以“发展”为主题的系列专题著作，如《地区与发展》《就业与发展》《民生与发展》《社会与发展》等。

以上3个层次相互关联、相互支撑。基础性研究既是国情研究的主要内容，又是国策研究的基础；应用性研究既是国情研究的应用领域，又是国策研究的重中之重；对策性研究既是国情研究的直接成果，又是国策研究的不同重点。同时，要自觉地以专业化为基础进行综合性、系统性、整体性的国情研究和发展阶段的判断。

问：您多次谈到，国情研究院开展当代中国研究的方法是独具特色的。我想这种独特的方法其实也具有普遍意义。可否请您介绍一下这种方法，并谈一谈具体研究方法对智库发挥作用的重要性？

答：智库研究，一定要在方法上更专业，这涉及对社会科学基本方法的使用。但是在中国做智库，还是要学会中国的方法，我把它称之为“毛泽东方法”“邓小平方法”，也就是毛泽东战略和邓小平战略。例如毛泽东最早提出的战略问题，对我从事国情研究影响很大。他指出：战略问题是研究战争全局的规律性的东西。凡属带有要照顾各方面和各阶段的性质的，都是战争的全局。研究带全局性的战争指导规律，是战略学的任务。研究带局部性的战争指导规律，是战役学和战术学的任务。说“一着不慎，满盘皆输”，乃是说的带全局性的，即对全局有决定意义的一着，而不是那种带局部性的即对全局性无决定意义的一着。下棋如此，战争也是如此。① 我们做国情研究主要是研究全局性问题、大局性问题、规律性问题。此外，他提出的“实事求是”思想路线，是我们研究国情的根本性指导方针。邓小平的方法也很有意义，例如他提出中国社会主义现代化的三步走战略，每隔几年再上一个新台阶的“台阶论”，都具有指导意义，成为我们研究中国大战略的基本方法。我们将

① 毛泽东．中国革命战争的战略问题［M］//毛泽东．毛泽东选集：第1卷．北京：人民出版社，1991：175.

社会科学的专业化方法与毛泽东、邓小平的战略分析方法相结合，从而形成独特的中国方法论。

问：您提出了“智库文化”的概念，这对于一个智库有何意义？您心目中的“智库文化”是什么样的？

答：智库文化是智库的灵魂。在建立智库之初，我们就提出了极具特色的智库文化，这就是要创建以知识奉献为核心的智库文化：“与中国兴盛同行，与中国开放相伴，与中国变革俱进”的追求；“知识为民，知识报国”的宗旨；“急国家之所急，想国家之所想，还要想国家之所未想”的理念。

为什么我们要提出这一智库文化？这是因为智库的产品是公共产品，所以创新公共知识，就会出现一个突出的问题，即应满足个人收益率大大小于社会收益率，这就需要有奉献精神。没有奉献精神，很难坚定下来、坚守下来、坚持下来。我从1986年参加中国科学院国情分析研究小组以来，已近30年了。

问：在最近清华召开的智库研讨会上，美国布鲁金斯专家提到，中国一定会建成世界一流的智库，不仅影响中国，还影响人类。您怎么看？

答：无论是从时代背景看还是从世界背景看，中国正在成为世界第一大贸易体、经济体和创新体，这不仅要求要有世界一流的科学家和学者，而且也需要有世界一流的智库。

我自己也有个定位：对决策者进行知识投资，不同于物质资本投资，这是无形资本投资，是潜移默化的，似涓涓细雨润物无声。

打造大学高端智库[①]

（2015 年 4 月 25 日）

我原来考虑一生中做两件大事，国情研究与教书育人，现在正在考虑做第三件大事，就是智库建设。

大的背景大家都比较清楚。清华大学百年校庆时，我在人民大会堂直接聆听胡锦涛同志讲话，他谈到了大学要建思想库。之后我也在总结，此后就不停地在写关于智库建设这方面的心得体会，就有了 2014 年 1 月在北京大学出版社出版的《中国特色新型智库》。

当然最重要的大背景，还是习近平同志在 2013 年 4 月对智库建设做出的一个重要批示。当时我们也没有想到，2015 年 1 月，“两办”正式印发文件。为什么没有想到呢？因为在很多重大决策出台前，实际上领导人就已比较早地提出一些构想，但要落实成具体的决策文件，所花的时间是比较长的。我在 2014 年 8 月 31 日参加了这份文件的内部讨论会，当时这个文件并没有现在这么丰富、精彩，会议就这份文件广泛征求了各方意见，当然我提出的观点也在文件中有所体现。但最重要的还是我提供了一本专业智库内容的书（指《中国特色智库建设》）。一般的专家一讨论就是谈一些问题，而我谈的是核心观点，这本书可以作为重要参考。毛泽东提出“要给人民留点文”。所以，平常我们做任何研究真是要“留点文”，这种“文”（指知识，包括“隐性知识”）是能够被分享的。

---

① 本文系作者 2015 年 4 月 25 日参加清华大学国情研究院成立十五周年座谈会的发言记录稿。

今年1月“两办”文件下来以后，有关部门就要求我们进行总结，并提出高端智库试点的方案。

我在清华大学智库的创办历程包括两步：第一步是创办中科院—清华大学国情研究中心。第二步是在清华大学百年校庆，特别是新百年之后，根据胡锦涛同志在百年校庆上的讲话，我们主动提出来创办清华大学国情研究院，得到了学校主要领导的支持，因此清华大学国情研究院很快就于2012年1月正式成立了。

现在看来，我必须走出第三步，即打造一个真正意义上的大学高端智库。这已经不是我自己提出的要求了，而是党中央和国务院直接点名让我们做这个事情，而我们做这个事情既要与清华的新百年目标相一致，可能更重要的还是要与党中央所提出的两个“一百年”以及伟大复兴这个更长时间的目标相一致。从这个角度来看，我想这是我们能不能在中国大地，特别是在清华大学创办一个至少百年以上的智库的重大议题。

几天前，我和亚华老师参加了美国布鲁金斯学会在我们学院举办的智库建设研讨会。明年是布鲁基斯学会创办100年，它在1913年成立时美国的出口额超过了英国，成为世界第一。而100年之后，我们的贸易额和GDP（按照购买力平价法）先后超过了美国。历史总是非常相似，所以我一直在考虑，未来我们能不能真正打造一个世界一流、中国最需要的高端智库。而且在布鲁金斯研讨会上，美国专家还专门提到，中国一定会建成世界一流的智库，还会有世界一流的思想家，他们不仅影响中国，还将影响世界。听到这句话时，我想到了刚刚在美国《外交事务》季刊发表的这篇文章（指《迎接中国经济新常态》），对我而言，这是一次开始，我必须突破自己，带领这个团队将这件事做好。尽管我们这个团队可能在所有的试点单位中是最小的，但我希望我们能够成为最优秀的。为党中央、国务院服务，特别是做这种咨询性服务，恰恰给我们提供了一个大舞台，如同我过去所讲，我们要天天去读中国这部天书，也要天天去写中国这部天书，我们这个团队共出版了113部著作，未来会突破150部、200部，这些作为重要图书，不仅被收录在国家图书馆，还会进一步被收录在美国国会图书馆、哈佛大学图书馆、哥伦比亚图书馆，等等。100年前，布鲁金斯学会之所以能够成为世界第一，完全是因为美国已经成为第一了，现在中国成为第一，那么下一个是谁呢？有人说是印度，但看看印度的体制就会知道，它不可能取代中国，除非中国自己乱了方寸。

我一直倡导“知识为民，知识报国”。因为我们创造的是公共知识，它一定是私人收益率大大地低于社会收益率的，只有坚持、坚守、坚定，我们才能够一直做下去。从这个角度来看，我自己一生中开始做的第一件大事是国情研究，然后又开始做第二件大事，到清华教书育人，与此同时我也在做第三件大事，就是创办大学智库。为什么这次让我们试点大学智库呢？它的体制不同于国务院发展研究中心，不同于社科院，也不同于其他机构，到底大学智库怎么创办？怎么能够总结出经验，并且为将来的其他大学所分享、采用和推广呢？我主张中国需要更多的智库，包括大学智库，因为中国已经进入了一个百花齐放、百家争鸣的智库时代。可以非常清晰地看到，我们未来不仅要为清华大学、为中国，还要为世界提供重要的智力支持。

最近我有一篇很重要的文章，算是一个重头戏，其中就提出，中国的崛起将迎来世界500年来从没有过的共赢时代。500年前我们开始进入所谓的殖民主义时代，之后又进入帝国主义时代，两次大战结束后进入霸权主义时代，直到如今中国崛起，可以说第一次在人类历史上开启了一个共赢主义时代，从根本上改变了零和博弈的思路，除了中国以外，没有其他国家的领导人敢于向全世界承诺互利共赢。我从中共几代领导人一以贯之的政策中概括出的共赢主义时代，需要我们不仅立足中国，更要放眼世界。我们今天的天下观既不同于几千年前的天下观，也不同于闭关自守的天下观，我们是在一个更加开放、更具竞争的时代，需要思考怎么能够为国家、为民族、为人类提出我们的建议，有学者谈到中国一定会影响世界，也一定会成长出自己的思想家，不仅影响中国，也影响人类。

我也与有些老师交换了意见，我跟他讲，尽管我们学院现在有各种规则，我的希望就是 3 个字——出思想。出一些思想影响中国，进而影响人类，从这个角度来看，我们的智库，即思想库，必须要出一些思想，并且成为中国主流的思想，进而就会成为世界的主流思想。今年年初，有关部门让我们来总结一下是如何创办国情研究院的，我为此专门写了一篇文章，总结了我们 15 年来是怎么创办国情研究院的，对我们的工作做了一个总结，并提出下一步我们将根据有关部门提出的试点工作方案进行机制创新、体制创新，也包括研究方法的创新，我希望随着这样的实验过程，在干中学，在学中干，能够真正创办一所中国特色的大学高端智库。我也希望在座的院友、同学们，能够为实现这个目标出力献策。

学生已经逐渐从我们的财富变为我们的客户了。我希望同学们毕业以后到不同的部门去，为国家做贡献。

我在本书的后记里也讲了，我不是和我这代人对话，而是与下一代对话，下一代是财富，是国家的财富，下一代之后还会有下下一代，不断地传承下去。我特别讲到了两种知识，一种是我们正规发表的学术知识，就像我们说的“显性知识”，另外一种更重要的是“隐性知识”。我有幸与你们为伍，我们既是师生，又是学友，所谓学友就是写文之友、写书之友，也可以说是人生之友。老师既是老师，更是学生，我们通过合作，互相学习。我这本书就是写给大家的，这次并没有正式发表和出版。

2011 年 7 月，我与周建民、王绍光、韩毓海一起写《人间正道》，整个过程中鄢一龙全程参加，韩毓海提出来是不是也要请鄢一龙做署名作者，我决定还是先由我们 4 个人署名，由韩毓海当执笔人，我相信鄢一龙他们会写出自己的著作。仅隔了 4 年，他们这些年轻人写出了《大道之行》这本书，这就是教育或者说人力资本的特征，它的回报不只是短期的，也可能是长期的，是对人的投资，也是对人的发展能力的提高。当我看到这本书时就感慨，我们所开创的这个事业是“革命自有后来人”。我们具有一种革命的精神，风险的精神，我们才可能革命自有后来人，而且在革命精神的鼓舞下，我们会培养出越来越多的新一代杰出人才，这也是我们打造中国大学高端智库的一个重要目标，因此不仅要出成果，还要出人才，而这种人才是可持续的，是代代相承的。

我相信邓小平同志的一句话：后来的人总会比我们聪明。我就把这句话送给大家，谢谢！

定位·难点·前景
——胡鞍钢谈中国特色新型智库建设[①]

刘烨

（2016 年 3 月 8 日）

2015 年 1 月，中办、国办印发了《关于加强中国特色新型智库建设的意见》；11 月 9 日，中央深改组第十八次会议审议通过了《国家高端智库建设试点工作方案》，随即公布了首批 25 家国家高端智库建设试点单位。著名国情研究专家胡鞍钢所在的清华大学国情研究院名列其中。近日，本报记者采访了胡鞍钢教授，他就中国特色新型智库建设等问题发表了自己的看法。

中国特色新型智库的定位和任务

“中国特色新型智库，总体上是为党和政府科学民主依法决策服务的。国家高端智库，服务的对象则是高端客户，直接为党中央、国务院服务。”胡鞍钢说。

胡鞍钢认为，作为发展到这个历史时段的中国特色新型智库，尤其是国家高端智库，其定位应当是：国家目标的“瞭望者”、国家战略的“谋划者”、国家智库的“担当者”和国家治理的“监督者”。“瞭望者”说的是我们研究问题的高度、深度和广度，要站在国家发展全局思考问题，研究的也应当是国家发展过程中遇到的核心问题、瓶颈问题，对中国来说是“领航员”，对世界来说是“风向标”；“谋划者”说的是持续关注中央和国务院重

① 此文系作者 2016 年 3 月 8 日接受人民日报社记者刘烨采访稿，2016 年 3 月 12 日作了修改。

大战略和重大政策，并提出有针对性、可操作性的咨询和建议，为中国特色社会主义现代化的谋篇布局贡献力量；“担当者”说的是亲历实践，勇于担当，对内勤耕耘、抓研究、出思想、有创新，提供丰富的智力产品和专业化的智力支撑，对外当好“学术大使”“智力大使”“中国代言人”，维护好国家利益和国家形象；“监督者”说的是客观评价和评估国家、政府治理和社会管理绩效，提出建设性的意见建议，促进国家善治。智库有专家、有分析载体、有中立性，作为第三方来监督和评估政府的决策及实施绩效最有说服力。

中国特色新型智库建设中需要解决的关键问题

随着中央越来越重视中国特色新型智库的建设与发展，胡鞍钢相信，中国的智库数量还会大幅增加，智库质量还会明显提高，进入“百花齐放，百家争鸣”的智库时代，但也面临几个核心问题：

一是克服同质化倾向，找到最适合的主攻方向。中国是世界第二大智库国家，但存在着大量的重复研究，这本身就是智库资源的浪费。中国智库要想做专、做优、做强，一定要独树一帜，有主攻方向和拳头产品，有领军人物和重点研究领域，有核心竞争力。比如我们就是 30 年一直潜心专职研究国情国策，贵在坚持，一以贯之，做专做精。

二是要强调思想性和原创性。智库是思想库，出思想是最重要的功能，也是最难的创新。要在关键时刻为关键人物提供好思想、好创意，以思想引领社会。原创性就是要追求“独立之思想，自由之精神”，做到独立选题、独立研究、独立发表，这就需要智库的研究者笔耕不辍，天天写作，有“板凳一坐十年冷”的学术耐力和毅力。

三是要把人才培养放在突出位置。智库应该是一个“人才水库”，能进能出且高进高出，不能是死水一潭。通过学术训练建立一支梯次合理、专业职业的核心团队，在专注的研究领域使智库带头人的经验和智慧、研究骨干的知识和能力、学术新秀的才干和冲劲相互补充、相互激发，实现整个团队知识贡献最大化。

四是要注重科研资源的综合利用。智库不是学术海洋中的一叶孤舟，而是多层次学术交流平台，是知识成果转化平台，还是科研资源综合利用平台。例如国情研究院，依托清华大学专业的图书馆和数据库，从世界银行、联合国等60多个数据库获取数据、信息，与世界各国的智库、研究机构开展项目合作，从服务的高端客户处反馈信息，都是在整合科研资源，形成科研合力。

中国特色新型智库建设的愿景

“无论是政府机构办的智库还是高校智库，都是国家智者集聚之地，都要思国家之所思，想国家之所想，急国家之所急。一个共同的目标是在国内为‘国家智库’，在国际为‘中国智库’，自觉代表中国利益，自觉发出中国声音。”胡鞍钢在谈到中国特色新型智库建设的愿景时说。

胡鞍钢表示，智库建设要具备四个“影响力”。首先是政策影响力。要使智库的声音传达到高层决策者，形成两者之间信息渠道和知识桥梁，能及时提出具体建议和解决方案，并能使之成为政策先导。其次是社会影响力。智库需要通过传媒及时发布最新的成果，引导社会舆论，引领社会潮流，不断释放正能量，在社会上形成公信力和美誉度。再次是学术影响力。智库的研究选题应当是前沿性课题，研究成果是基于学术研究，具有学术价值，通过在国内外最好的学术刊物发表，产生学术影响力，也赢得国内外学术界同行的认同。最后是国际影响力。中国已经逐渐走到世界舞台的中心，中国的智库更需要国际化，将国情研究与世情研究有机结合，才能知己知彼。还要主动与国际智库合作交流，多在国际会议和论坛上发出中国声音。智库的研究成果也要及时翻译成外文，主动“走出去”，影响世界。

大学智库如何参与重大决策咨询：以“十三五”规划为例①

胡鞍钢、姜佳莹、鄢一龙

（2016 年 4 月 20 日）

清华大学国情研究院自成立之初，就提出定位是“国家高层决策思想库，成为国内外具有重要影响力的公共政策研究中心”；还提出了“知识为民，知识报国”的宗旨，以创新决策知识为国情研究的基本内容，把提供决策知识作为国情研究的基本目的。

2015 年，清华大学国情研究院成为第一批国家高端智库试点，作为国家决策的“外脑”，它直接为党中央、国务院服务，提供智力支持。国情研究院的定位是：国家目标的“瞭望者”、国家战略的“谋划者”、国家智库的“担当者”、国家治理的“监督者”，要站得更高、看得更远、想得更深、看得更准。

国情研究院主要研究领域为国情国策，主要专长为国家发展规划。其中五年规划一直是国情研究院的重要研究领域与研究课题，我们一直持续地、追踪地、长期地参与背景性前期研究、发展战略研究、发展目标与指标研究、五年规划评估以及重大政策研究等。1995 年之后，先后 5 次参与五年计划或五年规划决策咨询研究，如为“九五”计划提供了关于中国地区发展差距的背景性研究，直接促进中央提出把缩小地区差距作为一条长期坚持的重要方

① 此文系作者 2016 年 4 月 20 日参加中国社会科学院中国社会科学评价中心主办的国家高端智库建设学术研讨会，提交的文稿。

针；"十五"时期，我们为西部大开发提供了重要的决策咨询，出版了《地区与发展：西部开发新战略》，胡鞍钢还超前提出"以人为本"作为"十五"时期发展的指导方针；"十一五"时期，我们为编制规划提供了国情研究背景咨询，胡鞍钢还以国家"十一五"规划专家委员会专家的身份直接参与规划草案的研讨和建议，出版了《国情与发展》《中国：再上新台阶》；"十二五"时期，我们为规划提供了更专业、更系统的决策咨询研究，集中反映在《中国：走向2015》，是第一部五年规划的智库版，胡鞍钢再次作为国家规划专家委员会委员直接参与规划草案研讨和建议。

从2013年开始，国情研究院开始第五次深度参与"十三五"规划的背景研究，充分发挥国家高端智库的重要作用。大体可以分为3个阶段：第一阶段是参与"十三五"规划前期研究；第二阶段是参与"十三五"规划编制过程中的意见征求；第三阶段是对《"十三五"规划纲要》进行深入解读。

国情研究院参与"十三五"规划决策咨询主要有5种方式：一是向中央有关领导递送国情研究院的核心产品《国情报告》，《国情报告》既是国情研究的"平台"，也是与决策者沟通的信息渠道，又是我们国情研究的"名片"；二是通过出版专著，提供系统化的知识，国情研究院持续不断地将相关领域的研究成果系统化、集成化，以专著形式出版，如《"十三五"大战略》作为第二部智库版向社会发布，也为各地区、各部门制定五年规划提供全国信息；三是发表学术文章，就某个问题进行更加专业化、更加深入地阐释和解读并产生学术影响力；四是通过主流媒体公开发表文章，国情研究院定期或不定期地将阶段性成果及新的研究观点通过新华社、《人民日报》、《光明日报》等主流媒体公开发表；五是参加中央及政府有关部门的政策咨询会议，提供政策建议及表达国情研究院的研究思想和研究成果。由此发挥了大学智库的决策影响力、学术影响力、社会影响力，并在国际交流交往中发挥了国际影响力。

智库对中国中长期战略规划的影响
——以清华大学国情研究院为例[①]

胡鞍钢、姜佳莹、鄢一龙

改革开放30多年来，中国保持了年均9.8%的经济增长率，从世界最大的绝对贫困人口社会（即极低收入水平、高达8亿极端贫困人口）变成世界最大的小康社会（即进入上中等收入水平、高人类发展水平）。以刚刚过去的“十二五”时期（2011～2015年）为例，中国GDP总量上了一个特大台阶，按汇率法计算，占世界总量比重从9.2%上升至14.4%，按购买力平价法，占世界总量比重从14.0%上升至17.2%，中国货物出口额占世界总量比重从10.3%上升至13.2%；从发展水平看，中国人均GDP从4 000多美元上升至8 000多美元，在世界215个国家和地区中的排位从第120位上升至第96位，从下中等收入水平阶段进入上中等收入水平阶段，人类发展指数从0.699上升至2014年0.727，从中等人类发展水平进入高人类发展水平，在世界188个国家和地区中排位从第106位上升至第90位。[②] 中国的迅速发展离不开科学的国家发展战略规划与正确的发展决策。

而国家经济社会的发展和进步涉及诸多领域，任何一个问题的规划和决策都需要多方面的专业知识，国家中长期发展规划的制定所需要的科学分析仅靠国家领导人的力量是远远不够的，还需要靠政府之外的力量来支持，即

① 此文写于2016年2月2日。

② UNDP，Human Development Report 2015. http：//hdr. undp. org/sites/default/files/hdr_ 2015_ statistical_ annex. pdf.

发挥政府作为“内脑”和众多专业研究机构作为“外脑”的合力。新中国成立以来，尤其是改革开放30多年来，中国的决策机制越来越民主化、科学化、制度化，党中央、国务院决策中枢的“内脑”与众多综合性、专业性智库的“外脑”之间相互支撑、相互启发，又集思广益，形成了互补的决策制定和支持体系，使得战略决策更加民主化、科学化、制度化，明显减少了决策失误，也能更及时地纠正决策失误。

中国决策成功的实践，非常重要的就是成功地改革了指令性的“五年计划”手段，创新了独特的“五年规划”（五年计划）这只“看得见的手”“公共服务之手”。[①] 无论是从国内视角还是从国际视角来看，中国每隔五年就上一个大台阶。这也反映了五年规划起了极其重要的指导作用，成为具有中国特色的发展战略和发展政策。

五年规划是中国最重要的公共政策之一，是中国未来的战略规划和发展蓝图，具有长期性、全局性和战略性。同时，五年规划是一个战略循环，以每五年为一个周期，五年规划的制定和执行已经在实践中形成了规范的制度安排。五年规划制定过程的参与与其他决策咨询的参与有很大的不同，参与五年规划的制定是一个持续的、循环的周期，是一个中长期的过程，不同于某项具体政策制定的参与。本文以智库参与五年规划的制定为例，呈现出中国智库，尤其是高校智库是如何影响中国的中长期规划的，在此过程中，也将呈现高校智库的发展壮大历程及其不断提高的影响力。

清华大学国情研究院作为中国名牌大学智库，在国情国策方面有着长期的专业研究和知识积累，不仅直接参与到中国改革开放实践之中，更是主动参与到中国中长期发展规划的重大决策咨询之中，持续地、长期地影响着中

---

① 以中国“十二五”规划为例，主要国民经济和社会发展指标共计24个，其中经济发展指标只有3个，均为预期性指标，占总数的12.5%；人民生活指标有9个，占总数的37.5%；资源环境指标有8个，占总数的33.3%。

国决策者。清华大学国情研究院是以国情报告为信息平台，向决策者提供国情信息、国策建议，同时，院长胡鞍钢作为国家发展规划专家委员会委员，直接参与了“十一五”“十二五”“十三五”的背景研究、政策咨询、中期评估和效果评价。

本文以清华大学国情研究院为案例，结合国情研究院长达 20 多年的实践，即先后 5 次连续非正规参与中国“五年计划”（“九五”“十五”计划）、正规参与“五年规划”（“十一五”“十二五”“十三五”规划）政策咨询实践，分析高校智库作为“东方巨人”的“外脑”之一，如何提供创新性的发展思想、务实的发展战略、中长期的发展目标，五年规划的基本思路，以及国民经济和社会发展主要指标的设计和论证；与此同时也直接反映了中国决策机制民主化、科学化、制度化的演变过程。而国际上一些言论给中国贴上各种“威权论”的标签，不仅误导了国际学术界，更误导了各国政府的对华政策。

一、 中国智库参与决策历程：从“小脑”变成“大脑”

墨子曾指出古代圣明天子“非神也”，而是能“使人之心，助己思虑”，“助之思虑者众，则其谈谋度速得矣”。现代社会的一个基本特征是高度的社会分工以及精细的学术分工，大量的专门研究机构和专家参与到知识生产过程中去，这使得现代社会的决策者可以通过借助成百上千的“外脑”，更加充分地吸取各类决策信息、知识和建议，更加智慧地做出正确决策，制定更为有效实用的政策。

新中国成立之初，国家领导人注重发挥“外脑”作用。“一五”计划编制时反复征询苏联专家等方面意见；“三五”计划编制还提出了“领导、专家、群众”三结合的方法。但是，出于计划保密的需要，当时国家计委为国家一级保密单位，五年计划的内容实行分级保密管理，各类专家和研究机构作为外部咨询发挥的作用相当有限。

改革开放以后，各类专家参与决策所发挥的咨询作用越来越大。这里有一个由少到多的过程，由非正规安排到正规制度安排，由决策外围到决策核心，由“小脑”到“大脑”的过程。大体经历了“集体领导决策”时代，专家非正规参与；“专家咨询决策”时代，专家正规参与；“智库咨询决策”时代，建立一批国家高端智库。

“集体领导决策”时代。基于“大跃进”和“文化大革命”的个人决策的历史教训，邓小平认为领导制度、组织制度问题更带有根本性、全局性、稳定性和长期性。① 他开始着手重建党中央集体决策机制，这些充分体现在《关于党内政治生活的若干准则》《中国共产党章程》等制度性安排中。

当时中国已经出现各种“内脑”决策思想库，为中国经济体制改革服务。最具代表性的有：一是中国社会科学院，这个最大的学术团体更加组织化、专业化、多学科地研究中国经济社会；二是国务院发展研究中心，直属国务院，是中国最大的政策研究和咨询机构；三是各部委直属政策研究机构；四是北京大学、中国人民大学、中共中央党校等大学的有关研究机构和知名学者；五是进一步强化了中央智库建设，如中央政策研究室、国务院研究室等。

1986 年，时任国务院副总理的万里首次提出实行决策民主化和科学化的主张。② 当时还没有引入专家或智库咨询的正式制度，专家咨询决策也是非常有限的，真正产生决策影响的也只是个别案例，如 1986 年 3 月王大珩等 4 名科学家向邓小平写信提出的“发展中国的战略性高技术”建议，获得邓小平同志批准，国务院制定了《高技术发展计划纲要》即“863 计划”。

根据胡乔木在《中国领导层怎样决策》（此文为开创性的文章，打开了中国决策机制的“黑箱”）一文中的介绍，20 世纪 80 年代专家就在决策中发挥

① 邓小平．党和国家领导制度的改革［M］//邓小平．邓小平文选：第 2 卷．北京：人民出版社，1994：333.

② 参见《人民日报》1986 年 8 月 15 日。

重要的作用：一是加强了咨询机构的作用，主要是国务院的内部研究机构、中国社科院、北京的主要大学等；二是吸收专家参加论证工作。[①]

虽然胡乔木没有给出具体的案例，但仅从中国五年计划或规划制定的视角来看，可以视为比较典型的实际案例。从制定“七五”计划时，就开始邀请有关专家通过参加座谈会形式参与政策咨询，不过主要限于政府部门研究机构的内部专家和中国社会科学院有关负责人。

“专家咨询决策”时代。1992 年以后，进入集体决策科学化、民主化和制度化的深化阶段，各种决策的制度化安排逐渐成形，集体领导、集体协商、集体决策，改进公共政策决策机制，专家学者在决策过程中的参与作用也不断提升。这反映在党的十四大报告中，十四大报告正式提出决策的科学化、民主化是实行民主集中制的重要环节，是社会主义民主政治建设的重要任务。领导机关和领导干部要认真听取群众意见，充分发挥各类专家和研究咨询机构的作用，加速建立一套民主的科学的决策制度。[②] 这就为专家学者以及非官方智库参与国家重大政策的制定提供了有利的契机，中国逐渐步入了“专家咨询决策时代”。

在制定“九五”计划时邀请有关专家参与前期研究，召开专家政策咨询会议，如 1995 年 2 月，胡鞍钢应邀参加国务院研究室召开的“九五”计划思路座谈会，而其他参加者主要是政府部门研究机构的专家。

1999 年在制定“十五”计划时，时任国家计委主任曾培炎主持“九五”计划思路座谈会，会议邀请了 6 位专家，都是来自中国社会科学院、大学等非政府机构的学者；国家计委主要司局也相应召开专家咨询座谈会；随后还正式成立了专家审议会，协助政策咨询。

---

① 胡乔木．胡乔木文集（第 2 卷）．［M］．北京：人民出版社，1993：270 – 277.

② 江泽民：加快改革开放和现代化建设步伐，夺取有中国特色社会主义事业的更大胜利［M］//江泽民．江泽民文选：第 1 卷．北京：人民出版社，2006：236.

这一时期，决策科学化、民主化和制度化有了显著进展。

2003 年，国务院在制定《国务院工作规则》时首次增加了《实行科学民主决策》一章，明确规定：“国务院各部门提请国务院研究决定的重大事项，都必须经过深入调查研究，并经研究、咨询机构等进行合法性、必要性、科学性、可行性和可控性评估论证。”从 2004 年起，国家发改委开始委托不同的研究机构为“十一五”规划做前期研究，最终形成马凯主编的《“十一五”规划战略研究》，收录了国务院研究室、国务院发展研究中心、国家发展和改革委员会宏观经济研究院、中国科学院、中国社会科学院、北京大学、清华大学、世界银行等机构的研究成果，其中也包括清华大学国情研究中心提供的国情与发展的研究成果。

根据这一要求，2005 年 10 月国务院决定，实行编制规划的专家论证制度，正式成立国家规划专家委员会。当时共有 37 名委员（胡鞍钢是委员之一），都是来自不同领域的专家，也代表了不同研究机构或智库，以非政府部门专家为主，特别是增加了来自著名大学的专家，作为专门的五年规划政策咨询与政策论证机构。之后的“十二五”“十三五”规划专家委员会又增加了十几位委员。

“十二五”规划编制期间，在不同阶段总共召开了 4 次国家发展规划专家委员会会议，第一次会议是在基本思路起草阶段的群策环节召开，讨论国家“十二五”规划的若干重大问题；第二次会议是在基本思路征求意见环节召开，听取专家的意见；第三次、第四次会议是在《纲要》征求意见阶段召开，听取专家的意见。专家委员会的开会形式通常是：首先学习材料；其次进行分组讨论，对《纲要》征求意见稿提出意见，同时，专家们还会在规划文本上直接修改，也有部分专家会以文章的形式专门提出书面意见，国家发改委会对这些意见进行汇总和研究，考虑是否加以吸纳。

2011 年 2 月召开的国家发展规划专家委员会会议除了提出意见之外，更重要的任务是起草“十二五”规划的专家论证报告。起草过程为，由国家宏观经济研究院常务副院长王一鸣起草论证报告初稿，专家委员会反复讨论初稿，而国家发改委工作人员根据专家委员会意见反复修改，最后形成的论证报告实际上和初稿完全不同了。会议形成的专家论证报告，随规划纲要草案稿一起上报送审，为增强科学性提供强有力的支撑。

需要特别提及的是，从2008年开始，国家发展和改革委员会组织国务院发展研究中心、中国社会科学院、中国科学院、北京大学、清华大学等70多家科研机构对国民经济和社会发展各领域的重大问题进行深入研究，包括70余篇研究报告。最终形成张平主编的《“十二五”规划战略研究》。

“智库咨询决策”时代。党的十八大以来，建设中国高端智库的步伐加快，进入了一个“百花齐放，百家争鸣”的智库时代。这与习近平总书记的直接推动有关，他曾先后做了十几次重要讲话和批示。

2012年11月，党的十八大报告提出：“坚持科学决策、民主决策、依法决策，健全决策机制和程序，发挥思想库作用。”

2013年4月，习近平总书记首次提出建设“中国特色新型智库”的目标，将智库发展视为国家软实力的重要组成部分，并提升到国家战略的高度。这是继十八大报告明确提出“发挥思想库作用”后中央对智库建设更深层次的阐释和表态。

同年11月，党的十八届三中全会《关于全面深化改革若干重大问题的决定》第28条明确提出：“加强建设中国特色新型智库，健全决策咨询制度。”① 随后，有关部门开始进行国内外调研，着手起草中央文件。

2014年7月8日，习近平主持召开经济形势专家座谈会，② 并在会上表示，经济形势专家座谈会是落实十八大和十八届三中全会要求加强中国特色

① 2013年11月12日，中国共产党第十八届中央委员会第三次全体会议通过《中共中央关于全面深化改革若干重大问题的决定》。

② 参加会议的专家有6位，均代表6个智库，胡鞍钢教授也参加了该次会议。

新型智库建设，建立健全决策咨询制度这个决策部署的重要体现，希望广大专家学者不断拿出有真知灼见的成果，为中央科学决策建言献策。

2014 年 10 月 27 日，中央全面深化改革领导小组第六次会议审议了《关于加强中国特色新型智库建设的意见》（以下简称《意见》），首次将中国特色新型智库的功能界定为“咨政建言、理论创新、舆论引导、社会服务、公共外交等重要功能”，明确提出 2020 年目标是“重点建设一批具有较大影响力和国际知名度的高端智库”。

2015 年 1 月 20 日，中共中央办公厅、国务院办公厅印发《意见》。

2015 年 12 月，正式启动首批 25 家国家高端智库建设试点工作（清华大学国情研究院也被列在其中），首次将国家高端智库定位为直接“服务党中央决策、服务国家发展”。①

由此可知，中国决策机制演变历经 30 多年，基本方向就是民主化、科学化、制度化，这是一个从量变到质变的过程，先后经历了不同的阶段。“从官方到私人，从体制内到体制外，中国思想库的机构形式是渐变的，这种思想库组织类型的多样化体现了中国政府和社会知识精英们对中国决策科学化、民主化的探索和努力。中国思想库并不一定需要追求和西方思想库那样的体制结构和运作机制，不同类型的思想库在中国社会的民主化进程中发挥着不同的作用并得以相互补充。”②

仅以制定五年计划或规划为例，各类智库和专家扮演了越来越重要的角色，从非正规参与到正规参与，从专家个人参与到专家加上智库参与，从决策咨询的外围到决策咨询的核心，都可以看到他们的影响力和实际作用日益明显，尽管对党中央、国务院的决策是辅助性的，但是逐步构成了中国东方巨人的“两个大脑”的“外脑”，在决策咨询方面也越来越专业化、制度化、

---

① 胡鞍钢教授参加该次会议。

② 朱旭峰．中国思想库：政策过程中的影响力研究［M］．北京：清华大学出版社，2009：201.

程序化，与党中央、国务院的“内脑”越来越密切，也形成了互动关系、互补关系。

以下以清华大学国情研究院参与历次五年计划或规划的研究与咨询为例，具体说明高校智库参与决策研究、决策咨询的过程及对决策的影响。

二、清华大学国情研究院发展历程：从非正规机构到“国家高端智库”

国情研究院从无到有的发展大体可以分为3个阶段：

第一个阶段是1986～1999年的中国科学院国情分析研究小组。这是一个课题研究小组，并不是一个正式的实体的专业研究机构，主要成员来自中国科学院不同的研究所，主要接受中国科学院资助。这也是当时中国智库的一个雏形，客观上扮演了决策思想库的角色，当时该小组已提出了智库的理念——“急国家之所急，想国家之所想”。该小组成立之初集中于研究中国基本国情，如中国人口、资源、环境和农业，而后逐渐扩展到其他领域，以专题形式，由一位研究员主持并主编，不定期出版国情研究著作，从1989～1999年先后正式出版了9部不同专题的国情系列专著，内容涉及当代中国研究的重要领域。然而，当时还缺乏与决策者之间的信息传递渠道。

第二阶段是2000～2011年胡鞍钢创办了中国科学院—清华大学国情研究中心。这是一个国情研究专业化的实体的大学智库，依托清华大学公共管理学院，主要接受清华大学、中国科学院资助。该中心的理念是“知识为民，知识报国”，定位是国家高层决策思想库，主要任务是：研究基本国情；开展专题调查研究；搜集和整理重要国情信息，建立国情决策数据库；主要研究21世纪中国中长期发展的重大战略性问题，以及相关的重要公共政策；重点研究中央当前高度关注的重大问题和热点问题；推动全国的国情研究和国情教育；促进国际合作与交流；培养公共政策高级研究人才，培训硕士生、博士生、博士后。该中心创办了内部发行的《国情报告》，供中央和国家领导人以及省部级主要负责人参阅。到2011年底，历年发行的《国情报告》已经编成14卷（1998～2011年），每年1卷，共计27册，除1998年为1卷1册外，其余年份均为1卷2册，由党建读物出版社和社会文献出版社正式出版发行。该系列报告强调政策建言的时效性和对重大决策的影响力，先后获得的党和国家领导人批示、批阅数以百计，显示出极大的学术正外部性、政策正外部性和政治正外部性，成为直接影响决策的重要平台和信息渠道。

第三阶段是2012年在清华大学的支持下，在国情研究中心的基础上，依托公共管理学院，进一步创办清华大学国情研究院，目标是创办世界一流的中国研究智库和开拓新学科（即当代中国学）基地。

清华大学国情研究院又进一步定位：成为中国一流的决策思想库和世界一流的当代中国研究基地。其研究内容包括互补性的4个层次：研究中国基本国情，开展"中国之路"研究；构想和设计中国中长期战略，参与国家中长期发展规划设计；研究中国所面临的重大发展挑战，提出重大公共政策建议；加强国际智库交流，开展公共外交，主动向国际介绍中国发展情况。

作为大学智库，国情研究院主要给高端客户提供高端产品，即《国情报告》，从1998年到目前，《国情报告》已内部出版1 000多期，累计超过1 000万字，每一期国情报告都是针对当代中国的特定挑战或问题，有针对性地为中央及有关部门提供关于国情国策的知识产品。目前已经由党建读物出版社正式编辑和出版的《国情报告》系列（1998～2012年），共计15卷本、28册，实时记录了中国经济发展、社会转型以及与世界的关系，也记录了胡鞍钢团队对中国发展理念、发展战略、发展目标、发展路径以及发展政策的研究和建议，在决策者中具有很高的声誉，与决策者之间产生了思想上的互动，也反映在党中央、国务院的决策之中。

2015年12月，清华大学国情研究院作为大学智库代表之一，正式入选首批国家高端智库建设试点单位，专职专业从事国情国策和国家中长期发展规划研究。

经过30年的实践，清华大学国情研究院经历了3个阶段，从“非正规”国情研究小组到正规的“国情研究中心”，从“国情研究院”到正式的“国家高端智库”，30年的发展历程反映了中国大学智库的创办、创业、创新的发展全过程，也反映了中国智库与决策者之间相互作用、相互需求、相互支撑的动态过程。

三、 清华大学国情研究院如何参与决策五年规划

五年规划（计划）是中国政府最重大的公共政策之一，是国家未来发展的宏伟蓝图。参与五年规划（计划）是智库为国家发展提供智力支撑的重要路径和方式。五年规划是清华大学国情研究院参与决策的主要领域之一，国情研究院一直持续地、追踪地、长期地参与背景性前期研究、发展战略研究、发展目标与指标研究、五年规划评估以及重大政策研究。

（一）“九五”计划：主动参与、积极影响

“九五”计划制定前后，1994年4月胡鞍钢撰写了《欠发达地区发展研究》的报告，分析了我国改革以来经济发展和社会发展地区差距的变化趋势、基本特点及其形成原因，明确提出“中央政府应把解决欠发达地区发展问题放在优先位置”。同年5月10日，新华社内部摘录了该报告的主要观点，《改革》杂志1994年第5期刊登了报告全文。

同年6月胡鞍钢应中央统战部、中央党校的邀请，在省地级领导干部班上讲了《中央政府应把解决欠发达地区发展问题放在优先位置——中国地区差距报告》，这一报告引起了30多名来自全国各地的省地干部的极大兴趣，并获得了高度评价。在讲课中，胡鞍钢还对这些干部进行了问卷调查，中央政策研究室负责人很重视这一问卷调查，将这一报告的详细内容以及问卷调查结果作了处理，供中央领导人参考。随后中央政策研究室内部摘发了报告主要观点和政策建议（30多页）；9月5日《人民日报》总编室《内部参阅》

也作了摘发。

1995 年 2 月，胡鞍钢参加国务院研究室关于“九五”计划座谈会上提出两个建议：一是应当学习毛泽东《论十大关系》的思路，研究新时期的十大关系；二是今后要着重解决中国地区发展差距。上述两个建议均被采纳。之后，胡鞍钢与国务院研究室开展了这方面的合作研究。同年 3 月“两代会”期间，地区差距问题成为热门话题。中央政治局常委都明确表示，“要创造条件，逐步缩小地区发展差距”。

同年 4 月 10 日，胡鞍钢参加了国家计委国土地区司关于“九五”计划地区发展政策专家座谈会。对是否解决地区差距存在两种明显不同的观点，有相当部分专家认为还应该继续实行沿海地区优先发展战略，认为解决中西部地区发展问题为时过早，也不具备相应的条件。胡鞍钢的观点与此不同，他认为，在“九五”期间开始解决这个问题的时机已经成熟，不能等到下个世纪再说，并提供了最新的相关研究成果。

在起草中央文件的过程中，对地区发展战略一直有两种不同意见和争论。同年 6 月，国务院研究室摘发了卢中原与胡鞍钢撰写的《我国地区经济变化情况及趋势》一文，为制定“九五”计划有关地区差距问题提供了国内外背景材料。

同年 9 月底，党的十四届五中全会关于“九五”计划和 2010 年远景目标的建议首次提出第八条方针：坚持区域经济协调发展，逐步缩小地区发展差距。[①] 在全会的闭幕式上，江泽民首次讨论了社会主义现代化建设中的“十二大”关系，[②] 还专门讨论了东部地区和中西部地区的关系。他认为，应当把缩小地区差距作为一条长期坚持的重要方针；从“九五”计划开始，要更加重

---

① 1995 年 9 月 28 日，中国共产党第十四届五中全会第五次全体会议通过《中共中央关于“九五”计划和 2010 年远景目标的建议》。

② 江泽民．正确处理社会主义现代化建设中的若干重大关系［M］//江泽民．江泽民文选：第 1 卷．北京：人民出版社，2006：460－475.

视支持中西部地区经济的发展，逐步加大解决地区差距继续扩大趋势的力度，积极朝着缩小差距的方向努力。

同年底，胡鞍钢、王绍光、康晓光的《中国地区差距报告》一书公开出版，该书综合大量的数据、图表，对地区差距问题进行了更为系统的研究，为中央决策提供了坚实的智力支持。在这本书中，作者还特别提出领导人要务实性地帮助西部地区发展和减贫。作为我国专题研究地区差距的学术专著，它在学术界引起了较大的反响，到目前为止已被引用207次（Google学术搜索，2016年1月数据）。

（二）“十五”计划：持续参与、全面参与

中央对地区发展差距问题的重视，又促进了我们对地区发展差距问题更深入的研究，先后正式出版了3部重要著作。一是王绍光、胡鞍钢从政治经济学视角，研究了中国地区发展差距，正式出版了《中国：不平衡发展的政治经济学》一书，提出了6项政策建议：取消向沿海地区倾斜的优惠政策，实行公平、公正的公共政策；重建中央转移支付制度，增加对贫困地区的财政援助；消除绝对贫困人口，保障每个公民的基本人权；保证各地区人口享有最低水平的基本公共服务，为贫困地区“雪中送炭”；改善落后地区的基础设施，创造良好的发展环境；促进生产要素向落后地区流动，增强落后地区的发展能力。尽管当时中国政府很难做到，但是这些政策建议是具有前瞻性、方向性，成为进入21世纪几个五年计划或规划的基本思路和政策取向。

二是胡鞍钢、邹平合作出版了《社会与发展：中国社会发展地区差距研究》一书，通过研究分析改革以来中国各地区社会发展和公共服务水平差距变化特点和趋势，定量分析经济发展与社会发展之间的相互联系，探讨涉及解决社会发展地区差距的若干基本理论问题，提出缩小社会地区发展差距的基本思路及其公共政策。其中，首次提出“以人为本”的综合发展观。1999年7月，胡鞍钢在曾培炎（时任国家计划委员会主任）主持的“十五”计划

基本思路座谈会上发言，主张以人为本，以人为中心，即明显改善人民生活质量，而改善环境质量是生活质量的重要组成部分；改变“高资本投入、高资源消耗、高污染排放”发展模式，利用市场机制和技术进步建立适合中国国情的“资源节约型”和“环境友好型”国民经济体系；同时也应充分利用“两种资源”“两个市场”，坚持贸易自由化和投资自由化方向，在更大范围内实施这一战略。①

国家“十一五”规划纲要中，提出“以人为本”这一指导思想，也首次在第六篇提出建立“资源节约型、环境友好型社会”，还专门分设了五章。②

三是由胡鞍钢主编、国情研究中心集体撰写了《地区与发展：西部开发新战略》一书。20 世纪 90 年代下半期，中央领导人带头到西部调查研究，1999 年 6 月，江泽民代表中央正式提出西部开发战略。为此胡鞍钢及其团队围绕江泽民提出的“西部开发要有新思路”这一主题，深入探讨 21 世纪初期西部开发的新目标、新模式、新原则和新战略，提出加快西部地区发展，要实行包括物质、人力、社会、文化和制度等的综合发展观，从而为西部开发提供了科学的决策知识、决策信息和决策建议。这一时期胡鞍钢及其团队发表了多篇《国情报告》，受到中央领导人的重视和批示，在此基础上，正式出版了该书。

此外，1999 年 12 月，由胡鞍钢和王亚华合著的《从生态赤字到生态建设：全球化条件下中国的资源和环境政策》的国情报告，提出中国要在充分利用全球化条件下，率先在发展中国家实现人口资源环境与经济协调发展。该报告受到领导人的高度重视，后在《中国软科学》2000 年第 1 期上发表。

---

① 胡鞍钢：我国可持续发展十大目标：关于“十五”计划制定的建议［J］. 中国国情分析研究报告，1999（61）.

② 2011 年 3 月 14 日，第十届全国人民代表大会第四次会议批准《中华人民共和国国民经济和社会发展第十一个五年规划纲要》。

（三）“十一五”规划：专业化参与、制度化参与

“十一五”规划作为新世纪承上启下的重要规划，其准备和前期研究工作开展得很早，参与机构和人员也较以往更多、更专业。2003 年，国家发展和改革委员会就启动了“十一五”规划的前期研究工作，支持一批研究课题，正式委托清华大学国情研究中心承担了“新世纪国情特征”课题，作为编制“十一五”规划的背景研究。

2004 年 8 月，胡鞍钢、王亚华向国家发改委发展规划司作了“新世纪国情特征”课题汇报。在此基础上，胡鞍钢、王亚华执笔的《国情与发展》一书正式出版。这本书首次采用“五大资本”的分析框架，即物质资本、人力资本、知识资本、自然资本、国际资本，比较全面地评价中国发展的成功与代价，深入分析和总结中国长期发展模式，提出了促进中国全面、协调、可持续发展的五大战略：经济开发战略；人力资源开发战略；知识发展战略；绿色发展战略；经济全球化战略。这已经体现了“五大发展”的基本思路。

2005 年 8 月 31 日，在“十五”计划即将完成、“十一五”规划建议正在起草之时，国情研究中心完成《“十五”计划实施情况评估报告》（胡鞍钢、王亚华、鄢一龙执笔），采用目标一致性评估方法，首次作为第三方对“十五”计划国民经济和社会发展目标体系的五大类、27 个主要指标和近百个分项指标作了初步的后评估。

同年 10 月 8 日，国情研究中心再次向国家相关部门提交了最新的研究报告《中国如何开创新局面、再上新台阶：对“十五”时期(2001 ~ 2004 年)的基本评价》，基于各种历史统计数据和国际数据，对“十五”时期（2001 ~ 2004 年）的国民经济和社会发展的主要成就和重要进展作了全面客观的评价，分析了这一时期中国的经济社会发展呈现的新特点以及存在的主要问题，初步总结了这一时期的主要成功经验和教训，最后就如何做好“十一五”时期的工作提出若干建议。

同年10月25日，经国务院批准成立国家“十一五”规划专家委员会。作为专家委员会的37名成员之一，胡鞍钢从2005年10月至2006年2月间先后4次参加了规划草案的研讨，并提供相关研究文稿和修改建议。

同年12月，国情研究中心作为第三方，再次评估“十五”计划实施效果，按目标一致法——即完成目标程度，打了一个低分，完成率为64%。国务院领导同志对此报告非常重视。

2006年3月，第十届全国人民代表大会第四次会议批准了《国家“十一五”规划纲要》，在最后一章健全规划管理体制中，首次提出在本规划实施的中期阶段，要对规划实施情况进行中期评估。此后，国情研究中心就扮演了更加独立的第三方评估的大学智库，为后来的五年规划进行跟踪性的中期和后期评估，扮演国家治理的监督者角色。

2006年3月10日，国情研究中心向中央两位主要领导同志提交了一份国情报告，特别强调各地区必须尽快放弃或改变GDP挂帅的思路，防止出现新一轮“大干快上”的热潮；并且从中长期来看，除全国和省级之外，省级以下各地区不要再统计、公布国内生产总值及增长率。提交报告后的第三天即3月13日，主要领导同志就作了重要批示。同年4月13日，国家发展和改革委员会下发《关于请各地区科学确定本地区“十一五”时期经济发展速度的通知》，要求各地区发展改革委要引导各地市州、县市科学合理地确定“十一五”规划和年度计划的增长速度目标，省级“十一五”规划中的增长速度指标不得层层分解，避免层层加码。

2006年9月，胡鞍钢的《中国：再上新台阶》一书出版，该书分析了“十五”时期中国经济社会发展情况，及“十五”计划的实施偏差与经验教训，并分析了“十一五”时期的目标与任务，及“十一五”规划的特点与创新，系统总结了中国经验与中国道路，提出了一个非常重大的问题：中国未来发展的总趋势是什么？胡鞍钢认为，中国正在进入到“四个全面”时代：全面建设时代、全面改革时代、全面创新时代、全面开放时代。体现这四个方面的时代就一定是整个中华民族振兴的时代、全面发展的时代、全面崛起的时代。

(四)“十二五”规划：更深刻理解中国

对“十一五”规划实施情况进行中期评估。2008 年 8 月，国情研究中心受国家发展改革委委托对“十一五”规划实施情况进行中期评估，判断中国发展继续保持了良好态势，中心的评估报告摘要作为全国人大常委审议“十一五”规划中期进展时的参考，研究报告中的结论也反映在国家发展改革委张平主任所做的“十一五”规划《纲要》实施中期情况报告上。2009 年 1 月 20 日，国家发展和改革委员会发展规划司致函清华大学，高度肯定国情研究中心对“十一五”规划《纲要》中期评估工作做出的重要贡献。

1. 分析中国发展的重大矛盾和重大关系

根据多年国情研究的成果，以及通过近几年来到全国各地的调研，胡鞍钢于 2009 年 9 月发表了《论新时期的“十大关系”》①。这是全面认识中国的新成果，也是国情研究中心提出“十二五”时期发展总体思路的关键所在和最主要依据。

2. 专业化研究

2005 年 8 月，国情研究中心对“十五”计划进行评估时判断中国发展阶段的新特征是“新五化”，即新型工业化、新型城镇化、知识信息化、基础设施现代化、全球经济一体化。2007 年 10 月，党的十七大报告首次提出全面认识工业信息化、城镇化、市场化、国际化深入发展的新形势新任务。② 胡鞍钢进一步发展了这一框架，提出影响中国经济增长和五大资本积累的内在动因

---

① 胡鞍钢．论新时期的“十大关系”[J]．清华大学学报（哲学社会科学版），2010（2）：130 – 140.

② 胡锦涛．高举中国特色社会主义伟大旗帜，为夺取全面建设小康社会新胜利而奋斗[R]．2007 – 10 – 15.

是“新五化”，认为“十二五”时期作为增长引擎的“新五化”仍将加速发展。

3. 设计中国建设蓝图

2009 年 4 月 9 日召开的国家“十二五”规划专家会议上，胡鞍钢通过书面建议提出“十二五”规划设计要从国民经济与社会发展的蓝图，转变为全面建设的蓝图，即包括“五大建设”：经济建设、政治建设、社会建设、文化建设和生态建设。五年规划主要任务安排应该按照“五大建设”进行谋篇布局，这与后来“十二五”规划纲要设计是一致的。

2010 年，胡鞍钢、鄢一龙出版了《中国：走向 2015》一书，系统地分析了“十二五”时期的国际背景和国内背景，提出了“十二五”规划总体思路与指导方针，详细研究和设计了“十二五”时期主要发展目标以及量化指标，提出了社会主义现代化“五位一体”的主要任务，即经济建设、生态建设、社会建设、政治建设和文化建设，特别是超前性地提出绿色发展新理念，成为制定国家“十二五”规划最重要的参考书籍之一。

（五）“十三五”规划：为新理念提供智力支撑

1. 开展国家“十二五”规划中期第三方评估

2013 年，清华大学国情研究院受国家发改委规划发展司委托，独立开展对国家“十二五”规划中期（2011～2012 年）第三方评估，为国家“十二五”中期评估提供了支撑，评估结论反映在国家评估报告中。

2014 年、2015 年国情研究院又自行开展了两次评估：《国家“十二五”规划中期评估（2011—2013）取得 88.9 分》（《国情报告》2014 年第 3 期，3 月 2 日），《中国有望实现“十二五”规划圆满收官》（《国情报告》2015 年第 6 期，3 月 1 日）。

2. 开展国家“十三五”规划前期思路研究

受国家发改委委托，清华大学国情研究院完成了《“十三五”时期重大问题与基本思路》研究报告（2014 年 4 月，共计 168 页，12. 1 万字），提出了“十三五”面临的十大问题，并据此提出“十三五”规划编制应当凸显 3 个导向：问题导向、目标导向、思路导向。为“十三五”规划编制提供了思路支撑、智力支撑。

3. 对“十三五”规划“五大发展”理念提供了智力支撑

2010 年 8 月，在制定“十二五”规划期间，国情报告《国家“十二五”规划：背景、思路与目标》（《国情报告》2010 年第 24 期，8 月 8 日）中提出，“十二五”期间要坚持六大发展原则，包括绿色发展、创新发展、协调发展、共享发展、安全发展、共赢发展。

2012 年，在党的十八大报告起草期间，同年 4 月胡鞍钢撰写了《2020 中国：全面建成小康社会》，送中央领导同志参阅；同年 9 月由清华大学出版社出版。该书再次提出五大发展的理念，绿色发展、创新发展、协调发展、共享发展、共赢发展。2015 年，在“十三五”规划编制期间由胡鞍钢向有关领导同志提供了《2020 中国：全面建成小康社会》一书供参阅。

2013 年，国情研究院的《关于十三五规划基本思路的建议》中明确提出了“十三五”规划需要包括 5 个方面的内涵：一是绿色发展，二是创新发展，三是协调发展，四是共享发展，五是共赢发展。

此外，为制定“十三五”规划，国情研究院为有关领导和有关部门提供了多篇专题《国情报告》。

在上述报告的基础上形成了《“十三五”大战略》书稿（清华大学国情研究院，2015 年 4 月）。该书于 2015 年 6 月正式出版，被《光明日报》社入选《光明书榜 · 7 月》，并列于首位（《光明日报》，2015 年 7 月 7 日）。

同年 8 月 14 日，胡鞍钢作为党的十八大代表参加了中共北京市委召开的中央重要文件征求意见会，主要学习和讨论《中共中央关于“十三五”规划的建议》（征求意见稿）。胡鞍钢在文件稿上直接修改多处，并提供了 2 页书面修改意见稿。

胡鞍钢作为国家“十三五”规划专家委员会委员，于2015年12月13—14日,2016年1月30—31日，两次参加审阅“十三五”规划征求意见稿，直接修改在文稿之中，并作了多次分组发言。

四、高校智库建设的实践总结

从参与国际竞争的客观需求看，中国需要一批具有国际影响力和话语权的高水平、高质量智库。从国际竞争的多样性来看，世界主要国家间不仅有经济、科技等硬实力的竞争，还存在着思想、文化、话语权等软实力方面的激烈竞争。

高校智库是中国智库体系的重要组成部分。高校智库和其他类型智库具有共性的“政策研究和政策咨询”功能，但是相对于其他智库，高校智库因其具有大学属性，更加重视政策理论相关的基础研究和人才培养。[①] 高校作为国家最优秀智力资源高度集中的组织，是创造新观念、新知识的重要源泉。高校应更好地承担起服务决策、传承文明、创新理论、咨政育人四大使命，以创新为核心理念，紧密围绕着国家发展的重大需求，出思想，谋战略，建言献策，及时、适时提供更具有指导性、战略性、针对性和可操作性的战略思路、政策建议，为国家战略需求提供一流的咨询服务，通过独创思想、独到观点等知识产品对决策者和社会产生重要影响。

智库也是思想库。它是一种特殊的生产知识和思想的组织，创新主意、创新理念、创新思想是思想库最重要的产出。其根本任务，就是通过将中国发展和变革的实践条理化、系统化、理论化，承担好国家未来目标的“瞭望者”、国家战略的“谋划者”，国家决策的“建言者”和国家治理的“监督者”四大角色，要站得更高、看得更远、想得更深、看得更准。

---

① 朱旭峰，韩万渠．中国特色新型高校智库的兴起、困境与探索——以中国人民大学智库建设为例［J］. 高等教育评论，2015（1）.

中国特色新型智库除具备智库的共同特点外，还应具备“特”“专”“新”“优”的鲜明特征。“特”，即要有中国特色；“专”，既要专业化，又要职业化；“新”，既要创新理念，又要创新组织形式；“优”，不断创新质量高、影响深远的思想和智慧。概括地讲，中国特色新型智库的主要作用是：提供“两个服务”，即全心全意服务人民，服务国家；争做“两个一流”，即做中国一流和世界一流的专业化与职业化的智库；实现“两个贡献”，即为中国、为全人类贡献知识、思想和智慧。

清华大学国情研究院建设新型智库的思路和实践可以总结为“三个定位”、“两个结合”和“四个建设”，即从中国特色、高校品牌和世界一流的目标定位出发，坚持基础研究与政策研究相结合、决策咨询与教书育人相结合，推进文化建设、团队建设、平台建设和机制建设。

第一，坚持中国特色、高校品牌和世界一流的目标定位。“中国特色”，就是要以“中国实践”为基础，以“中国问题”为导向，以“中国风格”为特征，以形成“中国学派”为使命，以“重大矛盾与关系”为主题，以“专业化研究”为手段，以“综合集成”为方法，拓展中国道路、完善中国制度、概括中国理论。我们比较自觉地学习毛泽东、邓小平大战略的思路，与社会科学的专业化相结合，不仅是定性的，更是定量的；不仅是专业化的，更是思想性的；不仅是具体领域分析的，更是战略思路的。

“高校品牌”，就是要适应高校人才特点，突出高校领域专长，整合高校研究优势，打造智库所依托的“高校品牌”。清华大学国情研究院通过高质量的研究报告和决策建议，在国家重大经济社会战略决策和国家中长期规划中不断发出“清华声音”“高校声音”，形成“清华特色”“高校特色”，打造“清华品牌”“高校品牌”。

“世界一流”，就是要不断强化智库的国家使命与社会责任担当，提升智库对国家重大决策的正面影响，提升国际竞争力，掌握国际话语权，在国际上发出“中国声音”。

第二，坚持基础研究与政策研究相结合，决策咨询与教书育人相结合。基础研究与政策研究相结合，就是“两条腿走路”，兼顾基础的学术研究和政策直接相关的应用研究，以学术研究为基础，以政策研究为导向。我们的研究共分为 3 个层次：第一，基础研究层次，即研究中国国情与中国道路，从学理解释中国之路的成功之道。第二，重大战略层次，即设计中国发展目标，参与制定重大国家战略与规划，建设具有国情与国策专业优势的思想库。第三，重大公共政策层次，即从事发展挑战与对策研究，研究不同时期中国发展重大挑战的性质、背景和原因，提出应对挑战的科学思路与方案。

决策咨询与教书育人相结合，就是研究成果不仅要成书、成文或成报告，服务决策，促进发展，还要进教材、进课堂、进头脑，传播知识，教育学生。我们的“国情研究”不仅广泛吸纳知名学者参与其中，还以此成为“教书育人”的大课堂，让硕士生、博士生、博士后和青年教师在接触真知识、真问题、真方法的过程中得到锻炼，增长本领，提升才干。

第三，推进文化建设、团队建设、平台建设和机制建设。其中，智库文化是智库建设的灵魂，是智库的凝聚力和持久力之源。清华大学国情研究院已经形成了建设新型高校智库的组织文化。国情研究院的追求是“与中国兴盛同行，与中国开放相伴，与中国变革俱进”；宗旨是“知识为民，知识报国”；国情研究院的理念是“急国家之所急，想国家之所想，还要想国家之所未想”；目标是成为国家未来目标的“瞭望者”，国家战略的“谋划者”，国家智库的“担当者”。

团队建设，是智库建设的关键。要建设“领军人物 + 专职化队伍”的高校智库团队。高校智库一个很大的独特性在于教书育人，培养人才，高校智库不仅要出成果，更要出人才，只有人才汇聚，才能出高质量成果。反之，只有通过智库研究进行密集性的知识投资、知识创新，才能使人才更优秀、更杰出、更卓越。要建设一支老中青相结合的研究骨干队伍，充分动员和训练硕士生、博士生和博士后，形成师生互动互补、教学相长的良好局面，使智库带头人的经验和智慧、研究骨干的知识和能力、学术新秀的才干和冲劲之间相互补充，相互激发，实现整个团队知识贡献最大化。

平台建设，是智库建设的渠道。利用大学优势，建设“教学平台 + 研究基础 + 咨政平台”三位一体的高校智库，国情研究院以清华大学为教学平台，以多领域的知识结构为研究基础，以《国情报告》作为决策咨询平台，形成服务决策的渠道和品牌，为中央领导和省部级领导同志提供世情、国情与区情的重要信息、决策知识和政策建议。

机制建设，是智库建设的活力之源，包括形成激励相容的考核机制、奖励机制和团队协作机制。国情研究院已形成了独具特色的教学、科研以及政策咨询相结合，学术带头人、研究骨干和学生共同参与的“小班制”，包括研究生培养、课题研究和文稿写作三类“小班”，将智库成员研究方向与课题聚焦领域统一起来，科学配置研究力量，以老带新，以课题促科研、促教学。同时，根据不同成员的研究方向和个人专长，为他们设置有计划、有时效、达到一定强度的评论性短文写作任务，对他们进行严格的写作能力训练。

第四，高校智库要进行独立性、前瞻性、专业化的决策知识研究工作。首先，智库的研究工作应该独立进行，不能受制于任何政府部门或企业，不能根据某些利益集团的需求开展论证工作；作为智库，关键是要保持独立性，在研究过程中遵循“不唯书、不唯上、只唯实”的信条，独立自主地开展选题和研究工作。比如，在“十一五”规划的背景研究过程中，清华大学国情研究中心在没有任何科研经费支持的情况下，对中国在“十五”期间的经济社会发展情况以及存在的问题等进行了第三方评价，并将评估报告提交国务院，不仅得到了首肯，而且在国家“十一五”规划中首次规定“对规划实施实行中期评估”的制度安排。

其次，高校智库应开展前瞻性的研究，要关注那些经济社会长远发展的大问题，而不能仅仅局限于当前存在的问题或者当前条件下能够实现的建议。学术研究的重要性不仅在于对既有现象的归纳、总结、解释，而且要能够利用既有的知识储备指导政府的行为模式和发展的政策取向，特别是对正处于转型关键时期的中国来说，这一点显得尤为重要。因此，要敢于、善于敏锐地发现问题，开展一系列前瞻性、战略性、可行性的研究。

再次，高校智库要充分利用自己的专业知识，必须以专业化的方式参与五年规划的制定过程，对每个问题的分析、提出的每项建议，都必须建立在一定的理论基础之上，都必须基于对大量数据的实证分析或对社会现象的深入调研，不能仅凭直觉或者道听途说就妄下结论。

第五，参与五年规划的过程是国情研究院参与咨询决策的有效途径，同时多渠道影响决策。五年规划在中国的经济社会发展中具有特殊的重要意义，每个“五年计划”的制定都不仅反映了中央决策层对中国中长期发展的整体性思考，也是集中民智、整合民力、反映民心的重大决策过程。从 60 多年五年计划或规划历程来看，其发展目标和发展政策是否符合当时实际发展情况和经济社会发展的客观规律，直接决定着计划的实施效果。在中国发展的每个阶段，都有制约发展的重大问题和挑战，如何全面、正确地分析和认识这些问题、挑战，是制定一个好的发展规划的前提条件。作为高校智库，国情研究院始终把国家面临的问题和挑战当作自己研究的问题和挑战，通过间接和直接参与国家五年规划的前期研究、决策咨询与完成情况评估，国情研究院对国家发展战略的谋划和制定发挥了重要的影响。

此外，作为高校智库，清华大学国情研究院影响决策的渠道还包括：

第一，撰写《国情报告》，分送有关决策者或部门负责人参阅。决策者越来越重视专家的专业意见和建议，《国情报告》中的诸多观点及建议被决策者采纳。

第二，直接参与国家部委组织的政策咨询会议，国情研究院对所讨论的核心问题都有深入研究，并能够在会上或会后提供相应的文字材料。

第三，通过著作提供系统知识。国情研究院持续不断将相关领域的研究成果以专著形式出版，向社会发布，将知识系统化、集成化。

第四，在主流媒体及期刊公开发表文章。国情院定期或不定期将阶段性成果及新的研究观点通过新华社、《人民日报》、《光明日报》等主流媒体及国内核心期刊向社会公开发表。

由实践经验总结，国情研究的法则包括：

法则之一，只有立足解决中国的问题才是硬道理；

法则之二，给客户提供更多、更好、更实用的建议；

法则之三，信息为本，知识为本，思想为本；

法则之四，最高10%附加值法则。

五、 小结

智库的发展应主要考虑这样两个问题：一是智库怎么提高研究能力、核心能力？首先是获取知识，吸收知识，创新知识。二是智库怎样将知识成果转换为决策影响？进而转为社会影响力？智库如何影响决策？要传播知识，要能够促进知识生产力转化为社会生产力。

国家将清华大学国情研究院（简称“国情院”）定位为高校专业智库，国情院的研究核心，一是国情与国策研究，二是国家五年规划和中长期规划研究。国情院一直致力于研究五年规划，已有诸多关于五年规划的专业研究成果发表；其次是研究中长期规划，如已出版的《2020中国：全面建设小康社会》《中国2020：一个新型超级大国》《2030中国：迈向共同富裕》等专著。

一个智库的品牌，实际上是时间函数，要用很长的时间周期来积累和建设，同时也是知识创新函数，包括发表论文、出版著作。不只是积累、集成别人的知识，更重要的是集成自己的知识；不只是要创新知识，还要在原有知识的基础上集成，再创造出新的知识；更要在开放条件下，获取全球知识，如世界银行等机构的各类数据及报告等都是智库重要的信息来源。

尽管我们尚未跻身世界一流智库行列，但在中国问题研究上，我们有着得天独厚的优势和独具特色的基础，不要迷信西方智库，要做到立足中国、研究中国、理解中国，“不唯洋书、不唯洋人、不唯洋智库、只唯实”。

中国是一片充满生机的沃土，她既是我们学术创新、学术思想的来源，更是我们实现学术追求、承担学术责任的大舞台、大天地。我们要深深扎根其间，每天汲取这沃土中的水分和营养，培育出参天的学术之树。我们有意识地将学术种子播撒中国大地，使其生根、发芽、开花、结果进而茂密成林，使当代中国研究更加深广，使“中国学派”英才辈出，使“中国风格”蔚为大观。我们要加快建设中国特色新型智库，广泛参与全球智库竞争，在世界舞台上更加鲜明地展现“中国思想”，响亮地提出“中国主张”、及时地发出“中国声音”，在全面建成小康社会、实现中华民族伟大复兴“中国梦”的过程中，做出更具独创性和重要性的、更高质量的知识贡献、思想贡献。

第三部分

学术研究

我是如何读书的

（2014 年 1 月 20 日）

对我而言，花时间来读书，既要读有字之书，读万卷书，还要读无字之书，行万里路。读书不只是获得知识，而且是为了写书而创造知识；用时间写书，既要写十分专业的学术之书，还要写通俗易懂的大众之书，写书不只是创造知识，还要面向不同对象传播知识；用时间教书，既要开设面向本科生、研究生、博士生和留学生的专业性、学术性的大学课程，还要开设面向领导干部的培训课程、社会公众公开讲座的社会大学普及课程，即教“两所大学”。

我围绕“书”（即知识）这个主题，形成了一个大学教授的时间链、周期链、知识链和价值链，不断地获取知识，不断地创新知识，不断地传播知识，不断地创造价值（即知识价值），不断地传播价值。我用极其有限又极其宝贵的时间来履行并实现“知识为民，知识报国”的宗旨，以专业化、知识化、职业化来创造并实现人生的最大价值。

“数字化阅读” 时代的阅读与记忆①

（2014 年 8 月 24 日）

“文化大革命”时期，既是物质匮乏的时代，也是精神匮乏的时代，尤其是图书的匮乏。1969 年全国图书只有 2 925 种，还远不及 1950 年的 12 153 种，到了 1973 年才刚刚超过 1 万种（为 10 372 种）②。我当时在黑龙江北大荒务农，不仅缺少图书，更是缺少好书、经典书，如果有了或借了一本好书，我真不知要读上几遍，感觉“如获至宝”，不仅深读，而且精读。这为我后来考上大学，做国情研究培养了读经典、精读书的良好习惯，我也是终身受益。

一、“图书阅读”时代与“数字化阅读”时代

今日的中国早已是“换了人间”，不仅进入了物质极大丰富的时代，更进入了精神与文化极大丰富的时代：一是每年新出版的图书就高达 40 多万种，中国已经是世界最大的图书出版国，专业书、好书、经典书也是“数不胜数”“读不胜读”，这是“图书阅读”时代。二是“数字化阅读”时代，进入互联网时代特别是移动互联网时代，2014 年 5 月，中国互联网用户为 10 亿户以上，相当于美国总用户数（2013 年为 2. 77 亿人）的 3 倍以上；中国移动互联网用户规模达 8. 57 亿。③ 从我国移动互联网用户每天使用时长来看，1 ~4 小

① 此文写于 2014 年 8 月 3 日，8 月 17 日作了修改，8 月 24 日第三次修改。

② 国家统计局国民经济综合统计司．新中国六十年统计资料汇编［M］. 北京：中国统计出版社，2009：79.

③ 罗文．信息化发展形势、问题与对策［N］. 经济日报，2014 -08 -14.

时使用时长约占一半，为47.8%，4～8小时为26.6%。[①] 重大的事件和新闻迅速传播、共同分享，这为传播信息、分享知识带来空前的机会，但对人们的读书也产生了巨大的冲击。

中国是世界上数字化技术使用人口最多的国家，但却没有成为世界上国民阅读率最高的国家。互联网时代根本改变了十几亿中国人获得信息的方式，但也改变了传统的基于纸质书的读书习惯，反而使阅读率下降了。1999年后的11次国民阅读调查显示，国民图书阅读率1999年时达到60.4%，此后多年呈下降趋势，2005年仅有48.7%，而后有所上升，2013年回升至57.8%。[②] 同期，数字化阅读方式（网络在线阅读、手机阅读、电子阅读器阅读、光盘阅读、PDA/MP4/MP5阅读等）的接触率，几乎从零上升至50.1%。[③] 有一半国民属于“数字化阅读者”，堪称世界最大的“数字化阅读国”。

从国际阅读比较看，2013年，中国国民人均纸质图书的阅读量仅为4.77本；比那些移动互联网普及率高得多的发达国家要少得多，如韩国为11本、法国为20本、日本为40本、犹太人为64本[④]。

中国在由“纸质读书”时代转向“数字读屏”时代，既是机遇，又是挑战，既是进步，又是问题。诚如蒋建国（国家新闻出版广电总局党组书记、副局长）所言：许多人的阅读载体由读书转向读屏，阅读内容由单一转向多元，但随之出现的是一些人的阅读方式由深变浅、由精变粗。[⑤]

---

① 易观智库．中国移动互联网用户行为统计报告2014H1．[2014－07－03] http://boyue.analysys.cn/view/article.html? articled=122&columnld=8.

② 中国新闻出版研究院．2013—2014中国人阅读指南报告．[2014－04－23] http://www.cssn.cn/zx/yw/201404/t20140423_1081722.shtml.

③ 全国国民阅读调查课题组，屈明颖，田菲．2013年全国国民阅读调查十大结论［J］．出版发行研究，2014（5）．

④ 中国新闻出版研究院．2013—2014中国人阅读指南报告．[2014－04－23] http://www.cssn.cn/zx/yw/201404/t20140423_1081722.shtml.

⑤ 杜羽，等．读书趁年轻 深读滋味浓［N］．光明日报，2014－08－02.

无论是“读书”还是“读屏”，都是一个选择问题，即在有限的（不是无限的）时间、精力、注意力约束条件下的理性选择。在我看来，读屏越来越普及，获得的信息与知识越来越碎片化，看起来人们好像无所不知、无所不晓，却大大地影响了通过阅读（特别是眼到、心到、手到的阅读）所获得的专业化知识、系统化知识。阅读是最重要的学习方式，是获得专业化知识、系统化知识的基本手段。这就解释了为什么阅读浅则学习浅，阅读深则学习深。

二、“数字化阅读”时代如何阅读

这里就存在一个在“数字化阅读”时代如何阅读的问题：如何利用“数字化”时代的便捷高效获得信息知识的优势？如何挖掘“数字化阅读”时代的巨大潜力？又如何保持传统书籍时代的阅读习惯，能够深读、精读、细读？我们能不能将这两种不同的阅读有目的地有机地结合起来？

首先，我们要搞清楚阅读的目的和类型。应当说，不同的阅读目的就有不同的阅读类型，阅读的目的决定了阅读的类型，而阅读的类型又服务于阅读的目的。通常，我们阅读有两种不同的目的：一是为了获得信息、知识，我称之为“知识银行”的储蓄；二是为了创造新信息、新知识，我称之为“知识银行”的产出。

其次，我们要搞清楚阅读本身需要文字记录，而不是大脑的记忆，因为后者总是不准确的、不全面的，而前者才是真正的“白纸黑字”，即使忘记了或想不起来了，也不要紧，还可以通过“关键词”方式查找，“白纸黑字”的再现不仅准确，又加强了记忆（二次或多次记忆）。

实际上，我们每天所看到的信息难以统计，难以记录，难以记忆。没有记录，就没有准确的记忆，也就是“看后即忘”，至多是“看后渐忘”。[①] 也就是说，在记忆与健忘这对矛盾中，他们都是时间的函数，随着时间的延长，

① 德国心理学家艾宾浩斯（H. Ebbinghaus）研究发现，遗忘在学习之后立即开始，而且遗忘的进程并不是均匀的。最初遗忘速度很快，以后逐渐缓慢。

记忆的成分在减少，健忘的成分在增加，如果没有二次记忆或多次记忆，基本上就消失了。为了克服遗忘的障碍，就需要不断地对已有的信息进行“复习”。事实上，人们不可能复习无数的信息，除非与自己相关。阅读的收获不在于读了多少，而在于记忆了多少，或者说在于准确地记忆了多少。

正因如此，“数字化阅读”时代给我们提供了在阅读中克服遗忘障碍的最好手段，它不是记忆，而是记录。数字化、网络化为我们记录信息创造了前所未有的条件，只是我们没有充分地意识到，也未能充分地利用它。这不仅大大提高了我们阅读的效率，还大大提高了我们记录的效率。也就是说，凡是我们能够数字化阅读的信息都可以高效率地记录下来，从而大大地增加了“知识银行”的信息储量、知识储量。

“数字化阅读”时代的阅读，本质上就是建立自己的“知识银行”，为获取、记录、储备所需知识的银行。

三、充分利用“数字化阅读”时代的做法

我的做法就是每天撰写《胡鞍钢记录》。可以分为几个步骤：一是阅读纸质报刊或图书；二是从互联网搜索关键词；三是拷贝粘贴在《胡鞍钢记录》中；四是编辑并注明黑体字；五是做必要的评论和分析，包括进一步加工信息，派生出自己的新信息。这是一个从“阅读”到“寻找”，再到“记录”，进而“分析”的过程。

从2010年年初，我开始每天撰写《胡鞍钢记录》，当时是出于国情研究的需要，记录中国、记录世界，也记录自己的教学和科研活动，并不涉及私事或私人的活动。

到今天，我已经能够将《胡鞍钢记录》作为进行国情研究最重要的信息来源、资料来源、观点来源与思想来源，我称之为“胡鞍钢记忆库”，它替我准确地记忆，克服了遗忘。

《胡鞍钢记录》是自记、自编、自印的，每月一本。以《胡鞍钢记录—2014

年7月》为例，共计383页，40.08万字。这如同我在2004年7月的31天中向我的“知识银行”“储蓄”，可以随时查询，随时记录，还可以随时提取。这样就可以将“数字化阅读”时代的效率和效益发挥到极致，使阅读中获得的关键信息能够被随时记录。

但是《胡鞍钢记录》并不能代替我的“深读”、“精读”和“细读”，因为目前还很难从互联网下载经典的图书。这就需要买好书、读好书，尽可能地“深读”、“精读”和“细读”。当然，我也会将所阅读的图书信息记录在《胡鞍钢记录》之中，不过这并不代表“深读”、“精读”和“细读”，而是作为我寻找好书、经典书、专业书、参考书、工具书的重要途径。

互联网是人类最大的信息记录系统，充分利用互联网，并将人们所关注的信息转化为自己的记录，不仅大大地解放了自己大脑的记忆负担，还会成为最好的也是最准确的自己的“记忆系统”。迄今为止，我们天天使用它，却没有真正地认识到它的作用，更没有充分地利用它来为自己服务，如何使它成为自己的“知识银行”最大的储存库。

四、结语：做“数字化阅读”时代的主人

实际上，无论是读书，还是读屏，我们既不要成为书的奴隶，也不要成为屏的奴隶，要做它们的主人，让它们为我们服务。

总之，“数字化阅读”时代，使我们比任何时候都能够高效率地获得最有价值的信息，有效地帮助我们创造更多更有意义的知识。我们需要学会3种阅读方式，一是这一时代的快速阅读，高效率地记录下来；二是仍需要保持传统阅读时代的“深读”和“精读”；三是充分利用新工具进行信息的深入挖掘、充分利用，称之为“细读”。只有将3种方法有机地结合在一起，我们才能不仅高效率地阅读，向自己的知识银行“储蓄”，还可以“深读”和“精读”，从自己的知识银行中提取在经过了加工之后的新知识；还能够“细读”，细致之处见真知，才可谓善用工具、把握本质、揭示规律、探索真知。

好思想是好文章的灵魂

（2014 年 5 月 7 日）

好思想是好文章的灵魂。没有思想，文章就没有灵魂。许多人问我，什么是好文章。我的回答是，好的文章，好就好在有好思想。有好思想的文章才是好文章。

怎样才能产生好思想呢？好思想基于扎实的学术研究功底，源于持之以恒的学术研究创新。

学术研究创新是什么？就是要做别人想做但做不了；即使做了，却做不成；即使做成了，但做不好的事。如我独自写作《中国政治经济史论》系列专著（现为两卷本）就是一例。这很难由我主编而组织他人写作，确实如张荫麟说的："即使（集合许多人）能如此做，所成就的只是一部供人检查的中国史百科全书，而不是一部供人阅读的中国通史。"因为这需要读懂历史、驾驭全局，的确像一位具有艺术天赋的导演，要把历史舞台上的人物、时间和空间调度得活灵活现。这非一日之功、一时之力，非厚积薄发不可为。

怎样写好文章[①]

（2014 年 5 月 4 日）

这是一个老话题，也是一个好话题。如何写文章，从古至今一直是一个说不完、写不尽的话题。如“文若其人”，可以说一个人的文章就是这个人的“代表”，代表了他的立场和观点，也代表了其风格和个性。

怎样写文章？王梦奎同志曾编辑过一本小册子，我曾在 90 年代末认真读过。后来，他正式编辑出版了《怎样写文章》[②] 一书，现在有必要再读一读，或者结合自己的写作实践常读常新。

现在我围绕“怎样写文章”这个主题，进一步谈一谈“怎样写好文章?”这里我参照毛泽东的《反对党八股》一文，从我个人的写作实践来说，至少有以下几点体会：

一是选择什么样的对象或报纸、刊物。毛泽东曾讲过很形象的话，俗话说：“到什么山上唱什么歌。”又说：“看菜吃饭，量体裁衣。”我们无论做什么事情都要看情形办理，文章和演说也是这样。[③] 不同的对象或报刊，就是不同的“山”，就有不同的读者，因而就要唱不同的“歌”，写不同的文章。当写文章时，首先要问一问自己：最重要的读者是谁？他们更关心什么问题？我们要写什么样的文章？我自己先后在《人民日报》（海外版）、《光明日

---

① 此稿系作者写于 2014 年 3 月 13 日，2014 年 5 月 4 日又作了修改；发表在《科学中国人》，2014 年 6 月，总第 263 期。

② 王梦奎．怎样写文章［M］．北京：中国发展出版社，2009.

③ 毛泽东．反对党八股［M］//毛泽东．毛泽东选集：第 3 卷．北京：人民出版社，1991：834.

报》、《人民论坛》等报刊写过不同的文章，有不同的读者对象，也就有不同风格的文章。不过大多数情况下，我还是更擅长撰写短篇的评论文章，但又不同于一般的评论者的文章，主要是基于我们国情研究院这个团队的研究基础，它就如一项国情研究课题的详细提要或摘要，甚至一部书的提要。例如，我的《辉煌十年，中国成功之道在哪里》（《人民日报》海外版，2012 年7 月3 日）就是我的《中国集体领导体制》（中国人民大学出版社，2013 年 7 月）一书的摘要。

二是如何选择文章的主题和题目。那就是人们普遍关心的当今中国发展的重点、热点、难点、争论点，不同时期有不同的重点、热点、难点、争论点。一篇文章不仅要有一个核心问题，还要有一个核心观点。我们也要问一问自己：什么是当前中国的核心问题？谁更关心这个问题？通过不同时期各个文章的标题，就可以知道我的文章正是“存在决定意识”“意识反映存在”，也就是说中国的发展决定了我的观察、研究、思考和意识，也反映了我对中国发展热点与难点的基本看法和核心观点，也成为观察中国走向的“风向标”。

三是如何选择文章的内容。基于文章的主题，构建全文的框架，形成逻辑性的各个部分，最后给出小结。一篇文章应当是一个有机整体，各个部分是相互联系的，诚如毛泽东所言：文章“开头、中间、尾巴要有一种关系，要有一种内部的联系，不要互相冲突。”① 写出一篇好文章的过程，本身就是一个“学会用马克思主义的方法去观察问题、提出问题、分析问题和解决问题”的过程。首先，在十分复杂的中国国情下，要敏感地观察到社会问题，及时地发现热点问题或核心问题；其次，在文章中能够提出一个令人耳目一新的好问题，所谓好问题就是人们普遍关注的问题，甚至很有争议的问题；再有就是能够简要地、比较深入地分析问题；最后能够比较有逻辑地、准确

① 毛泽东．毛泽东著作专题摘编（下）[M]．北京：中央文献出版社，2003：1547.

地回答问题，答案要简洁，比较务实地解决这些问题，办法要可行，中看更中用。

四是如何处理研究与写作的关系。通常人们以为写文章似乎是提笔就写，还以为一写就能写出好文章。其实不然，写文章本身就是一项研究，确切地讲，是先研究，后写作；边研究，边写作；再研究，再写作。没有研究的写作，属于没有多少含金量的文章；反过来讲，只有深入的扎实的研究，才是写出好文章或者是货真价实、含金量高的文章的基础。从这个意义上看，一篇好文章就是一项好的研究成果。

五是如何表达文章的思想。我们要有意识地在文章中阐述出有思想性的观点，要有思想的“火花”，有思想的穿透力和吸引力。文章要具有哲理性，让人读了意味无穷；具有启发性，让人感悟，引发共鸣；具有指导性，能够指导现实的改革与发展；具有前瞻性，所见所言能够为而后的实践所检验、时间所证明。

六是如何表现文章的风格。文章要基于深入的扎实的学术研究成果，这相当于我们重要国情报告的基本内容或主要结论。还有就是要“言之有据”，重要的结论要有扎实的研究基础，数据要有来源；“言之有物”，文章的内容具体而充实，不讲那些空话、废话、啰唆话；“言之有理”，写文章要讲道理，有至理名言，又能以理服人；“言之有度”，写文章不仅讲究有理，还要讲究有节，不讲过头话、偏激话。虽然是写一篇短文，却有很多的信息量，很有价值的知识量。常常与人们的个人感觉、主观认识、片面认识不同，而是数据与结论相结合，事实与评论相结合。有的人可以不同意我的观点或结论，但是不能不以更深入的研究才能批驳或推倒。最后还是要有生动活泼、吸引人的语言。毛泽东讲过，为什么语言要学，并且要用很大的气力去学呢？因为语言这东西，不是随便可以学好的，非下苦功夫不可。那么如何学习语言呢？他还提出 3 个方面：第一，要向人民群众学习语言。第二，要从外国语言中吸取我们所需要的成分。第三，我们还要学习古人语言中有生命的东西。[①] 这是“三位一体”的语言学，是开放性的、多元化的、集成的，是“从群众中来，到群众中去”“洋为中用”“古为今用”三大原则的集大成者。

七是如何快速写出好文章。好文章的产生是一个不断酝酿、不断思考、不断启发、不断自我开窍、不断自我升华的过程，因此，一旦有了好的主题，又有了好的思想，就要先动笔写下来，打出一个底稿，写出一个初稿，即使还不是“好文章”。写文章总是要经历一个多环节的过程：好的想法；打出底稿；写出初稿；写出成稿；然后进入修改阶段，不断地打磨、取舍，最后定稿。

八是如何修改出一篇真正的好文章。好文章如同一个精心打磨的艺术品，是通过不断修改、反复打磨出来的。对此，毛泽东还有专门的论述。他说：“写文章和写诗不经过修改是很少的。为什么要修改？甚至还要从头写？就是因为文字不正确，或者思想好，但文字表达不好，要经过修改。”[②]毛泽东同时又从认识论的视角谈修改文章的道理：“重要的文章不妨看它十多遍，认真地加以删改，然后发表。文章是客观事物的反映，而事物是曲折复杂的，必须反复研究，才能反映恰当”[③]。我的体会就是：好文章是改出来的，修改本身就是要突破自己、修正自己、调整自己、提高自己。有时我会对一些文章做“冷处理”，写出来先放一段时期，不急于发表，一是不满意，二是未能水到渠成，本质上是对事物的认识还不够清晰，核心的观点还不够突出，文章的逻辑还不够严密。只有经过一段“冷处理”“冷思考”，回过头来再修改，才能取得好的效果。此外，我在指导学生写文章或论文时，也采取了这样的办法，有的改稿达十几遍，最终才有可能成为精品。

---

① 毛泽东．反对党八股［M］//毛泽东．毛泽东选集：第3卷．北京：人民出版社，1991：837.

② 吕臻．毛泽东谈怎样写文章［J］．党的文献，2013（4）：34－37.

③ 毛泽东．毛泽东选集（第3卷）［M］．北京：人民出版社，1991：844.

总之，无论怎样写好文章，都必须有好的选题，拥有专业化的深度研究，表述新的发现，表达新的思想，表现个人的风格，真正做到“文若其人”。因此写作好文章是一种核心能力及外在表现，也是我们评判一个人的客观依据。但是写好文章并不是天生的，而是后天历练出来的，更没有什么捷径可言，如同爬山，一步一步爬上去，只有爬得多、爬得久，才能爬得高。同样，好文章也是一篇一篇写出来的，写得多了，也就写出经验来，写出能力来，写出自己来，才晓得你已经在学术之山爬到了多高，也只有抵达高峰，才能领略“无限风光在险峰”。这是毛泽东的人生哲学，也是好文章的写作哲学。

如何写一部好书

（2014 年 1 月 18 日）

刚刚与鄢一龙完成《中国：国情与发展》一书，我感到如释重负，又心情喜悦。我常常问自己：什么才是一部好书？又有什么标准？那就是我常说的“信息含金量”“知识含金量”“理论含金量”。这就需要换位思维，从读者和专家的视角来看。一本书值得不值得读？值得不值得参阅？到底有什么价值？是不是需要被引用？能不能作为他人教书的参考书籍？

我认为这部书至少应有 3 个方面的价值：一是提供了关于当代中国的信息量，从自然国情、人力资源国情到经济国情，再到中国与世界，这体现在各种图表之中，除了极少数是引自他人的研究成果之外，绝大多数都是我们自己的计算和研究成果；二是关于当代中国的知识量，从中国总道路是怎么走过来的，到中国的具体道路又是怎么走过来的，这些我们在书中都有意识地加以总结和概括，既丰富了对中国总道路的历史认识，又体现了对中国具体道路的历史认识；三是关于当代中国的理论阐述，既包括了中国共产党几代领导人对中国特色社会主义的理论认识，也包括了我们自己对中国发展经济学的理论认识，前者可能是抽象的、结论的，后者可能是具体的、分析的，两者融为一体，阐明了中国社会主义发展经济学。可以认为，《中国：国情与发展》一书是中国国情、中国道路、中国理论的学术版。该书也为未来国情研究奠定了一个比较好的基础，我们可以过几年（例如 5 年）再出第二版，也能够与时俱进，并反映中国创新的最新成果。

以文会友、以书交友

（2014 年 4 月 15 日）

三国的曹丕曾言："文人相轻，自古而然。""是以各以所长，相轻所短。"这是历史的陋习，不仅自古有之，而且沿袭至今。对此我是十分鄙视的。诚如曹丕所言："是以各以所长，相轻所短"。

作为学者和教授，我主张"以文会友"①、"以书交友"。这些"友"可能是大众读者、大学生、研究生、博士生、同行专家、学术知己；有老友（老读者），还有新友（新读者）；有中国读者，还有外国读者。

文章写多了、著作出版多了，自然读者就多了，朋友就多了，即使有文人相轻者、冷嘲热讽者、恶毒攻击者（网上很多），我还是会有"海内存知己，天涯若比邻"这样的神交感受，获得他们的尊重。这就是说不仅要在中国找到自己的学术知己，还要在世界找到这样的知己，通过读他们的书，我受到新的启发，同样他们也能够成为我的读者，甚至知己。

不过，我最多的朋友还是我的学生们，几乎我的大部分时间都是与他们在一起研究、讨论、交流、分享，他们也会在第一时间成为我的读者、编（辑）者、合作者，当然也就成为知己。《胡鞍钢记录》也记录了我与他们之间的交流与分享。如何以文会友、以书交友，如何以他人之长，补己之短。这就是知识创新、知识交流、知识分享的奥秘和魅力所在。

---

① 《论语·颜渊》："君子以文会友，以友辅仁。"

谈“三写”：写文、写书、写册

（2014年1月5日）

字字成文，只有不断地写一个一个的字，才能写成文章；文文成书，只有不断地写一篇一篇的文章，才能写成书；书书成册，只有不断地写一部一部的书，才能写成几十册的书，就像我所主编的《国情报告（1998—2011）》。

总而言之，我要以写作为职业、为生命、为乐趣，不断写作、持续写作、终身写作，由字成文，由文成书，再由书成册。什么是生命？如何记录生命？生命就是不停地写作，写作记录了真正的生命。人死了，生命结束了，但是文字长存，思想永存。从这个意义上看，字可载文，文可载书，书可载道。我的书就是记录“中国之路”，就是阐述“中国成功之道”。这也是我60周岁的再感悟。

“三书”之道：读书、写书、教书

（2014年1月9日）

我曾经讲过“三书”，即读书、写书、教书。由此，就需要做“三书”之人，即读书者、写书者、教书者。

所谓读书者，就是读他人的书，不仅要读学术之书，还要读社会之书；不仅要读有字之书，还要读无字之书，前者是“死书”，后者是“活书”。社会天天发生变化，只有读好这部无字之书，才有可能深刻去理解那些“有字之书”。这两本书是互补的，相辅相成的。

所谓写书者，就是写自己的书，不仅要写学术之书，还要写社会之书。前者主要写给学者、专家以及学生，后者写给政治家以及民众，因此无论是写学术之书还是写社会之书，都要做到既通俗又深刻，雅俗共赏。

所谓教书者，就是教自己的书，不仅要教学术大学之课，如我在清华大学所开设的各种课程，还要教社会大学之课，也就是我在清华大学之外所开设的各种讲座。事实上，我一直在教两种课，即学术之课与社会之课。前者是更具有系统性的知识传授，后者是更具有针对性的知识传授。

由此，就形成了一个良性的知识循环：读书是为了写书；写书是为了教书；教书又需要读书。这又形成了一个良性的学者循环：从读书者到写书者；从写书者到教书者；从教书者再到读书者。由此可知，知识总是先学习，后消化，再创新，再传播；所以要先学习他人的知识，后消化并创新出自己的知识，写自己的书，还要传播自己创新的知识，教自己的书，才能在学术之路上始终具有生命力、吸引力和影响力。

我的“三书”之道

（2014 年 11 月 4 日）

如果说中国学是从“他者”（指国际学者）的视角对当代中国做多学科综合性研究的话，那么，国情研究则是从“主体”（指我们自己）的角度对当代中国基本国情做多学科、跨学科的综合性研究。

我 30 年一以贯之、持之以恒地开拓国情研究，就是自觉地创建研究当代中国的理论、方法，并应用到中国改革开放和发展的实践中。我是研究国情在前，开创中国学在后。从研究方法上，不仅充分运用社会科学的理论和方法，而且还充分运用中国领导人分析国情的方法，制定中国战略的思想，治国理政的智慧，这就超越了国外中国通的思路和局限性。事实上，我们所做的当代中国研究是可以与世界同行竞争的，也是可以由实践来检验的。

唐代韩愈在《师说》中写道，“师者，所以传道授业解惑也。”那么，我作为清华大学教授，又是国情研究专家，到底传什么“道”？解什么“惑”？授什么“业”？我的回答就是，传治国之道，传“中国之路”，解中国奇迹之惑，向中国优秀的学生“授业”。这就是我的“三书”之道。

当代中国研究的“三通”：通识、通达、通变
（2014年1月1日）

我们从事国情研究，即当代中国研究，是一门大学问。如何才能真正做到“通识、通达、通变”？

首先，什么是“通识”呢？如何才能做到“通识”呢？研究当代中国最大的一个难点，就是中国问题的多面性、复杂性和综合性。绝大多数研究都是分门别类的研究，的确很难对中国问题做出全面的了解、分析和评价。所谓对当代中国研究的“通识”，首先需要全方位的学习，即对中国国情及其重要方面的全面学习、全面了解和全面认识，具有研究当代中国的知识广度；其次是能够创造通识性的国情研究知识，在专业化的基础上进一步知识化，运用不同学科的理论和方法来全面地观察中国、认识中国，对当代中国整体状况和重要方面有比较全面的认识，这就涉及经济学、政治学和社会学等领域，中国与世界的知识、历史与现实的知识，又能够将不同的知识融会贯通来分析特定的中国问题。只有不断积累更多的知识、更全面的知识、更系统的知识，才能形成国情研究的核心竞争力。

其次，什么是“通达”呢？这里的“通达”是指通晓、洞达。通晓政治上的大是大非，确保当代中国研究的政治方向的正确性；通晓各种重要理论，特别是中国共产党的理论及体系，它们反映了当代中国研究的最新成果；通晓当代重大历史事件，并能够做出较为准确的判断；通晓中外的互动关系，并能够把握中国大势与世界大势；通达理论要旨，通达古今，通达事理。研究当代中国，就要熟悉中国历史，特别是熟悉中国近现代历史，更要晓得当

代中国问题的历史脉络和历史来源。例如“中国道路”，到底是一条什么样的道路？它是从哪里来的？走到了哪里？未来又将走向何方？这不只是中国的总道路，也包括中国的具体道路，如中国特色工业化道路①，中国特色绿色农业现代化道路②，中国特色自主创新道路③，中国特色生态文明建设道路④等。

再次，什么是“通变”呢？这里的“通变”，可谓通晓中国变化之理。它的核心就是要了解和掌握客观发展规律，包括：一是自然发展规律，就是党的十八大报告中所提出的“尊重自然、顺应自然、保护自然”，违反自然规律就会受到自然界的惩罚；二是经济发展规律，就是党的十三大报告所提出的“社会主义初级阶段说”，如果超越了发展阶段就会受到经济规律的惩罚；三是人类社会发展规律，就是马克思主义所揭示的社会发展规律，社会主义社会迟早会超越资本主义社会，成为人类发展的新型社会形态。正是基于此，我们才能够比较准确地预见未来中国发展的方向、道路、前景和途径。

总之，当代中国研究是以中国为研究对象，以社会科学为研究手段，以认识中国、改造中国、改革中国、发展中国为研究目的，这就需要逐步达到通识、通达、通变，我们才能为中国兴盛、人民幸福、民族复兴做出具有社会价值的知识创新、知识贡献。

---

① 胡鞍钢，高宇宁，鄢一龙．从落伍者、追赶者到超越者：中国工业百年发展之路（1913—2013）［J］．浙江社会科学，2013（9）．

② 胡鞍钢．迈向中国特色绿色农业现代化之路［N］．农民日报，2013－08－07．

③ 胡鞍钢．中国特色自主创新道路［J］．中国科学院院刊，2014（1）．

④ 胡鞍钢，郎晓娟．中国共产党的生态文明宣言［J］．行政管理改革，2012（12）．

人才是怎样成长的

（2014 年 2 月 8 日）

想知道人才是怎么成长的，就要晓得钢铁是怎样炼成的。正是在我十几岁的时候懂得了这一道理，尽管是在“文化大革命”的背景下，似懂非懂，但却留在我的脑海之中，成为精神支柱，让我适应不同的环境和条件，不断练就钢铁般的意志，非常像我的名字。

苏联作家奥斯特洛夫斯基在《钢铁是怎样炼成的》一书中留下了十分著名的人生格言：“人，最宝贵的是生命，生命对于每个人只有一次。这仅有的一次生命应该怎样度过呢？每当回首往事的时候，不会因为虚度年华而悔恨，也不因碌碌无为而羞愧。”这段话既影响了青少年时期的我，也影响了我的人生。

从事不同职业的人，会有不同的人生道路，也会有不同的人生创造和人生价值。最好的人生就是不断为社会创造价值的过程。例如企业家主要创造经济价值和经济财富；科学家主要创造科学价值；工程师主要创造技术价值；教师创造教育价值；医护人员创造健康价值；政治家创造政治价值；历史学家创造历史价值；文学家创造文学价值；艺术家创造艺术价值，等等。

对于学者来说，是一个不断学习新知识、创造新知识的知识投资、知识积累的长期过程。一个人的人生价值就是他为社会创造的某些价值。显然这样的人生是无悔的，也是真正有价值的，他们为社会创造的价值越大，其人生价值则越大。

我自己走上国情研究的学术之路绝非是预先设计好的，也绝非偶然选择的。这本身是我个人与中国这个大社会之间互动关系的过程和必然结果。

我从小就受到这段话的深刻影响，但是怎样才能做到一个人的“青春无悔”呢？我并不是很懂，只知道不能荒度青春年华。客观地讲，当时正处在“文化大革命”中，我与同龄人一样，也没有机会上高中、上大学读书，16周岁就由北京到北大荒“上山下乡”了，经受艰苦劳动的磨炼，唯一志趣就是在劳动之余读书学习，既无学校、又无老师，既无教导、又无指点，无奈只能靠自学，自己给自己当老师，自己给自己做指导，我也向父母亲（他们在20世纪50年代初毕业于上海交通大学）写信汇报自学的感受，他们也总是给我以鼓励和指导。正是在农村这个“社会大学”的实践学习，我才真正学会了学习，尤其是提高了自己的学习能力。这也使我懂得，无论在什么样的背景和条件下，一个人的成功是因为学习的成功；一个人的失败也是因为学习的失败。现在想来，这种学习能力特别是自学能力是一个人的核心能力，使我终身受益。直到1977年年末，我参加了全国第一次高考，最大的收获就是我考上了大学，有说不出的高兴，也有了“青春无悔”的真正感受，即我在人生最关键的时机，抓住了机会，赶上了时代的列车。换言之，不是被时代所抛弃、所边缘化，而是为时代所接受、所带动，这就为“终身无悔”奠定了时代的基础、历史的基础和人生的基础。

我考上了大学之后，就始终在对自己进行人力资本投资，我在大学阶段一口气读了10年书（1978年3月至1988年12月），如果再加上博士后和访问学者积累的时间，起码也是在大学读了十几年的时间。这是我人力资本投资最长的时间，也是我从大学生成长为专家（国情研究专家）的必经之路。这也是不断筛选人才的过程：1977年考上大学的有27万人；1981年考上研究生的却只有6.1万人；1985年考上博士生的只有几千人；1991年到国外做博士后的可能只有几十人。我是一步也没落下。一步一个脚印，始终没有中断；一步一个台阶，始终在不断提高自己的人力资本，从低人力资本水平到中人力资本水平，再到高人力资本水平。

正是有了这种个人经历，我对认识中国现代化的本质就有了深切的感受和理性认识。中国现代化的本质是人的现代化，而人的现代化就是不断强化人力资本投资，不断提高人力资本水平。也只有在这个基础之上，人才能够发展、不断发展、全面发展。对我个人而言是如此，我想对全体中国人民而言也是如此。这也是 1999 年我提出“以人为本”新发展观的重要认识来源。

不过我读完博士后时已进入了“中年”时期（40 周岁），怎样才能“中年无悔”？此时我也面临新的选择：一是留学之后是否回国？我毫不犹豫地选择了回国，因为中国才是我的学术大舞台，只有在中国我才能大有作为，终身无悔。当时（指 1993 年）只有极少数留学人员（2000 人）回国。另外，当时我们兄弟 4 个全部都在美国或加拿大留学，我是最后一个出国留学，又是第一个回国服务的。实际上，我是自愿回国的。回国后我就显示了“大有作为”的示范效应。王绍光和我共同完成了《中国国家能力报告》（简称“王胡报告”），1993 年 6 月 21 日新华社《国内动态清样》以“两留美博士提出：加强在市场经济转型中中央政府的主导作用”为题摘发了提要。这成为当时中国改革最有争议又最有影响的文献，也直接促成了中央与地方分税制制度变迁的重大改革。江泽民曾问过中央政策研究室的负责人：“他们有多大年龄？”负责人说：“我们也不知道，可能有四十岁左右吧？”江泽民感叹道：“后生可畏！”这是 1993 年 7 月滕文生（时任中央政策研究室副主任）亲口告诉我的。

二是回国之后是否进入中南海，我最后决定还是搞国情研究，留在中国科学院。当时中南海有 3 个研究机构可供我选择：一是国务院研究室。记得我在出国留学前，与国务院研究室的有关人员见过面，他们希望我回国之后，到国务院研究室工作，我回国后，也表达了这个愿望，还与王梦奎同志（时任国务院研究室副主任）第一次见面，相当于面试吧。不过他对我还是很了解的，因为他读过郭庆博士和我所著的《中国工业化问题初探》一书，希望我先到工业交通组（司）工作。二是中央政策研究室。我曾与该研究室的赵涛博士合作过。我在耶鲁大学经济学系做博士后时，她曾来信问我是否回国之后来该研究室工作，我也表达过意向。后来滕文生与我谈话，也希望我到研究室工作，因为研究室要加强研究力量，特别是吸引从国外回来的博士后。这样可能我从事的工作就是政治方面的研究，不过我也向滕文生表达了我更愿意到国务院研究室从事经济方面的研究工作，在这方面我更具有专长。三是中央办公厅调查研究室。时任主任的陈进玉找我谈话，也希望我到该室工作，先从事统一战线方面的政治工作研究，对此我是有所犹豫的，怕发挥不了自己在经济学方面的学术优势。一方面这反映了中南海三大研究机构正在吸引获得博士学位的人才，绝大多数是获得国内博士学位者，这是我在当时没有想象到的。这些机构本身也是人才济济，优中选优，是党中央、国务院最重要的智库，在中国的重大决策方面一直扮演了极其重要的角色。另一方面我本人的人力资本条件更好：一是博士后，还是中国科学院的副研究员，属于高级研究人员，是按吸引高级人才直接调入。二是有出国留学的经历，了解国外的情况，正像滕文生同志对我讲，“一看你们（指王绍光和我）的报告，就知道你们很熟悉美国等国家的情况。而我们（也包括领导人）出国都是官方性的访问，事先安排好的，很难真正了解实际情况。”三是我的国情研究成果丰厚，当时我自己已经出版了两部专著、多部合著，是非常合适的人选。1994 年复旦大学的王沪宁教授正式调入中央政策研究室任政治组组长。他特意约我见面，了解相关情况，问我为什么没有来研究室工作，我也作了解释。

的确，当时面临如此之多的机会选择，我是有所犹豫的，到底去哪里工作更能发挥我的专长。此事不巧正赶上“王胡报告”在海内外影响越来越大，我在想此时调入中南海任何一个机构，都会将两件不同的事情关联在一起，我更愿意保持相对的学术与政治的独立性，有点“天马行空，独往独来”的意思。另外，中国科学院是一个高水平的科学研究机构，创造了十分宽松的学术环境，可以任我自由研究、自由发挥、自由创新。

不过，此时国务院研究室向我所在单位（中国科学院生态环境研究中心）正式发出了商调函，中心主任立即找我谈话，了解情况，我也如实告知了各方调动我的情况。他特别希望我能够留在中国科学院，我表示，会认真考虑这个建议的。很快，我就做出了决定：留在中国科学院，继续从事国情研究。1994 年 6 月，我在中央党校给省地级领导干部专题班授课时，见到也是参加授课的王梦奎同志，他对我说："你还是留在中国科学院比在国务院研究室发挥的作用更大。"据说，国务院总理李鹏曾问我的情况，他又是介绍，又是赞扬，特别是我回国服务的事。

1993 年 5 月，我从美国留学回国服务时，正值我 40 周岁之际，人已到中年，同时又开始了新的人生之途，一是我选择了回国服务，二是我又继续选择留在中国科学院，作为中国科学院研究员，专业、专职、专心从事国情研究，一干就是 20 年，实现了"中年无悔"。

2013 年 4 月，正值我 60 周岁之际，赶巧我在美国华盛顿访问，又特意访问了美国国会图书馆亚洲分馆，了解到该馆收录了我几十部专著、合著和编著，我特意为我所主编的《国情报告》留下自己的名字，也算是纪念我中年时代的学术"大丰收"，给自己留下"中年无悔"的烙印，并被记录在了世界最大的图书馆中。也许几十年之后，人们（主要是学者）可以从中找到研究中国改革开放时代的"现场记录"，相对比较客观的、系统的、完整的"真实记录"。

从此之后，我已经进入人生的老年期，一直在考虑如何度过老年时代，即使退休也要做到"老年无悔"，进而"终身无悔"。我清醒地意识到，自己进入退休的年龄却又进入了创新知识的高峰期，不仅不会因老年而终止、因退休而停顿，反而成为创造重要的（知识）财富的黄金时期。原先没有更多时间阅读的重要著作，可以有时间仔细阅读和汲取；原先没有更多时间写作的重要著作，可以从容地、淡定地着手写作；原先没有深入涉及的领域，可以更加深入进去，成为同行专家；原先没有更多时间旅行的地方（包括国内外重要地方），可以比较从容地走一走、看一看，行万里路，开阔眼界，更加国际化。可以更科学地安排自己的时间，合理安排劳逸，亦张亦弛。可以更有条件排除各种干扰，宁静思远，专心做学问，深入做研究。可以更加洒脱地观察和思考中国与世界的大势与大事，做关于中国的大学问。这是我老年期的目标。

作为一位学者，我要一篇一篇文章去写作，一本一本著作去写作，直到写不动为止。真正做到："天天读书（有字之书、无字之书），天天写作"8个字。不少人问我是怎么写出来的，我的回答就是这8个字，真正能够做到"知行合一"是非常不容易的，但对我而言，早已习惯了，又是如此之平常。

这就是我的"钢铁是怎样炼成的"经历和故事。青春无悔，中年无悔，老年无悔，终身无悔。

刻苦自学是最好的

（2014 年 10 月 20 日）

在我小时候，1966 年暑假，“文化大革命”刚刚开始，看的就是萧三的《毛泽东同志的青少年时代》，1949 年由人民出版社出版，是繁体竖字版的一本薄书。作者萧三，曾是毛泽东在东山小学和湖南第一师范学校的同学，还是毛泽东创立的新民学会的会员。这是萧三记录毛泽东早年生活和学习的书，全书共 5 章，分“帝国主义与封建主义双重压迫下的少年时代”“卷入辛亥革命运动的漩涡”“他是怎样刻苦自修的”“‘组织起来’的第一页”“站在新文化运动的前哨”几个时期。1954 年，经过再次修订为《毛泽东同志的青少年时代》，由中国青年出版社出版。

其中，毛泽东是怎样刻苦自修的一节给我留下极深刻的印象，毛泽东也成为我走上自学道路的楷模，不仅要自学，还要刻苦地自学，不仅要在青少年刻苦自学，即使到了中老年仍然要刻苦自学。

我想了想，我的大部分知识差不多都是通过自学获得的，而不是在十几年大学（包括本科生、研究生、博士生、博士后）中上课学来的。

因此，从小学会了自学，也就学会了掌握知识最核心的最具竞争力的方法。

从100%到10%再到1%

（2014年10月15日）

如何认识人的创新知识的机制和过程？它有什么特点？有什么特征？我们如何提高创新知识的自觉性、主动性和产出效率？

从我的观察与体会来看，人的创新知识的过程就是从获取知识、记录知识、吸收知识到消化知识，进而创新知识。这是一个反复循环的过程，又是一个不断积累的过程，既是知识获取积累的过程，又是知识创新积累的过程。

同样，我也发现这一过程还是一个从100%到10%，再到1%的过程。实际上，我们每天所看到的各种信息为100%的话，真正能够记录的信息即对自己有用的信息就只有10%，言外之意，只有记录的信息才被认为是有用的信息。不仅是为了记录、保存和记忆，也为了进一步地消化吸收这些有用的信息。这如同人吃饭一样，凡是能够被消化吸收的知识，才称为有用的知识。没有获取知识，就不能够消化吸收知识，因此获取知识是前提，但是真正能够用来被消化吸收的知识是相当有限的。为此，我在这里假定了10%的概率。消化吸收知识最终还是要创新自己的知识，不仅对自己有用，对他人也有用。因此，这一概率就变得越来越小，可能只有1%。

从100%到10%，再从10%到1%，两个小概率事件的乘积就变成了极小概率事件。这既可以解释为什么创新知识比较难，因为它是极小概率事件；也可以解释为什么创新知识需要长期积累，因为将极小概率事件累积或叠加才能够“积少成多”“集腋成裘”，也会从知识积累的量变到知识积累的质变。

如果说这是获取知识到创新知识过程的一个量化表述的话，那么我们就会意识到每天所看到、获取的信息，有 90% 可能是用处不大或无用的信息，只有 10% 是可能有用的信息，这是典型的“一九开”原则，也就是说只有 10% 的时间是真正有用的，而 90% 的时间都是在获取无用的信息。[①] 从这个意义上来看，信息社会给人们带来获取信息便利的同时，也带来了大量的、空前的信息垃圾。

信息是当代社会最重要的资源，信息社会是当代社会最重要的特征。在信息社会获取信息的范围、手段、效率，都是前所未有的。但是人们实际上也会不自觉地陷入“信息垃圾社会”。这就是一个硬币的两面。

即使是 10% 有用的信息或知识，也不会自动百分之百地转化为自己创新的新信息或知识。因此，这是一个小概率事件，可能只有 1% 。

面对上述情形就需要大做减法与加法：首先，减少获取无用信息的时间，增加获取有用信息的时间，从“一九开”调整到“二八开”甚至“三七开”，其原则是不能记录的信息或者用处不大的信息一扫而过，更多的时间和精力集中在那些需要记录、可即时记录的信息上。对此，我做了尝试，就是每日撰写《胡鞍钢记录》。有了这个记录，就有了创新知识的基础，便于查询、检索、编辑、整理，进而扩展、补充、修改甚至重写，既提高了写作的效率，也保证了写作的质量，特别是信息的准确性、权威性及其出处与来源。

即使有《胡鞍钢记录》作为基础，我还需要随时随地去获取信息、补充信息，特别是最新的信息。

最难的是将他人的信息转变为自己的信息，他人的知识转变为自己的知识，他人的思想转变为自己的思想，这仍然需要随时随地地记录、整理和撰写。这就是为什么我正在编辑《再谈国情研究》一稿。

---

① 垃圾信息定义就是指那些混在大量有用信息中的无用信息、有害信息，以及对人类社会的各个方面带来危害的信息。

人才价值是他创造的价值

（2014 年 11 月 5 日）

一个人怎样才能活得有意义、有价值？每个人都会被问到同样的问题，然而却有不同的回答或经历。

那么，我是怎样来回答的呢？我的回答是基于对“人才”的定义与解释。

什么是人才？人才是指具有一定的专业知识或专门技能，进行创造性劳动并对社会做出贡献的人，是人力资源中能力和素质较高的劳动者。人才是我国经济社会发展的第一资源。

从经济学角度看，我把“人才”定义为那些具有正外部性、能够创造各种新增社会价值的人。这包括三层含义：

第一，人才能够创造具有社会意义的价值，诸如经济价值、科学价值、技术价值、文化价值以及生态价值等。

第二，人才所创造的社会价值属于新增价值，即属于流量概念，而不是指不变的原有的价值存量部分；

第三，人才资源的经济学属性决定了其创造的价值具有正外部性，能够产生较强的溢出效应。

显然，一个人的价值不只是指对他个人的价值，而是他作为一个人才对社会的价值。这是人才的正外部性或溢出效应，也是我们理解什么是人的价值的经济学含义。

我的价值就是我所创造的知识，即国情研究知识，这是一种（指国情研究专著）典型的公共知识。因此，我的价值就是我的文章、报告（指《国情报告》)、著作等。这就是我天天写作的原因，就是要天天创新知识、创造价值。

这是我最喜欢的事情，又是最擅长的事情，还是最有意义的事情，更是最高兴的事情。

即日又补：

我的人生道路几步走：

第一步成为国情研究专门人才；

第二步成为国情研究专家；

第三步成为国家发展战略的战略家；

第四步成为真正的思想者、思想家、思想库。

他人评价优于自我评价

（2014 年 5 月 11 日）

每个人都会经常遇到一个基本问题，即如何评价自己。这个问题看起来很简单，但实际上这不是一个问题，而是一组问题，只不过人们自己没有自觉地意识到。

如何评价自己？是典型的一组问题集：自我评价；同事们的评价；作为老师，还有学生们的评价；作为学者，还有学术同行们的评价；作为作者，还有读者们的评价；作为国际交流者或交往者，还有国际方面的评价。当然，还包括家人、朋友们的评价。这里除了自我评价，都是他人评价。

自我评价，常常是自我表扬、自我欣赏，即使有什么缺陷，或是不以为然，或是自我原谅，既可能看得清自己，也可能看不清自己。这并不是说，自己不了解自己，而是不能更加全面地、客观地认识自己、了解自己，常常是局部地、主观地认识了自己，就如同自己照镜子，只能看见自己的正面，很难看见自己的反面，除非别人帮助你，或者为你提供一个反面镜子，或者告诉你你的反面是什么。

他人评价，如同多面镜，比较客观、全面。这就是为什么他人评价优于自我评价。当然，不同的人评价的标准不同，就会有不同的评价。就学术水平或学术成就，我更看重同行评价，有的评价是文字的，有的评价是口头的，有的评价是通过第三方转述的，有的评价是学术同行公认的，如我先后获得国家杰出青年科学基金（1994 年）、孙冶方经济学奖（2000 年）、复旦管理学奖（2008 年），这些都是公认的该学术领域最高奖。当然，评价或评奖并不是目的，最重要的还是要激励自我，有更多的知识创新，做出更大的知识贡献。

最大的挑战是挑战自己

（2014 年 5 月 9 日）

优秀的运动员，就是要不断地挑战极限，即人的生理和运动极限。因此就必须在最佳年龄、最佳时节突破这一极限，其标志就是打破世界纪录，世界纪录是前人所创造的极限。随后就是自己或别人再次打破世界纪录。

学术研究的学者则有所不同，他们不是在挑战脑力和学术的极限，因为“学海无涯，学无止境”，这是说明学术、知识如同海洋一样无边无际，不会有什么世界冠军或亚军的，这就是所谓“武无第二，文无第一”。那么，到底应当挑战谁呢？我认为就是挑战自己，不断地突破自己，不断地创新原创性的知识，不断地积累新的知识，并不断地与他人（学术界、决策界、社会界、世界同行）分享自己的知识。

这一标准就是不断创新具有学术价值的新知识。

学术创新本质上是一个积累过程，没有积累就谈不上创新。人们总以为，一上来就可以学术创新，一举成名。世界上从来就没有这么便宜的事情。我的真实体会是，学术之路就是真正的万里长征之路，是那些一步一步走下来的人才能攀登上学术之峰，才能领略无限风光，而不是中途而退的人。世上无难事，只要肯攀登。这既是至理名言，又是简单真理。

那么，我们应当采取什么做法？选择什么途径呢？我一直认为，这是一个从量变到质变的过程。形象地讲，就是不断地微创新，才能有小创新；不断地小创新，才能有中创新；不断地中创新，才能有大创新。积小胜为中胜；积中胜为大胜；积大胜为聚胜。这个“胜”，不是战胜别人，而是战胜自己，战胜自己的懒惰、自满、自娱自乐等，不能战胜自己就不会有真正的“胜”，没有“胜”，也就没有真正的“利”，这个“利”是指成功地达到了自己学术创新的目的。这如同愚公移山一样，每天是挖山不止，还要让他的子子孙孙一直挖下去。这就是为什么我总是天天读，天天思，天天写。每天写作不止，体现了微创新不止，自我挑战不止。从这一点看，也很像优秀运动员一样，天天训练、月月训练、年年训练。有所不同的是，学术研究没有什么全国运动会、世界锦标赛、奥运会比赛，也没有什么裁判，实际上学者们的竞争是那些“看不见”的天天比赛、日日竞争，况且这个比赛竞争不同于体育比赛竞争，对社会科学而言，更有“武无第二，文无第一”的潜规则的竞赛。体育竞赛比的是爆发力，学术竞赛比的是持久力；体育竞赛比的是体力和技巧，学术竞赛比的是智力和创新力。没有持久力就没有智力，没有智力就没有创新力。

“人的正确思想是从哪里来的？是从天上掉下来的吗？不是。”[①] 那么同样的是，人的创新知识也不是从天下掉下来的。这就需要实践，而我自己的社会实践就是不断地读他人之书，向同行学习，读无字之书，向社会学习。最终还是要写自己之书（主要是有字之书），教自己之书。

---

① 毛泽东. 人的正确思想是从哪里来的？[M] //毛泽东. 毛泽东文集：第 8 卷. 北京：人民出版社，1999：320.

没有尽头的知识马拉松

（2014 年 1 月 8 日）

霍尔以及《与机器赛跑》[①] 一书的合作者麻省理工学院学者埃里克·布林约尔松和安德鲁·麦卡菲论述了教育和培训的意义，他们指出：“个人应该持续地更新自己的知识体系。”

一个人要想适应社会发展、时代进步，就要学会适应社会需求、工作需要，就需要终身学习、高效学习，最好的办法就是主动地更新自己的知识结构，逐步地丰富自己的知识体系，不断地积累自己的知识资本，不停地运用自己的知识武器。人与人可能因年龄大小不同，工作时间长短不同，从事的行业性质不同而产生差异和差距，但从这个角度来看，人与人之间的差距本质上是由知识的差异和差距造成的。

人生，就是一场马拉松比赛，总是那些有毅力、有耐力、有恒心的人跑得更长、跑得更远、跑得更快。此外还有“不怕慢，就怕站”的道理，还有一个“路遥知马力”的道理。

那么，如何衡量一个人的知识体系呢？打开他所写的东西，不管是文章、论文，还是著作，都可以测度他的知识是否有体系、是否更新了体系、是否开放了体系。衡量方法就是这么简单，一目了然。对此我是深有体会的，无

① ［美］埃里克·布林约尔松，安德鲁·麦卡菲．与机器赛跑（第 1 版）［M］．闾佳，译．北京：电子工业出版社，2013 – 07 – 12.

论是读他人的书，还是写自己的书。现在只不过会更加自觉，更具耐力，更有能力，来跑这个没有尽头的知识马拉松。

这是不同于体力马拉松的智力马拉松。因而人老了，反倒是一种优势。60 岁有感。

培养人才是根本任务[①]

（2014 年 10 月 14 日）

最近，清华大学正式公布了《清华大学章程》，共分为 7 章 45 条及序言、附件，一共将近 6 000 字。作为清华人集体智慧的结晶，该章程充分反映了清华建校百年、特别是改革开放新时期办学治校的基本经验，集中体现了坚持世界一流、中国特色、清华风格发展道路的根本要求，是党和国家教育方针政策、世界高等教育先进经验、学校改革发展实际相结合的产物，是加快完善现代大学制度、推动学校治理体系和治理能力现代化的重要保证。其中，有几条涉及培养人才这个根本性问题。为此，我围绕“培养人才是根本任务”这个问题谈谈自己的看法及体会，与你们面对面地交流。

一、 培养人才是清华大学的根本任务

第三条　学校坚持社会主义办学方向，贯彻国家的教育方针，以人才培养为根本任务，履行教育教学、科学研究、社会服务、文化传承创新职责，服务国家和人民，推动人类文明进步。

这就是说培养人才是一个大学的根本任务，更是清华大学的核心任务。

第四条　学校坚持世界一流、中国特色、清华风格的发展道路，以学生为本、学者为先、学术为基、学风为要，致力于成为全球卓越的高等教育和学术研究机构。

① 本文系作者 2014 年 10 月 14 日在清华大学国情研究院的讲话稿；10 月 18 日又作了修改。

这就是说清华大学的发展理念是“以学生为本”，这也是我一直主张的教学理念和科研理念。此外，这一条还有两个关键词：一是“学术为基”；二是“学风为要”。这就对什么是以“学生为本”提出了更加明确的要求。既然是学生，就离不开这个“学”字。首先，就是要以学生的学术为根本、为基础，提高学生的学术水平既是出发点，更是落脚点。这就要求我们培养的学生以及衡量学生的标准不是什么其他的标准，是以学术为标准。其次，就是要以学生的学风为要求、为指导。那么是什么样的学风呢？对此，该章程明确提出了8字学风，即“严谨、勤奋、求实、创新”。

二、 培养什么样的人才

第五条　学校坚持高素质、高层次、多样化、创造性的人才培养目标，以实施全日制高等学历教育为主，实行价值塑造、能力培养、知识传授“三位一体”的培养模式，致力于培养学生具备健全人格、宽厚基础、创新思维、全球视野和社会责任感，实现全面发展和个性发展相结合。

这一条提出并回答了两个核心问题：一是我们到底要培养什么样的人才？二是我们该如何培养人才？这是教育的根本性问题。

清华大学将其人才目标界定为四条：高素质、高层次、多样化、创造性。为什么要提出这样的人才培养目标呢？因为进入21世纪后，中国融入世界，并迅速成长为世界第一大贸易体、第二大经济体，也会在不久成为世界第一大经济体。无论是出于国际竞争的需要，还是实现“中国梦”的需要，中国最需要的正是这类人才。在10年前，胡锦涛同志就对清华大学提出了人才培养的目标定位：学术大师、兴业之士、治国之才，成为社会和国家的栋梁。我直接参与了《国家中长期人才发展规划纲要（2010—2020）》的研究、制定和公布全过程，深知这样的优秀人才既十分短缺，又十分重要，还十分特殊。为此，该纲要首次明确提出：“高端引领。培养造就一批善于治国理政的领导人才，一批经营管理水平高、市场开拓能力强的优秀企业家，一批世界水平的科学家、科技领军人才、工程师和高水平的哲学社会科学专家、文学家、艺术家、教育家，一大批技艺精湛的高技能人才，一大批社会主义新农村建设带头人，一大批职业化、专业化的高级社会工作人才，充分发挥高层次人才在经济社会发展和人才队伍建设中的引领作用。”其中，在党政人才队伍的部分中，还具体地提出了目标：“造就一批善于治国理政的领导人才，建设一支政治坚定、勇于创新、勤政廉洁、求真务实、奋发有为、善于推动科学发展的高素质党政人才队伍。”

如果放在这样的大背景下，我们又如何理解这四条培养目标呢？

一是高素质：我的理解就是坚定的政治方向，高素质的专业知识，高水平的从业技能。

为什么我强调坚定的政治方向呢？这是因为我们所从事的国情研究的确有一个政治方向正确与错误、政治立场坚定与动摇的根本性问题。就政治方向而言，“一错百错”；就政治立场而言，“一失足成千古恨”。老师的首要任务是“传道”，把握正确的政治方向。这里我特别引用习近平同志在北京师范大学讲的一席话：不能想象一个没有正确理想信念的人能够成为好老师。唐代韩愈说：“师者，所以传道授业解惑也。”“传道”是第一位的。一个老师，如果只知道“授业”“解惑”而不“传道”，不能说这个老师是完全称职的，充其量只能是“经师”“句读之师”，而非“人师”了。古人云：“经师易求，人师难得。”一个优秀的老师，应该是“经师”和“人师”的统一，既要精于“授业”“解惑”，更要以“传道”为责任和使命。好老师心中要有国家和民族，要明确意识到肩负的国家使命和社会责任。[①] 知识，特别是社会知识也是具有双重性的，既可能有正外部性，也可能有负外部性；既可能富民强国，也可能祸国殃民。

---

① 习近平．做党和人民满意的好老师——同北京师范大学师生代表座谈时的讲话．来源于新华网，2014－09－09.

二是高层次：我的理解就是在全国各高校培养人才中，学生进口属于高层次，毕业出口也是属于高层次，“高进高出”。未来他们所从事的事业一定是高层次，尽管他们要到基层去，从基层做起，从实际做起，但是在未来应当会成为领军人才、领导人才、领袖人才。

三是多样化：我的理解就是培养国家最需要的高端人才，个人发展最有前景的杰出人才，引领时代潮流的英才。这就是最适应时代需求的科学大师、学术大师，开拓事业、创造财富（包括物质财富、精神财富）的兴业之士，领导中国之路走向伟大复兴的治党治国治军的领导人才、领袖人物，甚至是世界公认的推动和平发展、繁荣进步的国际与世界领导人才。

四是创造性：我的理解就是培养勇于创新，善于创新，不断有创意、有创新、有创造的杰出人才，这可能是最核心的目标。

三、 采取什么样的培养模式

对此，学校章程提出实行价值塑造、能力培养、知识传授“三位一体”的培养模式。

那么，我们怎样按价值塑造、能力培养、知识传授“三位一体”的模式培养人才呢？

首先是价值塑造。一是个人“始终与国家民族共命运”“天下兴亡，匹夫有责”。二是“始终走在社会进步前列”，做时代的先驱者、引领者。这既是清华大学的历史选择和历史记录，同样也应当是我们每个人的个人选择和个人记录。三是秉持“自强不息，厚德载物”的校训，这也是个人的人生追求价值。四是弘扬“爱国奉献，追求卓越”的传统。五是发扬“人文日新”的精神。就国情研究院而言，价值塑造就是8个字，“知识为民，知识报国”。这也是我们价值塑造的集中表现和具体体现。

其次是能力培养。我一直主张“教师以学生为本”，学生“以能力为本”。一个人的能力，反映了一个人的素质。“能力与知识、经验和个性特质共同构成人的素质，成为胜任某项任务的条件。”这就包括具体能力与综合能力（也可以称为“能力集”），内在能力与外在能力，研究能力与写作能力，等等。其中综合能力强的人，走得更远，更具竞争力和领导力。能力的培养是一个渐进的过程，又是一个积累的过程，更是一个不断提高的过程。能力的培养是通过实践获得的，又是通过实践不断提高的。从这个意义上讲，能力或能力集既是一个时间的函数，又是一个实践的函数，是两者之间的乘积组成的能力矩形面积。

最后是知识创新。学校对本科生的要求就是知识传授，对研究生、博士生、博士后的要求则是知识创新。所谓知识创新是指通过科学研究，包括基础研究和应用研究，获得新的基础科学知识和技术科学知识的过程。那么，我们怎么样来衡量知识创新的成果呢？知识创新成果的具体形式包括学术论文、学术著作、研究报告等，这是一个人知识创新的外在表现，而一个人知识创新的内在表现则是新知识、新方法、新学说、新发现。这里我们特别要求，在学术上倡导“独立之精神，自由之思想”。无论是独立精神还是自由思想，最终都要体现在既是具体的又是抽象的，既是外在的又是内在的，实实在在进行创新。对我们从事国情研究而言，就是为决策者和社会提供关于当代中国的新信息、新知识、新创意、新见解。

四、 教师与学生： 第一责任与第一目标

培养人才既然是大学的根本任务，那么教师与学生之间是什么关系？他们之间有什么不同的目标？又如何互动形成合力，实现培养人才的根本任务？我以为，对于人才培养这一矛盾关系，既有教师的问题，也有学生的问题。但是，矛盾的主要方面还是在教师。那么，如何处理这一矛盾关系呢？这就需要从两个方面来明确他们的目标。这次学校首次明确提出了两个核心观点：“人才培养是教师的第一责任”“成为人才是学生的第一目标”。

人才培养是教师的第一责任。陶行知先生讲过，教师是“千教万教，教人求真”，学生是“千学万学，学做真人”。[①] 作为老师就要做“真师”“人师”，就是要教书育人，投资未来，最核心的是正确的政治方向、崇高的价值观，教授获取知识的方法，成为创新知识的引路人，还是青年人生之途的导师。

就国情研究院而言，我们的教师不是一个人，是一个集体、一个团队、一个教师群。尽管我是第一责任人，但是我们有了这个团队就可以有效地、集体地指导学生，共同严把选题报告、中期评估、论文评价等各个环节。现在做下来，采取集体会诊、集体评判、集体指导，效果是好的。从我个人角度来看，年轻教师有了指导硕士生、博士生的实践与经验，也会为他们将来成为硕士生导师、博士生导师创造条件。因此，我们的同学要格外尊重他们，也要格外听取他们的指导意见。

成为人才是学生的第一目标。作为学生就要做“真人”。每个同学在清华大学的就学时间都相对比较短，稍纵即逝。但这恰恰是成人、成才、成家的关键时期。为此，清华大学提出了“三位一体”，在不同学业阶段进行有差异定位：本科生阶段，是通识学士，以成“人”为目标，是形成价值观、世界观的重要阶段；研究生阶段，是专业硕士，以成“才”为目标，满足服务国家、服务社会的要求，让专业的更专业，培养具有职业素养、创业精神的高层次专门人才；博士生阶段，是学术博士，以成“（专）家”为目标，创新知识，训练学者，让学术的更学术，培养具有国际竞争力的高层次学术创新人才。虽然学校没有提出博士后阶段的目标，但我想是与博士生基本一致的。

在我看来，本科生是学习者阶段，到了研究生后的阶段是研究者专业化

---

① 2014年9月9日，习近平同志在同北京师范大学师生代表座谈讲话时引用了陶行知先生的话。习近平．做党和人民满意的好老师——同北京师范大学师生代表座谈时的讲话．来源于新华网，2014－09－09.

阶段，可以将研究生视为初步专业化，博士生为中度专业化，博士后为高度专业化。这反映了人的人力资本水平，由量变到质变，从低级阶段到中级阶段，再到高级阶段的过程。

总之，培养人才是教师的第一责任，成为人才是学生的第一目标。这样形成合力，将更有效地培养优秀人才。到底什么是优秀的人才呢？这并没有统一的标准，因为每个人才都是不尽相同的，但是他们有很多的共同点，这就是学校章程明确提出的——“培养学生具备健全人格、宽厚基础、创新思维、全球视野和社会责任感，实现全面发展和个性发展相结合”。

五、 创新培养人才的有效方法： 小班制

我再谈一谈培养人才的办法和途径。根据我们的实践经验，在国情研究院已经形成了行之有效的好办法。每个人不只是国情研究院这个大团队的成员，还是各个小团队的成员。这就是我们所倡导的小班制，分为 3 个班或 3 个组：一是研讨班；二是课题组；三是写作组。我们是“三位一体”小班制的培养方法，提供了学术研讨、课题研究、撰写文章的 3 个平台、3 个机会。每个人都参与其中，相互学习、相互交流、相互影响，至少学会并不断提高 3 种本领：一是学术研究能力；二是课题研究能力；三是写作能力。这是一个典型的学习平台和知识网络，在我和其他老师的指导下，自组织、自管理、自学习，形成“三人行必有我师”的相互学习的机制，你们不仅是同窗，还是知己，相知相学，这才是“同窗好友”“同窗知己”。我们也采取了“以老带新”的做法，不断传承下来，不断创新下来。这就是我们的微创新、小创新，真正打造了知识组织、知识平台和知识网络，目的只有一个，就是高效率地知识投资，提高学术上的核心能力和核心竞争力。

每个同学（主要是研究生、博士生）可以选择 3 个岗位，做好 3 个服务：助研岗，协助老师科学研究的服务工作，起着传帮带的作用，实现从学习者到研究者的转变；助教岗，协助老师备课、授课、结课的服务工作，实现从

学习者到助课者的转变，将来还要成为讲课者；助管岗，协助办公室人员工作。每个人至少要选择一个岗位，按工作小时来计算，或者按工作量来计算。

对博士后而言，主要要做好两件事情：一是课题研究与学术研究；二是上课旁听，学会独立授课。我们这个团队独创性、原创性地开设了各种课程，在清华大学是非常受欢迎的课程，在其他大学也是创新的课程，甚至是独一无二的课程。因此需要掌握两个本领：一是科学研究；二是教书育人。

总之，培养人才是大学的根本任务。作为教师，人才培养是第一责任；作为学生，成为人才是第一目标。对此，我将与你们共同分享我的看法、观点、体会及要求。

之后，我也希望我们认真学习《清华大学章程》，各自谈谈自己的体会，写出来，相互交流一下，编个小集，立此存照，既可以发给已毕业的老同学，又可以留给未来的新同学，共同学习、共同探索、共同分享。

学习毛泽东的讲课方法

（2014 年 10 月 1 日）

1970 年 12 月，毛泽东会见美国友好人士斯诺时，专门介绍了他自己的讲课方法：那个讲堂上讲课的方法我不赞成。你先生写了讲义，发给学生看嘛。然后，不懂的再去课堂上问先生。学生往往是调皮得很。如果学生出 100 个题目，先生能答出 50 个就很不错了。剩下那 50 个题目怎么办呢？就说：我不懂，跟你们一样。然后大家研究，你们研究，我也研究。然后就说："下课！"你看，多好啊！我讲课就是这样，不许记笔记。如果想睡觉就打瞌睡，想跑就退席。这个打瞌睡实在好。与其正正经经坐在那里，又听不进去，不如保养精神。①

毛泽东尖锐地批评了在学校的教育中、在在职干部的教育中，教哲学的不引导学生研究中国革命的逻辑，教经济学的不引导学生研究中国经济的特点，教政治学的不引导学生研究中国革命的策略，教军事学的不引导学生研究适合中国特点的战略和战术，诸如此类。其结果，谬种流传，误人不浅。

毛泽东特别强调，"读书是学习，使用也是学习，而且是更重要的学习。"②

1964 年 3 月 10 日，他在对北京市一位中学校长的来信中指示道："现在学校课程太多，对学生压力太大。讲授不甚得法、考试方法以学生为敌人、举行突然袭击这三项，都是不利于培养青年们德、智、体诸方面生动地主动

---

① 毛泽东．会见斯诺的谈话纪要［M］//毛泽东．建国以来毛泽东文稿：第 13 册．北京：中央文献出版社，1998：171.

② 毛泽东．中国革命战争的战略问题［M］//毛泽东．毛泽东选集：第 1 卷．北京：人民出版社，1991：181.

地得到发展。”[①] 他反复强调要缩短学制，精减课程，减少授课时数，提高授课质量，改革考试方法，倡导学生独立思考，积极自学。

毛泽东主张启发式教学，废止注入式教学。（毛泽东：《中国共产党红军第四军第九次代表大会决议案》，1929 年 12 月）这可以理解为，毛泽东是鼓励“少而精”的教学。

毛泽东的讲课方法对我很有启发，我也力图进行教学方法改革，以体现教学的“以学生为本”“以学生为友”的理念。首先，教学目标是引导学生研究中国问题，例如了解中国经济发展的历程和特点、逻辑和规律、战略和政策，就是讲“中国故事”“中国奇迹”“中国道路”，提高学生对中国的整体认识、全面认识和历史认识，这就不同于网络化的中国、碎片化的中国、片面化的中国。其次，教学内容要“少而精”，每一堂课讲一个主题，内容都是基于我们的原创研究，不是一本书就是两本书的精华，相当于内容提要或详细内容提要。十几个主题就是我们几十本书的精华，既开阔学生的视野，又引导学生入门，这为他们撰写课堂论文也提供了基础材料和途径。再有，教学过程要“授之以渔”，通过某一中国问题或专题深入探讨，介绍研究现代中国的具体方法和思路，既坚持“具体问题，具体分析”的辩证原则，又坚持历史唯物主义的原则。最后，改革考试方法，由于我讲授的是当代中国问题，从来不搞闭卷考试，而是搞开卷考试，以撰写研究论文为方式，期中考试是撰写小论文，期末考试是撰写大论文。在“中国国情”“中国发展”“中国道路”3 个方面的总题目下，可以自主选题，可以选择自己最喜欢、最擅长的具体题目，倡导独立思考、独立分析、独立研究、独立写作，在众多的论文中“优中选优”，编辑优秀论文。实践表明，这些论文既直接反映了学生学习研究的成果，也间接反映了我们教学的成果。

① 毛泽东．关于学校课程、讲授和考试方法问题的批语［M］//毛泽东．建国以来毛泽东文稿．北京：中央文献出版社，1996：34.

高水平的好教材

（2014 年 5 月 15 日）

从我自己对大学生的教学实践和对干部的教育培训实践来看，有两件事情至关重要：一是高水平的好教授，二是高水平的好教材。什么是高水平的好教材呢？首先是充分反映了比较系统的理论和知识，特别是及时反映了新理论、新知识和新成果。其次是在内容上不仅传授知识，还要传授获取知识和创造知识的方法和途径。再者是充分满足读者对重大理论的需求和多样化的知识需求。还有是经过精心打磨、千锤百炼的精品教材，特色鲜明，文风独特。

这要求我们专家能够确保教材的编写质量，开发富有时代特征、实践特色、务实管用的好教材。还要求我们从 5 个方面审读：一是“准”，就是表述要准确。二是“高”，就是站位要高。三是“新”，就是数据、材料要新。四是“实”，就是文风朴实。五是“活”，就是语言要鲜活。

审读他人的好教材，就是为了写好自己的教材。尽管文若其人，各不相同，但这 5 个要求还是好教材的共性。

与中国青年网的问答[①]

（2015 年 2 月 7 日）

问：请您从高校教师的角度谈谈，如何在讲课过程中把握好“尺度”，将问题意识教给学生的同时，也将积极面对问题、解决问题的思维方式教给他们。

答：邓小平同志曾经指出：“一个学校能不能为社会主义建设培养合格的人才，培养德智体全面发展、有社会主义觉悟的有文化的劳动者，关键在教师。”

教师不仅要自律，更要自觉。诚如习近平总书记在 2014 年 9 月 10 日教师节所言：自觉做中国特色社会主义的坚定信仰者和忠实实践者，忠诚于党和人民的教育事业，自觉把党的教育方针贯彻到教学管理工作全过程，严肃认真对待自己的职责。[②]

我们不仅是一个高端大学智库团队，也是一个当代中国研究的学术团队，还是一个传播正能量的授课团队，形成了一个年龄结构、专业结构、知识结构比较合理的研究团队，是一支政治立场坚定、学术功底扎实、热爱教育事业、具有重要影响力的大学教师团队。

我们自己的定位，就是在课堂上传播知识的同时，传播正能量。因为知

① 此文系作者接受中国青年网记者李正穹的文字采访稿，写于 2015 年 2 月 7 日。

② 习近平. 做党和人民的好老师——同北京师范大学师生代表座谈时的讲话. 来源于新华网，2014 - 09 - 09.

识具有两种外部性：一是正外部性，使学生终身受益；二是负外部性，可能会使学生受害。

问：听说您是清华受众最多的教授之一，您不仅为学生开设国情的专业课程，还讲授党课、团课，举办各种公开讲座等。在面对各类学生的时候，您希望他们得到怎样的收获？

答：我坚持带头实行价值塑造、能力培养、知识传授“三位一体”的培养模式。[①] 至少体现在如下几个环节上：

一是正式的教学课程。我们把这些专业课实际上开设成政治课程、思想教育课程，是潜移默化的，又是精心设计的。就是让“中国理论”“中国道路”“中国制度”，真正进课堂、进教材、进头脑，成为精品课。

我所讲的课程不仅具有专业性、学术性，还具有思想性、政治性。

从2000年加盟公共管理学院之后，我所做的最重要的教学工作就是独创公共管理核心课程和其他课程。首先，作为主讲老师，开设了MPA核心课《社会主义建设理论与实践》和研究生公共必修课《社会主义经济理论与实践》，并承担了相应的教学任务。这两门课程本身就是研究生的必修政治课，以“中国实践”为基础，以“中国理论”为主要内容，以“中国道路”为研究主题（针对MPA研究生）和考试题目。当时并没有现成的教学大纲和教材，经过十几年不断的撰写和授课，我们已经形成了较为系统的原创性的教学参考书，包括《中国政治经济史论（1949—1976）》（清华大学出版社，2007年版，2008年版，2011年版），《中国政治经济史论（1977—1991）》（清华大学国情研究中心，2011年版，2013年版），以及几十部当代中国研究

① 《清华大学章程》第五条规定了学校坚持高素质、高层次、多样化、创造性的人才培养目标，实行价值塑造、能力培养、知识传授“三位一体”的培养模式，致力于培养学生具备健全人格、宽厚基础、创新思维、全球视野和社会责任感，实现全面发展和个性发展相结合。

的学术著作，真正做到了写自己的书、教自己的书。这些书的主题就是中国国情、中国道路、中国发展，这在中国大学是十分独特的。

从2009年以来，为学院博士生开设《国际发展前沿：理论与实践》，这成为一门独特的学术型课程，一方面介绍世界银行、联合国开发计划署（UNDP）的发展报告，另一方面介绍我们关于发展理论与政策的最新研究，为博士生提供更具国际视野、更具专业性的课程与研究指导。

2007年为学院外国留学生开设《中国经济发展与政策》，这也是基于我们原创性的国情研究，以及与时俱进不断更新信息内容的授课体系。在我的倡导和指导下，周绍杰和高宇宁又开设了两门英文课。

从1996年开始，我作为清华大学双聘教授，为全校本科生开设文化素质核心课《中国国情与发展》（48学时），也是以“中国国情”和“中国道路”为主题。

例如每年召开“两会”，我会提前要求学生关注和了解这些信息，在课堂上我就会介绍和解读《政府工作报告》，力求专业、权威。这是基于我们国情研究和发展研究的集大成。

2010～2014年期间，我共计开设并负责课程5门：社会主义建设理论与实践（MPA）；国际发展前沿问题（学院博士生）；当代中国研究（全校研究生）；中国国情与发展（全校本科生）；中国经济发展与政策（英文）。4年累积授课量为591学时（2014年为学术休假之年，授课9学时），平均每年148学时，选课学生人数1 412人。

值得提及的是，我所领导的国情研究所教学团队（包括王亚华、周绍杰、高宇宁、鄢一龙），已经能够讲授我所开设的5门课程，他们的教学更具个性，也获得了广大选课学生的好评。

二是学术讲座，每当召开党代会或中央全会，我就会利用此机会讲解和分析党中央的重大决策。这些讲座都是爆满的，因为同学都非常关心国家大事，只要你讲得好，有政治敏感性、有坚实的学术研究基础、有很高的声誉和品牌，而且每次讲还要不一样，他们都会很喜欢。

这些学术讲座，不仅具有学术导向性，也具有政治导向性，不仅是学术研究前沿平台，也是意识形态前沿阵地。我们可以从学术研究上说明中国道路的独特性、历史进步性，可以从国际比较视角来证明中国制度的优越性、历史合理性。不仅要与党中央在政治上保持一致，更重要的是与党中央的重大决策形成一个互动关系，从中汲取新的思想、新的理论、新的思路，进一步加强我们的国情与国策研究。

2010～2014 年，我在清华大学给校内师生做公开讲座达 36 次，主题包括十八届三中全会解读、“十八大”精神解读、“两会”精神解读、“十二五”规划等；参与学院培训中心授课 37 次，包括给公管高级研修班（哈佛班）授课 5 次，中组部—科技部—国资委—清华大学科研院所领导者高级研修班授课 6 次，主持并参与讲授中央国家机关司局级干部自主选学课程 7 次。

三是政治性的教育课程，包括每年研究生入学党课教育，至少有 3 000 人，还有学生工作部的党课、团课。

作为清华大学教授，向学生们教授什么主题、什么内容也是十分关键的。我一直主张“不唯书、不唯上、不唯洋、只唯实”。还是要以当代中国为研究对象和课程内容，以中国道路为主题，以及这条道路是怎么走过来的，走到了哪里，今后将走向何方等重大问题。

我们是比较早地提出了“三个自信”的。在 2011 年正式出版的《人间正道——中国共产党与中国道路》一书中，我提出“中国道路自信、中国体制自信、中国文化自信”。后来党的十八大报告提出“三个自信”，也反映了我们与党中央“心是相通的”。我们更感觉到所担负的责任重大、使命重大。

我当时（2011 年 7 月 21 日）介绍该书的背景：这本书表达一个核心观点——中国共产党和中国道路是真正的“人间正道”。这也是本书的书名和主题。正是这个十分独特的人间正道，才使中国发生巨变，还引起了世界巨变。同时我们也想就此来表达中国学术界的学术自觉，中国理论界的理论自觉，中国思想界的思想自觉。我们从中国自己、中国道路、中国优势、中国特点来倡导并实践学术自觉、理论自觉、思想自觉。

我们还需要看一看在大学教书所面临的国内外背景：因为大学并不生活在“真空”之中，甚至还是意识形态斗争最尖锐的窗口、最为复杂的地方。大学本身就是各种学术观点的聚集地，百花齐放的同时，很自然就会有各类不正确的思潮直接或间接地影响我们的大学生。

我在高校教书多年，发现的确存在一个领导权和话语权的问题。因为高校也不是什么“真空”，甚至是各方公开或不公开争夺的地方，不只是争夺学术话语权，更是争夺意识形态话语权，我也常讲，这个地方，“无产阶级不占领，资产阶级必然要占领”。占领什么？就是占领大学讲堂。争夺什么？就是争夺大学生。对此大家都是“心知肚明”的。我们是“你说你的，我说我的”。既不必指名道姓，又不必公开争论。这既是意识形态的较量，也是学术知识的较量，有时是很难区分的。因为对手也不傻，以学术的面孔来挑战，甚至公开挑战。当然也都留下“白纸黑字”，告知天下。

我们为什么不去做公开的辩论呢？一是这些奇谈怪论也是会碰到“天敌”的，你要相信“群众的眼睛是雪亮的”，奇谈怪论者本身就背负着奇谈怪论的历史包袱。二是许多奇谈怪论是不值得批驳的，本身就缺乏知识含金量，是“自娱自乐”，在很大程度上也不专业，主要是为了吸引眼球，为了引起社会关注而已，我们也不会上当。三是许多观点也不是他们本人的原创思想，更多的是舶来品。四是这些人是“花岗岩”的脑袋，[①] 不会因为你与他的辩论，就会改变自己的观点。与他们辩论是多余的、无用的，太浪费时间和精力，不如更加专心地深入研究问题。诚如毛泽东所言“那也无关大局”。这么大的

① 1958 年 4 月 15 日，毛泽东在《介绍一个合作社》中说：“过去的剥削阶级完全陷落在劳动群众的汪洋大海中，他们不想变也得变。至死不变、愿意带着花岗岩脑袋去见上帝的人，肯定有的，那也无关大局。”

中国总会有这样的人。

学生们提出的各种问题对我们的研究提出了更高的要求，我们不回避问题，用数据说话（我常常带上《中国统计摘要》当场回答）、让事实说话、由实践检验。

在我们的讲课中有意识地提出和回答当今中国社会所面临的重大挑战，人们所关注的热点问题和切身问题，从更加理性或科学理性地角度来解释和说明问题的性质、特征和逻辑。有解释力，才能真正有说服力、吸引力、影响力。

问：您觉得，现在的学生的思想状况是怎样的？“教书育人”的内涵在今天看来，是否有新的变化？

答：对“教书育人”这一基本的教育功能，在新中国的各个历史时期都有不同要求和内涵，有过成功的经验，也有过比较失败的教训。这就涉及我们究竟要培养什么样的人才？

2014 年 10 月 14 日，我在清华大学国情研究院会议上专门讲道：什么是高素质人才呢？就是坚定正确的政治方向，高素质的专业知识，高水平的从业技能。

为什么我强调人才需要坚定正确的政治方向呢？这是因为我们所从事的国情研究的确存在政治方向正确与错误，政治立场坚定与动摇的根本性问题。就政治方向而言，“一错百错”；就政治立场而言，“一失足成千古恨”。作为老师，第一位的就是要“传道”，把握正确的政治方向。

知识，特别是社会知识也是具有双重性的，既可能有正外部性，也可能有负外部性；既可能富民强国，也可能祸国殃民。

问：根据我们获得的调查数据，很多学生是通过思政教育来认知社会主义核心价值观的。但是目前看来，仅仅通过思政教育，并不能完全把握住学生的思想潮流，对此，从公共政策的角度您有什么好建议？

答：思想政治课程应当是聘任最好的老师来承担，尤其是面向本科生的课程。这些教师不仅要业务能力强、专业水平高，还要具有思想素质和政治素质强的“双肩挑”本领。

教师授课要增强专业化，特别是政治课教师，真正要专业化地了解和研究国情、省情（特别是地方高校教师）、社情、党情、世情，至少是个“中国通”，不仅要了解当代中国知识，更要了解党和政府所制定的重要方针政策，能够及时并准确地回答学生们提出的各种社会问题。一时不能回答学生的问题，就需要加强自身的学习，增长自身的知识，提高自身的素质，及时补上这一课。

甘为人梯，甘做桥梁

（2014 年 5 月 17 日）

作为一位清华大学教授，不仅要教书育人，还要甘为人梯。这是“人才成长”的规律，也是“代代相传”的规律。对此，人们已经有了共识，现代大学是最好的制度安排。我自己也是这样带出一个个优秀的青年教师，为他们提供发展舞台，使他们迅速成长，成为脚踏实地又出类拔萃的人才。

清华大学的智库，不仅资政为国，还要甘当桥梁。这个桥梁是广义的，一是历史与现实的桥梁，沟通它们之间的关系，解决从哪里来、怎么走过来，有什么历史的经验与教训，有什么值得借鉴和总结的，又怎样不重犯历史的错误等问题。

二是现在与未来的桥梁，沟通它们之间的走向，解决一个从哪里出发，走向哪里，为什么走向这个方向，怎么走，怎样才能到达目的地等问题。

三是学术界与政治家之间的桥梁，与他们沟通信息、思想、理论、战略和政策。研究政治家（是复数，不只是单数），如中央政治局及常委会等，研究决策机制，研究公共决策效果（政策评估等）。

四是学术界与社会之间的桥梁，主动与社会沟通信息、知识，公开表达立场、观点和理念，如《胡鞍钢谈话录》系列。

五是中国与世界之间的桥梁，面向世界，表达“中国话语”“中国声音”“中国立场”“中国利益”，主动自觉扮演学术大使，如《胡鞍钢：与世界对话》系列。

中国领导人的多功能特征：不仅是政治家即政治领袖，领导中国与社会；

还是思想家即精神领袖，引领中国与世界；在世界范围，不仅是中国代表者，还是世界事务活动家，活跃在世界的主要领域，积极参与世界重大治理事务，及时提出“中国主张”。

作为学者，同样可以学习政治家，具有政治家的“政治头脑”、思想家的“思想头脑”和智库的“中国头脑”。这就是为什么我在《胡鞍钢记录》中记录了大量中国领导人的讲话和思想、高水平学者的学术思想。这是可以相互学习、相互借鉴，是智者之间的思想沟通，是知音者之间的对话交流。

学术者，天下之公器

（2014 年 1 月 19 日）

我们作为当代中国学术研究者，所提供的关于当代中国的各种信息、知识、理论的智慧，都是典型的公共知识，并不是用来图名图利的，这就是我们一直坚持的学术理念："知识为民，知识报国"。

我们正处在当代中国学的学术前沿，要能够及时反映这一新学科的前沿课题、最新成果和重要进展，要能够及时转化研究成果的社会生产力，要能够引领社会发展潮流，要对中国走向世界、对人类发展做出重大贡献，以及具有对公共知识传播的正能量。

学术竞争与学术优势

（2014 年 1 月 2 日）

我们要更多地了解和掌握普遍的社会科学知识，也就是书本上的理论知识，至少要比国内同行了解得更多、更广泛，这对参与国内学术竞争而言是大有裨益的。同时，我们还要掌握具体的中国发展的社会实践和本土知识。在这方面，显然我们比外国人（包括学者）更具有“本地优势”，这包括语言优势、信息优势、经验优势、文化优势，这对参与国际学术竞争而言也是大有裨益的。这样不断积累下来，就会形成我们特有的两个优势：一是理论优势和知识优势；二是信息优势和经验优势。到不同的山，唱不同的歌。

学术竞争是信息竞争、知识竞争和理论竞争，本质上是创新竞争，创新能力的竞赛。虽然在公平的学术竞争中没有独占性，总是百家争鸣，但一定会存在独特的信息优势和知识优势。谁有信息优势，谁就有“话语权”。谁有知识优势，谁就有“影响力”。

学术成果的数量与质量

（2014 年 1 月 12 日）

事物的发展包括两个方面：一是数量方面的增长，例如发明专利申请量或授权量的增长；二是质量方面的提升，如代表重大创新的发明专利数，也是要用数量来衡量的。显然，没有数量就没有质量，有了数量才有质量，质量还是要取决于数量。这也符合辩证法的规律，量变也就是数量的增长，会引起质变，也就是质量的提升。当然没有质量的数量增长并不是我们追求的目标，增长数量只是手段和过程本身，最终的目标还是要提高质量。从以数（量）取胜，到以质（量）取胜，这本身就是事物发展相互联系的两个不同阶段，从数量到质量，再从质量到数量，这就形成了两方面的积累，数量积累引起质量变化，质量积累又引起数量变化。

从学术创新角度看，也是如此。不过学术界已经形成共识，一是用发表文章数作为学术数量，如在 SSCI 或 CSSCI 发表的论文数；二是发表文章的被引用数（不包括自引）。

为了反映一个学者学术成果的数量和质量，我们通常采用 H 指数①来评估。根据中国学术期刊网络出版总库（CNKI）检索结果，到 2013 年 4 月底，我的 H 指数为 53，作为第一作者的 H 指数为 43。H 指数既是学术成果数量的函数，更是学术成果质量的函数。这一指数相对是比较合理的，在学术成果的数量与质量之间找到某种平衡，并且更偏向于质量。

① H 指数是一个混合量化指标，可用于评估研究人员的学术产出数量与学术产出水平。

学术之争与主义之争

（2014 年 4 月 17 日）

在当今中国学术舞台上，同样有不同类型的知识分子和不同政治主张的争论，争论的核心仍然是中国走什么样的道路。这体现在：

一是继续走社会主义道路，还是转为走资本主义道路？这就直接涉及“中国道路”的政治方向这一根本性问题。我的政治立场和政治主张是一以贯之的，即中国必须走社会主义道路，这是强国之路、复兴之路，也是十几亿人民的幸福之路，这是唯一的道路选择，其他的道路可能就是死路。诚如邓小平 1989 年所言：“不走社会主义道路中国就没有前途。”①

二是走创新中国特色现代化道路，还是模仿西方现代化道路？这就直接涉及“中国发展模式”创新这一根本性动力。我的发展立场和发展主张也是一以贯之的，即中国必须创新自己的工业化道路、城镇化道路、农业现代化道路、自主创新道路等具体的道路。

三是主义之争，是坚持科学社会主义、马克思主义，还是转向其他的主义，包括新自由主义、历史虚无主义等所谓“新思维”？中国的改革开放实践是不断发展科学社会主义和马克思主义的过程。诚如邓小平在 20 多年前世界性社会主义最低潮的背景下所讲，只要中国不垮，世界上就有五分之一的人口在坚持社会主义。我们对社会主义的前途充满信心。② 从这个意义上看，后

① 邓小平．邓小平文选：第 3 卷［M］. 北京：人民出版社，1993：311.

② 邓小平．邓小平文选：第 3 卷［M］. 北京：人民出版社，1993：321.

来的中国实践在不断地验证“邓小平预言”。我们有幸参与了这个历史过程，也就有了深刻的历史记忆。

有人评论我是新左派经济学家。对此，我是不以为然的。我自称“实事求是派”，并将实事求是作为国情研究的精髓和法宝。我自己的定位就是社会主义学者，是系统研究当代中国的社会主义学者，以推动、发展和创新中国社会主义道路为己任。这是我的科学理性选择，也是坚定不移的选择。这如同100多年来中国的先驱者们一样，代表中国现代历史主流，走在当今时代前沿，引领中国现代社会潮流。

学术休假与学术收获之年

（2014 年 2 月 23 日）

从 2000 年 9 月进入清华大学公共管理学院后，我在今年元旦开始进入第一次学术休假年。怎样安排这一难得的机会？又怎样愉快地度过年假？

1961 年 8 月 25 日，毛泽东给胡乔木复信指出："你须长期休养，不计时日，以愈为度。曹操诗云：盈缩之期，不独在天。养怡之福，可以永年。[①] 此诗宜读。此诗宜读。你似以迁地疗养为宜，随气候转移，从事游山玩水，专看闲书，不看正书，也不管时事，如此可能好得快些。"[②]

毛泽东给胡乔木的信，对我很有启发。毛泽东引用曹操的话"盈缩之期，不独在天。养怡之福，可以永年"也是很有道理的，一个人的寿命是有限的，是长是短也是不确定的。但是人在自然规律面前也不是无能为力或无所作为的，善于养身、养心，仍然可以延年益寿，健康长寿，况且中国人口平均预期寿命已经超过了 75 岁，到 2030 年时会接近 80 岁。

对我来说，健康寿命（即健康预期寿命）时间越长，学术生命时间就越长，学术创新成果才能越积越多，越多越好。事实上，学术之路就是知识马拉松之路，看谁跑得远，看谁能领先，看谁耐力强。这也如同"文武之道，

---

① 曹操的《龟虽寿》："神龟虽寿，犹有竟时。腾蛇乘雾，终为土灰。老骥伏枥，志在千里；烈士暮年，壮心不已。盈缩之期，不但在天；养怡之福，可得永年。幸甚至哉！歌以咏志。"

② 毛泽东．毛泽东年谱（1949—1976）：第 5 卷．［M］．北京：中央文献出版社，2013：13.

一张一弛”[1]，有劳有逸，劳逸结合。我也需要休养一年，闲下心来，摆脱各种事务，休息一下，读一读其他方面的书，到各地走一走，看一看，再到国外走一走，换换脑筋，可能会有更多的新创意、新想法、新观念。

当然，“养怡之福”的休假，不是停止研究工作，而是摆脱了具体的事务，减少了参与公共管理学院的活动，我还会指导学生，举办各种讲座，组织专题研究，开展学术交流，出国访问，国际合作等事项。

总之，充分利用好学术休假年，合理安排好个人时间，也会成为学术成果收获之年。

① 语出《礼记·杂记下》：孔子的学生子贡随孔子去看祭礼，孔子问子贡说：“赐（子贡的名字）也乐乎？”子贡答道：“一国之人皆若狂，赐未知其乐也。”孔子说：“张而不弛，文武弗能也；弛而不张，文武弗为也；一张一弛，文武之道也。”

当代中国研究的学术论文与学术著作

（2014 年 8 月 25 日）

我一直认为中国是一部天书，不仅要天天读，还要天天写；既要记录下来，又要深入分析；既要写作一篇篇学术文章，还要写作一部部学术著作。这样坚持下来、累积下来，才能够写出当代中国变迁和变革的系列著作，即所谓“字字成文、文文成章、章章成书、书书成册”，才能形成一套多部的当代中国研究系列学术著作。

这就需要了解学术论文与学术著作之间的区别与联系。学术论文就是要反映当代中国研究的学术前沿问题，代表了某一领域的最新进展和学术成果，凸显了前沿性创新。学术著作就是要反映当代中国研究的学术理论和成果，代表了某一方面的系统知识、思想理论、历史来源等学术成果，凸显了集成性创新。

在实际的当代中国研究过程中，学术论文与学术著作如同“两条腿”或“两个轮子”，有效地支撑了我们的学术成果，也促进了学术成果的创新与积累，同时反映了前沿性创新与集成性创新。这样踏上学术研究道路才能走得远，攀登学术高峰才能走得高。

我个人的实践和体会是，在不同的具体中国问题研究上应以学术论文为主；在综合性当代中国研究领域则以学术著作为主，本质上是将当代中国研究的理论体系化、方法科学化、信息综合化、知识系统化，使历史与现实相结合，国际与国内相结合，全局与局部相结合，自主成果与他人成果相结合，前人成果与后人成果相结合。

我的学术之路：读书、写书、教书[①]

（2014 年 4 月 23 日）

不同的人生有不同的道路，也就有了不同的人生体会和感悟。我的人生道路是一个学者快速成长、不断走向成熟的学术创新之路。自然就以书为终身之伴，总结起来是“三书”：读书、写书、教书。

列宁曾说：“书籍是巨大的力量。”在我过去几十年与书籍为伴的生涯中，深刻地体会到：书籍承载知识，知识就是力量。我是从读书中获取知识、汲取力量，从写书中创新知识、传承力量，从教书中传播知识、释放正能量。因读书而吸收知识，因写书而创新知识，因教书而共享知识。

一、 如何读书

穷理之要，必在于读书。[②] 不同的人会选择不同的书，读不同的书也会有不同的感受。任何人都不可能读完所有的书，因此读书是人的一种选择。首先，选好书是读书的第一要务，因为选书如同择友[③]，臧克家先生就曾说，读过一本好书，就像交了一个益友。如果我们每天读书，就如同每天结交良友；如果读了成百上千过万本好书，就如同结交了成百上千过万个老师或益友。这里，我特别强调要多读伟人之书，如马克思、毛泽东、邓小平等，与他们

① 此文系作者在“世界读书日”（2014 年 4 月 23 日）撰写。

② ［宋］朱熹，《行宫便殿奏札二》：“为学之道，莫先于穷理；穷理之要，必在于读书。”

③ 借用美国雕塑家考尔德的名言：“仅次于选择益友，就是选择好书。”

进行跨越时空的交流，获取理论、思想和智慧。读好书就是要与作者主动交朋友，成为知己，虽未谋面，便成神交。

其次是把书“读活”，读好“活书”。不仅要读学术之书，而且还要读社会之书；不仅要读有字之书，还要读无字之书；前者是集中、系统的信息和知识，但也是“死书”，后者是分散、零碎的信息和知识，但却是“活书”。中国就是一部最大的活书，这样的社会，天天在发生变化，只有读好这部无字之书，才有可能更加深刻地理解那些“有字之书”。这两类书是互补的、相辅相成的，需要翻来覆去地读，又要不断交替地读。我的做法就是每日坚持做《胡鞍钢记录》，记录中国、记录世界。开始记录并不多，但坚持至今已经积少成多，如同一部部“活书”“活字典”，为我写自己的书提供了大量的信息和素材。

再次是用自己的大脑去读书。学而不思则罔，思而不学则殆。我们读书是在与作者交流，是向他们学习，需要独立思考、独立判断，不做书的奴隶，而要做书的主人。也要学会从书中总结知识，提炼知识，去伪存真，去粗取精，得其要领，得其精华，为我所用。

最后是“读书是学习，使用也是学习，而且是更重要的学习①”。什么是“使用”呢？对我来讲，就是把读的书，学到的知识，尽可能用到自己的书上。也就是说，读书是为了写书，因为要写书，就会格外用心去读书。从这个意义上讲，读书是学习，写书是更重要的学习，并且是创造性的学习。

总之，读者就是学生，向书的作者学习，这是“先当学生，再当先生”的过程，也是“先读他人之书，再写自己之书”的过程。

二、如何写书

书籍是在时代的波涛中航行的思想之船，它小心翼翼地把珍贵的知识

---

① 毛泽东．中国革命战争的战略问题［M］//毛泽东．毛泽东选集：第1卷．北京：人民出版社，1991.

“货物”运送给一代又一代。我通过写书，把我从学术之书、社会之书中汲取的知识进行再生产、再集成、再创新，不断打造自己的学术之船、思想之船。只读书，不写书，如同有投入，无产出，有索取，无贡献。也就是说，只能从读书中分享别人的知识，却不能创造新知识为他人所共享。正因为这样，我把写书作为最重要的任务，也视为最有价值的事情。

对中国这部天书，我是天天写，月月写，年年写，数十年来不停地写，写不完，写不尽。我的做法就是滴水穿石，不断积累，“字字成文”“文文成书”“书书成册”。不仅要写学术之书，还要写社会之书。前者主要是写给学者、专家以及学生，后者写给政治家以及社会大众。面对如此众多的读者，需要兼顾深刻与通俗，做到雅俗共赏。那么，我又是如何写书的呢？

首先，我的写书方式是开放式的写作，“中外汇通”。不是闭门造车，自说自话，是在一个开放的环境下与中国对话，与世界对话。写作的命题都来自于真实的中国，从经济到政治，从社会到生态，涉及各个方面，中国人民和政治家关心什么？世界如何认识中国？未来中国需要做什么？这些问题都成为我关切的问题，也是我努力给予回答的问题，写书就是自问自答。

其次，我的写书方式是“行万里路”，走出宝塔尖，行走在中国大地，书写中国创新。我的写作都是基于实地调查研究和国情、省情考察，是基于第一手访谈、第一手资料、第一手数据而形成的直接知识。写书就是将直接知识与间接知识有机地结合，真正认识中国、深刻理解中国、科学发展中国。

最后，我的写作始终与教书育人相结合。带领我的学生走向学术前沿，以小班制、课题组、研讨班、写作组的组织形式，学习阅读重要文献，查阅各种资料，计算大量数据，边讨论，边修改，反复讨论，反复修改，各有分工，综合研究，充分交流，分享知识、信息和资料，既可以集成知识，又可以再认识、再创新，再写作。这种学中干、干中学是教书育人、培养高端人才的一个有效办法，效率高而且水平高，产出高而且质量高。最重要的是通过真刀真枪的“实战”，使他们晓得如何选题、如何构思、如何研究、如何写作、如何修改，为他们获取独立研究能力与写作能力进行密集性、强化性的训练与锻炼，培养他们的核心竞争力，使他们成为潜质优异的学术后生，成为能力极强的政策分析者，成为专业化强、富有文采的秀才型专家。

总之，写书远比读书要困难得多，却也愉悦得多。读书是欣赏他人的艺术品，写书是创作自己的艺术品。[①] 读书是我们走进他人的大脑（精神世界），写书是让他人走入我们的大脑。只有把直接的与间接的、分散的与系统的知识写出来，整理出来，变成可阅读的文字，知识才能从隐性变为显性，才能获得交流与分享。时间过去了，什么东西能够留下来？只有“为人类文明作出巨大贡献的文学、文化、科学思想”。[②] 对中国学者而言，只有为中华民族伟大复兴做出贡献的知识、文化、科学、思想与智慧，才能够不断流传下来。我的体会是：因读书而终身受益，因写书而人生精彩。

三、 如何教书

“师者也，教之以事而喻诸德也。”除了读者、作者之外，我还是一个教书者。我不是教他人之书的“教书匠”，而是始终在教自己的书。这与我先在中国科学院做研究员、后在清华大学做教授有关。我从 1996 年开始在清华大学开设面向全校本科生的“国情与发展”课程以来，就是讲授我原创性的国情研究成果。而后在公共管理学院开设面向硕士研究生、博士研究生和外国留学生的各种课程，都是教自己的书。从老师传授给学生的知识含量看，如果说是“一杯水”与“一桶水”的关系的话，[③] 那么，我是“一堂课”与

---

① 胡鞍钢．中国政治经济史论（1949—1976）[M]．北京：清华大学出版社，2007.

② 世界读书日的主旨宣言为：“希望散居在全球各地的人们，无论你是年老还是年轻，无论你是贫穷还是富有，无论你是患病还是健康，都能享受阅读带来的乐趣，都能尊重和感谢为人类文明作出巨大贡献的文学、文化、科学思想大师们，都能保护知识产权。”

③ 温家宝提出，要想给学生一杯水，自己必须先有一桶水。温家宝．教育大计，教师为本．来源于人民网，2009 - 10 - 12.

“一本书”或“几本书”的关系。每堂课的讲授，都是基于我及合作者的一本书或几本书的原创性的知识。在某种意义上，授课如同导读，就是让学生们能够读这些书。在教书中教学相长，在教书中授业育人。

从国家的大政方针看，“百年大计，教育为本；教育大计，教师为本”。从我的教学实践宗旨和体会看，“教师大计，学生为本；学生大计，能力为本”。这是我的教学实践宗旨和重要体会。

“教师大计，学生为本”，是指教师以学生为本，以学生为客户，以学生为中心，无论是传授知识还是创新知识，都是服务于学生，提供知识价值，使他们“学有所值”“学有所获”。举一个例子，2002 年秋季，我给公共管理学院第一届公共管理硕士（MPA）生授课，其中一位学生原是总装备部的学员，现任某基地政治委员，最近我们见面时，他拿出当时的一本课堂笔记给我看，内容详细，条理清晰。时至今日，他认为，上我的课“物有所值”。

“学生大计，能力为本”，是指学生以提高能力为本，而能力又以创新能力为核心。这就反映在他们产出的高水平的学术论文、学位论文上，也反映在与我合作的优秀著作中，特别是反映在他们本人的专著上，为此我编辑了题为《胡鞍钢书评》[①] 的内部文集，其中一部分书评就是给我的学生正式出版的专著作序言或评论。作为导师，我参与了他们写作的全过程，可以详细地介绍他们学术成果的背景过程，还可以客观地评价他们的学术创新之处。我一直认为，“使学生成功，既是老师的愿望，也是老师的天职。”看到他们的成功，我引为自豪，也深感欣慰和高兴。

与世界最好的学术大学教授相比，我们还有一个极为不同的角色，即“社会大学”教授。这是因为中国共产党是学习型政党，中国政府是学习型政府，中国社会是学习型社会，所以就形成了世界最大规模的终身学习的“社

---

① 清华大学国情研究院，2013 年 5 月。后在此文集基础上出版了《中国新战略》一书，2015 年 7 月。

会大学”。我不仅教学术之课、专业大学课程，还要教社会之课，即面向领导干部的培训课程、社会公众的公开讲座。事实上，我一直在教两种课，即学术之课与社会之课。前者更具有系统的知识传授，后者更具有针对性的知识传授。

我以学者、师者（清华大学教授）作为终身职业，写书是为了教书，教书是为了育人。不仅是我本人为了“知识为民，知识报国”而写书，我也希望将这一理念传授给学生，为国家的事业、为民族的未来、为当代中国学的学科发展开拓新领域，播下学术种子，在中国这片沃土上生根、发芽、开花、结果。

四、读书、写书、教书的知识生产循环

形象地讲，读书如同“寻宝”，即获得信息、知识、理论和智慧，所谓“学海无涯”[①]；写书如同是“制宝”，即产生信息、提供知识、探索理论和贡献智慧，所谓“知识创新无止境”；教书如同“传宝”，既传递知识与信息，又培育后来者，所谓“学术自有后来人”。通过读书来学习知识，与作者交流；通过写书来创造知识，与读者交流；通过教书来传播知识，与学生交流。这就是我的知识获取、知识创新、知识传播的理念和做法，与书终伴一生：读书与作者结缘，写书与读者结缘，教书与学生结缘。

由此就形成了一个良性的知识生产循环：读书是为了写书，写书是为了教书，教书又需要再读书。由此就形成了一个良性的学者角色循环：从读书者到写书者，从写书者到教书者，从教书者再到读书者。

知识总是经过先学习，后消化，再创新，再传播；知识者总是先学习他人知识，后消化并创新出自己的知识，还要传播自己创新的知识，才能具有生命力、吸引力和影响力。这就围绕着“书”（即知识）这个主题，形成了

① ［唐］韩愈：“书山有路勤为径，学海无涯苦作舟。”

一个大学教授的时间链、周期链、知识链和价值链，不断地获取知识，不断地创新知识，不断地传播知识，不断地实现人生价值。我是用极其有限又极其宝贵的时间来履行并实现“知识为民，知识报国”的宗旨，以更加专业化、知识化、职业化（人力资本的“三化”）来创造并实现人生的最大价值。

书可载道。无论是他人之书，还是自己之书，书都是唯一能够保存在图书馆中的历史记录。[①]

① 2013 年 4 月 30 日，我应邀参观美国国会图书馆，得知图书馆从 1989 年开始收藏我的各类著作，共计 53 本，若加上《国情报告》（14 卷，27 册），共计 80 本书。图书馆非常希望我能够赠送手稿、未正式出版物等。

我的学术研究原则

（2014 年 11 月 20 日）

我的学术研究原则，不是从各种主义出发，而是从国情出发研究“中国问题”。根据“中国问题”可以归纳为几个方面的关系。

我是按照如下几个关系，基于中国的实证分析来讨论一些基本问题、重大关系、重要矛盾的：

一是公平与效率，

二是平等与不平等，

三是政府与市场，

四是公民个人与社会国家，

五是中央与地方，

六是人类与自然，

七是开放与保护，

八是中国与世界。

这些问题的回答不可能用一个主义来概括，但也不是什么主义的“大杂烩”，还是“具体问题需要具体分析”“具体分析就会有具体结论”，而检验具体结论不是根据哪个主义，而是根据当时当地的实际情况来检验。

各种主义的产生有其历史背景，是时代的产物，也会随着时代的变迁而变化，并不一定存在一个“政治摆动钟”，左右来回摆动，否则社会只是重复再现，而不是进步进化。因为中国社会在大规模变迁，在大踏步前进，可能会有很多艰难险阻，但是最终我们都会找到解决问题的办法，都会克服这些困难。

尽管我是不谈“主义”的，但是我所坚持的主义还是“社会主义”，这不是书本上的社会主义，是实践中的社会主义，不是来自外国的社会主义，而是基于本国的社会主义，这就是所谓的“中国特色社会主义道路”。

既然是“道路”，就不会终结，不可能是“笔直大路”，也不会是别国的道路。

那么，到底中国道路是怎样的一条道路呢？又是从哪里走过来的呢？现在已经走到了哪里？怎样来衡量它的“里程”、总结它的“经验”、评价它的“特色”？我们是靠什么才能走到今日？

虽然，世界银行、国际货币基金组织给我们送来一个“大礼包”，并向全世界宣布，2014年中国GDP按购买力平价计算，已经超过美国成为世界第一。这意味着进入“中国第一时代”，如同100多年前，进入“美国第一时代”。

但这一信息到底该如何评价？由谁来评价？一是我们现场评价，即我们有幸赶上了这个时代，就像100多年前的美国人，而那时中国人被称为“东亚病夫”，中国是“一穷二白”，正受着“甲午战争”“八国联军”之侮辱。

二是未来历史学家的历史评价，即2014年载入世界历史之册。这里我先替历史学家评价了：即“中国第一”时代已经开启了，可能是新的100年。

为什么我会这么讲呢？先谈一谈我个人的国情研究的经历和体会。1988年，我完成了《生存与发展》国情报告时，就曾以美国南北战争之后1870年到世界第一次大战之前1913年的历史为参照，西蒙·库兹涅茨的数据告诉我，这一时期美国的经济增长率接近4%。为此我对中国未来发展的基本判断就是：在1980年前后，中国进入高速增长阶段即经济起飞阶段，可能会持续到2020年。不过当时我所做的预测还相当保守，只有6%～7%的增长率。到2020年中国GNP总量居世界第四位，排在美国、日本和苏联之后。当然，1991年苏联就解体了，很自然，按照我的预测，到2020年中国经济总量会跃居世界第三位。这还是考虑到按当时的人民币对美元汇率计算的。显然我自己也低估了中国发展的潜力和速度。20 多年过去了，我对中国发展的前景越来越乐观，越来越有信心。因为发展本身就是最好的老师和课堂，对中国十几亿人口来说，更是最大的学校和社会，我们可以边学边干，边干边学，个人学习与集体学习，地方学习与中央学习，开放学习与创新学习。

我的学术之路

（2014 年 9 月 14 日）

我们与老一辈学者所处的时代相比较，如 20 世纪五六十年代、“文化大革命”时代，我开始从事学术研究的时代的确是比较幸运的。一是改革时代，要求“解放思想，实事求是”；二是开放时代，我们可以在开放条件下，学习和了解世界关于当代中国的学术研究和各种知识信息。这就为我进行学术研究创造了极其良好的学术生态环境，可以自由地选题，自由地研究，还可以自由地发表，总之，就是自由地思考、自由地思想、自由地创作。从这个意义上看，我就已经进入了学术创新的积累阶段、高峰阶段，至今还是如此。

我的治学之路，需要随走随记（录），随走随思（想），随走随交（流），随走随总结，点点滴滴，日积月累。可以说，《胡鞍钢记录》就是最好的办法。不必等别人或后人来整理，自己动手，自己写作，自己反省。

不同的人会有不同的人生道路。我的人生道路是与中国道路紧密相连的，这就是我的国情研究道路，我直到 32 岁（指 1985 年）才走上了这条学术之路，到现在已近 30 年的时间。人世间极其复杂，但其实人生道路并不那么复杂，许多人生的道理是很简单的，只是能够“知行合一”和“始终如一”是最难的。

如“有志者事竟成”，人人都晓得这个道理，也熟知这个道理，但是真正能够做到就不那么简单了。

首先，“有志者”是什么样的“志”呢？是“大志”还是“小志”？是“天下为公（孙中山）”还是“天下为己”？

其次，“有志者”能不能“知行合一”？

最后，“有志者”能不能“始终如一”？

这里我引用毛泽东的话，“一个人做一件好事并不难，难的是一辈子只做好事，不做坏事。”对我来讲，一个学者写一部好书并不难，难的是一辈子能够写书，写好书。

学术之路要 “自信人生二百年”

（2014 年 12 月 21 日）

毛泽东在年轻时就晓得人生之真谛：自信人生二百年，会当水击三千里。[①]

众所周知，人的生命时间是短暂的，怎么可能有“二百年”的寿命呢?但是毛泽东对此还是相信，珍惜时光，勤奋勤勉，人生就会拥有两次机会。

我在年轻时，曾读过这段诗词，但是当时不能够真正理解它的深刻含义。有了自己的人生经历之后，才有所悟觉。

的确，不同的人，会有不同的人生；同样一个人，在不同时期也会有不同的人生。我自己选择了学术的人生，更体会到“自信人生二百年”，只有30 多年的时间，我自己也积累了如此之多的学术成果，就相当于有过一次精彩的学术人生，还需要开启第二次新的学术人生之旅。

对我来讲，学术之路还很长，学术创新还很难，学术潜力还很大，还需要“而今迈步从头越”，也要“会当水击三千里”。[②]

---

① 在《西行漫记》中毛泽东自己回忆说：“那时初学，盛夏水涨，几死者数。一群人终于坚持，直到隆冬，犹在江中。当时有一篇诗，都忘记了，只记得两句自信人生二百年，会当水击三千里。”毛泽东 1958 年 12 月 21 日在文物出版社同年 9 月的大字本毛泽东诗词十九首的书眉上有这样的批注——水击：游泳。

② “会当水击三千里”，出自《庄子》，意思是说定能施展鲲鹏之志。

学者是学问创作者，又是秀才式的专家

（2014 年 5 月 9 日）

作家是一门艺术的创作者，有超人的写作艺术，但很少有研究水平；反过来，学者是一门学问的创作者，有过人的研究能力，但不一定有写作水平。

因此，我们要清醒地意识到学者的局限性和弱点，要有意识地提高我们的写作水平，进而形成特有的写作风格、写作艺术。最好的学者应当是“两条腿走路”，不仅在学术上有专长、有深度、有造诣，而且在写作上有水平、有特色、有风格，所以我称之为“专家 + 秀才”。专家是我们的看家本领，成为受人尊重的专家。专家是在学术、技艺等方面有专门技能或专业全面知识的人；特别精通某一学科或某项技艺的有较高造诣的专业人士。同样的是，秀才是我们的“锦上添花”，成为擅长写作的专家，即秀才式的专家。

《胡鞍钢记录》编辑目的与方针

（2014 年 2 月 23 日）

我自己亲自编辑《胡鞍钢记录》稿，从 2009 年底开始，至今已有至少 4 年的文稿记录。

我的编辑目的是直接为研究当代中国提供基本素材和资料来源，以“记录”为关键词。首先是现场记录当代中国：中国发生了什么？人们是如何认识的？我又是如何认识和评价的？其次是记录世界：世界是如何影响中国的？中国又是如何影响世界的？外国人是如何观察和评价中国？我又是怎样评论的？再有是记录我自己的学术活动、指导学生、心得体会、重要观点和创意。

我的编辑方针：一是当代中国研究的资料性，主要表现为来源和出处；二是当代中国研究的学术性，充分反映我的学术思想的来源、形成和发展，甚至是修改；三是个人传记性，具体到每日的记录，是如何学习、读书、读报、读刊物，获取信息和知识，又是如何写文章、写书，与谁合作，怎样修改，又是如何教书，教什么人，教了什么；四是述评，既要记录、记述，包括追记，还要评论、评价和分析，以反映我的立场、观点和态度。

所以说，《胡鞍钢记录》是自记录、自思考、自分析、自评论、自体会的自编编年体著作。它具有 3 个价值：一是研究当代中国的资料性，是我亲自搜集整理的资料库；二是研究当代中国的学术性，是我学术研究活动、观点的知识库；三是研究当代中国的思想性，是我思考中国的思想库。

《胡鞍钢记录》表明：中国在迅速崛起，天天在变化，月月在进步，年年在发展；与此同时，中国对世界的影响越来越大、越来越广、越来越强。

靠现场记录，不能靠后来记忆

（2014 年 3 月 8 日）

为什么我要坚持每日做《胡鞍钢记录》，就是因为无论什么时候，回忆以往的事情或事件，靠后来的记忆是不可靠的，正如科学家专业性研究所证明的结论：人的记忆是会失真的，甚至比我们自认为的还不准确。其中重要的原因就是人们总是把当前的经验加在并不准确的记忆之上了。① 比较起我们的记忆，这个被后来所编辑过的东西，现场记录的编辑才是更为真实、更为准确的。

需要说明的是，正是有了现场记录，我们才有可能有之后的“回忆”，即查询和阅读《胡鞍钢记录》时，信息更为真实、更为准确。这是因为它是以文字的手段组合整理成可记录的信息，也就成为永久记录或永久信息。这也符合记忆的定义。②

在《胡鞍钢记录》中，我有 3 种信息处理方式：首先是通过阅读报刊书籍、学术交流获取信息；其次是整理、分析、评论甚至加工信息；最后作为我的研究背景材料，不断地检索我所需要的信息。这不仅是一个实时记录的过程，还是一个重复准确记忆的过程，更是一个不断利用、深入挖掘信息的

---

① 美国《科学美国人》月刊网站 2014 年 3 月 2 日报道：《你的记忆或许可以被编辑》。

② 记忆是人类心智活动的一种，属于心理学或脑部科学的范畴。记忆代表着一个人对过去活动、感受、经验的印象累积，有相当多种分类，主要因环境、时间和知觉来分。在记忆形成的步骤中，可分为下列三种信息处理方式：一是译码：获得信息并加以处理和组合。二是储存：将组合整理过的信息做永久记录。三是检索：将被储存的信息取出，回应一些暗示和事件。资料来源：百度百科。

过程，最后是一个信息、知识、思想、智慧不断累积，不断升华的过程。

在《胡鞍钢记录》中，我是以当代中国改革开放的参与者、研究者、实践者的身份来真实地记录已经发生和正在发生的事件，留下“白纸黑字”的记录、思考、评论、分析，也为未来更加深入地研究这段历史留下素材。

记录历史与分析得失

（2014年1月4日）

我的《中国政治经济史论》系列中“之一（1949—1976）”已经出版，“之二（1977—1991）”就要出版，将来还打算撰写“之三（1992—2002）”“之四（2003—2012）”。该系列就是以当代《资治通鉴》为目标来写作、修改。我们知道，司马光的《资治通鉴》记录和论述了从秦始皇时期到五代时期的历代政治得失，跨越了很长的中国历史，涵盖16个朝代1 362年的历史，历时19年，共计294卷，约300多万字。书中内容以政治、军事和民族关系为主，兼及经济、文化和历史人物评价，目的是通过对事关国家盛衰、民族兴亡的统治阶级政策的描述来警示后人。它是由“鉴前世之兴衰，考当今之得失”而得名。

我只是对1949年新中国成立之后的历史进行记录和评述，讨论不同时期的得失及缘由，历史记录的时间要短得多，分析的内容要详细得多。不仅要了解和评价历届领导人的失败之处，更需要了解和评价他们的成功之处，是如何实现“天下大治”“天下繁荣”，又是如何影响世界和人类发展的。

我们写下的《国情报告》就是将来写作这段历史的第一手资料，即在当时、当事、当场的记录和评论。

《胡鞍钢记录》是个人资料馆

（2014年5月30日）

《胡鞍钢记录》也是我的个人资料馆、图书馆，专用于记录当代中国所发生的重大事件，涉及中国的各个方面，如经济、政治、社会、生态环境，也涉及中国与世界关系的各个方面，是我研究当代中国最重要的资料来源，而且检索起来又非常方便，只要给出关键词就可以迅速检索出来，用到该用的地方。这也就不难理解为什么写作出来的东西就是自己知识宝库的“冰山一角”。不过我不是手抄出来的，恰恰是利用百度搜索非常方便地检索出来的，因而记录的效率就会大为提高，才有可能每日记录几千字，甚至万字。

今后《胡鞍钢记录》还要增加关于所阅读各种图书的内容和评论的记录，这要相对困难些，从网络上搜索也很有限。

人的生命：有限与无限

（2014年5月5日）

对人类历史而言，人的生命是有限的，所谓“逝者如斯夫”。正像习近平总书记在北京大学“五四”讲话所言：时间之河川流不息，每一代青年都有自己的际遇和机缘，都要在自己所处的时代条件下谋划人生、创造历史。①

作为清华大学的学生，你们正处在“黄金的年龄”（青春时期），在“黄金时代”（改革开放时代），上“黄金大学”（清华大学），进行“黄金投资”（知识投资），成为“黄金人才”（高端优秀人才）。你们的确比同代青年人荣幸得多，但是岁月如流水，青年时光也是稍纵即逝。应当问一问自己：该怎样度过黄金般的青春时期？怎样获得黄金般的知识投资？

对个体而言，人生的道路是漫长的，如同万里长征之路。这是我的人生体会和感受。因为是万里长征，不仅道路漫长，而且历经艰辛，总会有这样或那样的挫折困顿，成为磨炼自己意志的“钢铁学校”。

人为什么有所不同？是因为不同的人有不同的价值观，因而人生的征程就有不同的选择。人的价值观决定了人生的选择，而选择又决定了人生的道路。一种是与时代同行，与社会共享，与人民同乐，这就像习近平总书记提出的，“在党的领导下，勇做走在时代前列的奋进者、开拓者、奉献者。”最可贵的是奉献。

---

① 习近平．青年要自觉践行社会主义核心价值观——在北京大学师生座谈会上的讲话．来源于新华社，2014－05－04.

另一种是个人独行，自顾自，万事当头，我字为先，与时代脱节，与社会对抗，与人民冷漠。这样的人再有才华，也是行之未远。

那么，如何处理个人与社会的关系呢？雷锋讲过，“把有限的生命投入到无限的为人民服务中去。”换言之，个人的生命是有限的，但是社会的生命却是无限的，只有将有限的个人融入无限的社会之中去，个人的生命才能转化为无限的生命，有限的生命就会转变为无限的生命。

从我的人生定位来看，就是“与中国兴盛同行”。也就是说，我作为个人融入具有十几亿人口的世界上最大的社会和国家，为中国兴盛“出谋划策”，真正感受到无限的生命力、创造力。当我得知世界银行采用新计算的PPP方法证明，2014年中国GDP超过美国，成为世界第一经济体，结束了美国1872年至今140多年世界第一经济强国的地位时，感到由衷喜悦，因为我为这一天的到来已经持续地研究了近30年，这也是我作为中国学者一直预见和等待的一天。这需要专业化，更需要极大的勇气，即越来越多的事实在不断证明我曾对中国的预言。但今天则是最重要的预言。难道还有什么比它更有价值的吗?!

我在记录中国兴盛的历史轨迹，同时也记录了自己人生的历史轨迹。从这个意义上说，我出生于中国，就是为中国兴盛而生；我成长于中国，就是为中国兴盛而成长；1993年我留美回国，就是为中国兴盛而回国服务，那时中国还是世界第十大经济体；之后我看着中国成长为第二大经济体，今天又见证了她成为世界第一大经济体。

如何计算和利用有限的人生

（2014 年 5 月 11 日）

我们都晓得“人的生命是有限的”，但是很少想一想或者精确地算一算这一有限的生命到底有多少时间？到底我自己又能做什么？有什么不一样的人生？也只有迈入了老年时代，我才想起“如何计算和利用有限的人生”这个命题，更加珍惜极其有限的时间，在今后的余生中更好更有效地利用这个最稀缺的资源，真正做到“四老”：老有所学（还是个老学生）、老有所教（还是个老教授）、老有所为（还是个老学者）、老有所乐（因创新知识而快乐）。

我已经 61 周岁了，按一年 365 天计算，总计是 22 265 天；如果从考上大学的 1978 年 25 周岁之后算起，合计 12 816 天，占总计数的 57.6%，从那时起我开始正式人力资本投资（指正规现代教育和终身教育），占据我人生的不足 60%；如果从博士毕业到中国科学院生态环境研究中心 36 周岁（1989 年 1 月）之后算起，合计 9 125 天，占总计数的 41.0%，从那时起我开始正式出版学术成果，也只是占我人生 2/5 的时间；如果从 1996 年我被清华大学聘为教授给本科生开课之后算起，合计 6 570 天，占总计数的 29.5%，我教书育人还只占不足我人生 1/3 的时间。

假定我今后还有 20 年的学术生命，合计是 7 300 天。对此我还需要进一步详细计算：首先，以“天”来计算还不够精确，应当以“小时”来计算，合计 175 200 小时；其次，要做必要的减法，如每日睡眠（包括午休）就在 8 个小时左右，合计就是减少 1/3 的时间，即剩下 116 800 小时，可以看成一个“可利用的时间总数”；再次，实际学术研究或学术交流的“研究时间”占 1/2，那么就剩下了58 400小时。其实仔细想一想，再仔细算一算，真正可用的“研究时间”少之又少，而且是一个“恒量”，用去1小时，就少1小时，符合“一去不复返”的时间铁则。

接下来的核心问题是如何合理分配这58 400小时？有什么基本原则？首先，解决为谁来花时间的问题。除了陪伴家人之外的时间，第一位的还是为自己研究花最多的时间；第二位的是为自己的合作者合作研究（包括指导我的学生）花时间（我已经在《胡鞍钢记录》中记载了与他们之间的邮件来往）。其次，为其他人花的时间是越少越好，除非对我或我们的研究是有益的。最后，与自己学术研究关系不大相关或无关的事项和时间最好不安排。即使如此，这58 400小时还是不够用，这是我研究利用时间的底线，而且花1小时就少1小时。时间就是投入，而且是最大的投入，也是最重要的投入，还是最稀缺的投入；没有时间的投入，就没有学术的产出；没有大量时间的投入，就没有大量的学术产出。

再接下来的核心问题就是高效使用这58 400小时。有什么重要的原则？首先，还是要提高知识劳动生产率，即每个小时的产出率，包括获取知识的产出率、创新知识的产出率、创意思想的产出率。其次，集中精力做好《胡鞍钢记录》，这是自己的信息银行、知识银行、思想银行、学术银行，要更加有意识地“零存整取”，如同金融银行的零存整取储蓄方式，集零成整，化零为整，至少有三大功能：一是具有计划性功能，不仅利用时间要有计划，研究内容也要有计划；二是具有约束性功能，自我约束，如每日做不少于8小时的研究，每日写作不少于3 000字的文稿，每日做不少于10 000字的记录；三是具有积累性的功能，时时积累、日日积累、月月积累、年年积累，这个信息银行、知识银行、思想银行、学术银行不仅有很高的存量，还有很高的“利息收入”，因为所有的信息、知识都会“增值”，即那些很难计算的学术成果、知识创新、思想创意。从这个意义上看，作为一名学者应当自觉地成为“知识银行家”，从“零存整取”做起，从每日做起。

总之，自己要成为把握自己时间（从别人安排自己的时间变为自己安排自己的时间）、合理分配时间、科学管理时间、高效利用时间的主人。把握所有剩余的人生及宝贵的时间就是这么简单易懂，最难的还是每时每日中看似十分平常的“知行合一”。

如何看待成功与失败

（2015 年 1 月 17 日）

什么是一个有意义的人生呢？就是一个创业、创新、创造的人生。创业不只是做事情，而且是做一番事业；创新不只是吸收新技术、新知识，利用新技术、新知识，而且是创造新技术、新知识；创造不是针对已有的财富和知识，而是要创造新的财富和新知识，为其他人所共享。因此，我们把成功者定义为那些能够实现自我创业、创新、创造的人。

一个十分有意义的人生过程就是一个成功与失败相互交替的过程。这是因为它是一个创业、创新、创造的人生。也正因如此，才会有成功和失败的人生。没有失败就没有成功，这就是“失败是成功之母”的含义；同样的是，没有成功就没有失败，这就是“骄傲使人落后”的道理。

从整个社会角度分析，我们才知晓失败是大概率事件，成功才是小概率事件，即失败者多于成功者；失败是必然事件，成功是偶然事件，即失败是十分正常的，成功却是十分偶然的；人们总是希望成为成功者，但是不一定就会成功，往往是有先成功后失败，也有先失败后成功，还有先失败再失败。这如同攀登科学高峰，许多人能够启程，但是绝大多数者可能都没走完一半路程，因为还没有成功，或没有看到成功而半途而废，因此真正能够一心一意攀登到顶峰者的确是寥寥数者。

那么，怎样才能成为一个真正的成功者呢？这并没有什么放之四海而皆准的原则或标准。这里我更多地分享一下自己的经验和体会。

首先，我把先创办国情研究中心，后创办国情研究院视为我的“创业”，即建设中国特色新型大学智库。我们在创办之初就确定了这一定位，当时就提出

“国内一流、具有国际影响力的智库”，直到今日已经被社会所公认：在上海社科院《中国智库报告》（2014年1月）中，清华大学国情研究院在“中国智库综合影响力排名（2013）”，在政治类排名第4位，在城镇化类排名第5位；由零点研究咨询集团下属的零点国际发展研究院和中国网联合发布《2014中国智库影响力报告》（2015年1月15日），清华大学国情研究院在中国智库综合影响力排第11位，在高校智库综合影响力排第3位，在政府影响力排第3位。

其次，我把创新国情知识视为我的“创新”，不仅需要在学术研究方面创新关于当代中国的知识，而且需要在公共政策研究方面创新关于当代中国发展的战略思路和政策建议，作为中国大学智库提供智力支持，不断创新知识、思想、战略等的目标与任务。

再次，我把创造国情知识财富视为我的“创造”，即能够持续地创造知识财富、积累知识财富。对我而言，迄今为止（到2014年），我已经正式出版中文专著24部、合著24部、主编13部、合编8部；英文著作12部、日文著作11部、韩文著作1部，合计93部，《国情报告（1998—2011）》14卷27册，共计120本。

这就留下了白纸黑字的知识财富，存于图书馆之中，为后人所分享。这是最宝贵的知识财富。

我清楚地晓得，当代中国研究的知识不是说出来的，而是写出来的。对我来说，最重要的是此生能够写出多少部书来。至少今后几年，我还要“百尺竿头，更进一步”，利用创新高峰期，提高知识生产率，在退休之前，争取正式出版著作、合著100部。

此外，我每天撰写《胡鞍钢记录》，每月还编辑成一部，积累下来更是可观的信息和知识。

当代中国本身就是一部天书，写下多少部书仍然未能写尽，仍然未能写清。我还是一部一部地写，直到写不动、写不了为止。

今日借题发挥，写下自己的感受和想法。

做平常人，做不平常的事

（2014 年 9 月 20 日）

积书成册，始于笔下

荀子有言："积思成言，积言成行，积行成习，积习成性，积性成命！"

我的学术之路则是另一种含义：积思成句，积句成行，积行成文，积文成书，积书成册。

因此做学问，特别是做国情研究的大学问，就要有"积书成册"的大目标。那么，从哪里做起呢？就是从亲自动笔做起，一笔一笔地写。所谓"千里之行，始于足下"，那么"积书成册，始于笔下"。

做平常人，做不平常的事

我很欣赏著名戏剧家尚长荣的一句话："做平常人，演不平常的戏。"[①] 我把这句话进一步延伸为"做平常人，做不平常的事"。对我来说，这句话包含以下几个意思：

做一名平常的大学老师，要讲不平常的课，就是要使学生能够记住这门课程，最好能够"终身受益"，这是我对教学的要求。至今上过我课程的学生可能有几千人，事实上，不论是我走到哪里，总会遇到上过我的课的清华大

---

① 参见《人民日报》（海外版），2014 年 9 月 19 日第 10 版。

学学生，他们也总会提起上课的内容或感受。2014 年，我访问总装备部某基地时，该基地的政委拿出 2002 年我给他们（第一届 MPA 学生）讲课的课堂笔记本让我看，我很吃惊，他解释，不仅上课认真做笔记，下课后又根据我的讲课提纲（PPT）进一步整理笔记。我评价道，你真是一个好学生，他说因为你是一个好老师。当时他在总装备部工作，没有想到十几年之后，他成为军政委。

做一名平常的写作者，要写不平常的书，就是要使读者受益良多，尤其是对于“忠实的读者”，这是我对写作的要求。至今我已经出版了几十部专著、合著，读者可能已有数十万、数百万人的规模。同样的是，我走到哪里，总会有我的读者，即使是教授或专家，他们都会说，当年我们读书时（指上大学或读研究生）就读你的书。2013 年，我到新疆喀什地区调研时，地委常委兼宣传部部长就告诉我，只要到书店，见到我的书就买。他还问我最近又出版了什么书？不久还会出什么书？我就知道，他已经成为我的忠实读者，我更感受到一定要写更好的书、更有意义的书。

做一个平常的研究者，要研究不平常的学问，要使人民受益、国家强大，研究者最好的客户是人民、是国家。近 30 年我只做了一件事，就是国情研究。这是大学问、特殊的学问，又是学以致用、经世济民的学问。

我的一生只做两件事

（2014 年 5 月 7 日）

人的一生是短暂的、有限的，只能干成一两件大事。我的一生只做了两件事：一是国情研究；二是教书育人。因此也就有了两句话：国情研究要登高望远，教书育人要厚积薄发。国情研究就是一部部当代中国的历史记录、现场分析，历史是过去的现实，现实是未来的历史，这就为后来人研究中国改革开放提供了重要信息和第一手的资料。同样，教书育人就是培养一代代国情研究的高端人才，现在的人才是过去培养出来的，现在培养的学生是未来的人才，这就为继承和延续清华大学国情研究院提供了更加长远的人才储备和基础。

王蒙先生用 60 年的时间写作了 45 卷、1 600 万字的《王蒙文集》。我也要有更长远的打算，写出上千万字的国情研究著作。

我的时间都去哪儿了[①]

（2014年2月27日）

2014年2月7日，国家主席习近平在俄罗斯索契接受俄罗斯电视台专访时谈道："今年春节期间，中国有一首歌，叫《时间都去哪儿了》。对我来说，问题在于我个人的时间都去哪儿了？当然是都被工作占去了。现在，我经常能做到的是读书，读书已成了我的一种生活方式。读书可以让人保持思想活力，让人得到智慧启发，让人滋养浩然之气。"

一时间，"时间"成了全中国的热门话题。那么，我们怎么来理解什么是时间？什么是时间的价值？如何利用宝贵的时间来创造更多的价值呢？又如何用一去不返的时间换来那些能够留下来的有价值的东西？形象地讲，时间过去了，但是好东西留下来了。当然，不同的人有不同的经历和体会，也会有不同的认识和理解。这里，我想用自己的经历和做法谈一点体会，供大家分享和参考。

时间是什么？时间是稀缺的资源。

作为一个人，最宝贵的东西是什么？就是时间。最稀缺的东西是什么？还是时间。"物以稀为贵"，时间也不例外。正因为是稀缺的东西，才是最宝贵的东西。就是说，时间是一种特殊资源，还是一种稀缺资源。诚如斯蒂格利茨所言：即使是最富有的人，他也必须决定每天把时间花费在哪种贵重的

① 此文系作者2014年2月27日在清华大学国情研究院会议上的讲话。

玩意上。因此，如果将时间考虑在内，那么就是每个人生活中的事实。[①] 因此人们对时间的需求、分配和利用就需要遵循经济学原理，因为经济学是关于选择稀缺资源的学问，对时间这个稀缺资源而言也是不例外的，甚至比其他稀缺资源更重要，因为随着经济发展、社会进步，许多看起来稀缺的资源其稀缺性在下降，只有时间的稀缺性是不变的，每天就是24个小时，每年就是365天，这对所有人来说都是一样的。我们有可能高效地利用稀缺的时间资源，也可能浪费这个稀缺资源。

时间的价值是什么？时间的价值就是生命的价值、人生的价值。

我们的古人早就懂得时间及时间的价值。孔子《论语·子罕》："子在川上曰：'逝者如斯夫？不舍昼夜。'"。1956年6月毛泽东在所写诗词《水调歌头·游泳》里引用了"子在川上曰，逝者如斯夫"一句，也在感叹时光的流逝，对岁月的怀念。这就是说时间总是"一去不复返"。人在年轻的时候是感受不到的，到了中年有所感悟，到了老年才深切地感受到"光阴似箭、岁月如梭"[②]。正如黑格尔对时间的定义：时间只不过是我们对过去的一种回忆而已。

时间对一个人来说，如果是一个固定长度的话，那么它既是持续不断的，又是"一去不复返"的，失去了就不在了。我且把它称之为"时间资本"，花时间工作或学习，就视为一种投入，当然有投入才有回报。不过它是一种特殊的资本，可以交换的资本，即人们总是用时间来换其他资本，如物质资本、人力资本、知识资本、文化资本。我们常说，时间一去不复返，但是用时间换其他的东西却能留下来，最好的是照片相册、文章著作、艺术品，等等。对我来说，时间过去60年了，特别是后来的20多年，我留下了大量的可记载的知识作品。但是，可记载的记录与回忆还是不同的。现场记录是比

---

① ［美］约瑟夫·E·斯蒂格利茨，卡尔·E·沃尔什．经济学（第三版）［M］．张帆，黄险峰，译．北京：中国人民大学出版社，2005：11.

② 光阴似箭，日月如梭。见［明］冯梦龙：《警世通言》，卷三十三。

较准确的，而回忆常常是不准确的，人们凭记忆来再现自己的历史，也是不准确的。

我自己从很小就晓得“一寸光阴一寸金，寸金难买寸光阴”的格言，知道了时间宝贵的意义，并养成了珍惜时间，利用时间的习惯；晓得鲁迅所言：时间，就像海绵里的水，只要愿挤，总还是有的；也养成了抓紧时间、挤出时间读书学习的良好习惯。我自认为不论相对同龄的人，还是相对于比我年长的人，我都会更有目的、更有效率地做我觉得值得去做的事情，这对我后来到北大荒上山下乡、地质勘探队务工长达 8 年时间的自学起了很大的作用，直接结果就是在首次全国恢复高考时我考上了大学。

对一个人来讲，时间是一种投入，它是有机会成本的。[①] 不过对不同的人机会成本不同。例如一个人的人力资本水平越高，与人力资本水平比较低的人相比，同样的时间，相对的时间机会成本就越高。因为不同的人在同一时间内会有不同的产出。不过对同一个人来说，随着自身的人力资本水平不断提高，相对的时间机会成本也就越高。这是因为，同一个人在不同的时期，在相同的时间内也会有不同的产出。因此，在分配时间时，我们不仅要考虑到时间本身的价值，更要考虑到时间机会成本的大小，往往是根据不同的成本做出理性选择。

时间过去了，什么东西能够留下来?

时间总是一去不复返。那么，时间究竟能给我们留下什么？所以我们不禁要问：时间都去哪儿了？还会问：时间给我们留下了什么？或者说，我们用时间换得了什么？所谓“花时间”就是一种“时间投入”，即时间作为“投入品”，没有投入就没有产出，但是并不等于有投入就有产出。在大多数情况下，有时间投入并不意味着有真正的产出。所谓时间的产出是指那些用

① 机会成本对商业公司来说，可以是利用一定的时间或资源生产一种商品时，而失去的利用这些资源生产其他最佳替代品的机会就是机会成本。

时间换来的东西，即不随时间消失而消失的有价值的物化的东西。这不是人们凭记忆想象的东西，因为随着时间的延长，人们的记忆力是会下降的，除非是“组合整理过的信息做永久记录”，而不是记忆。

什么是“有社会价值的物化的东西”呢？

有社会价值的物化的东西，至少具备两个重要条件：

一是物化的被记载的东西。例如人说的话，说完就完了，什么也没有留下来，但是通过录音或录像就保存下来了，有当场的文字记录也能够保存下来，不过不如录音或录像更准确、更完整；哪怕当时没有记录下来，而后通过回忆记录也能保存下来，当然可能不一定比当场记录要准确。如《毛泽东年谱》《邓小平年谱》中的许多谈话都是来自档案文字记录材料、大量讲话、谈话记录或他人当场的记录。

二是有社会价值的物化的被记载的东西。例如有价值的信息、知识、理论、文化等，用经济学的语言就是有正外部性，不仅对自己有价值，主要是对社会有价值，这包括经济价值、政治价值、社会价值、科学价值、理论价值、思想价值、文化价值、历史价值等。这些价值可以为社会所分享，从经济学的角度看，是具有正外部性和共享性。诚如马克思所说：科学绝不是一种自私自利的享受，凡是有幸能够献身科学研究的人，首先应该拿自己的知识为人类服务。

谁是最好的榜样？就是毛泽东。

我以毛泽东为例来说明，因为他是当代中国政治家、思想家中创造知识财富最多、最丰富的。《毛泽东全集》[①] 共计52卷，2 015万字，从1901年毛泽东（8岁）开始到1976年毛泽东（83岁）去世之前的各种文章，共计10 862篇。整套《毛泽东全集》本身就是现代中国的历史记录，给后人留下了最丰富最有价值的知识财富，被视为“雄文瑰宝，永放光芒”（张全景）。

① 毛泽东．毛泽东全集［M］．香港：香港润东出版社，2013－10.

因此，毛泽东成为我们后来人学习的典范。

对我一生影响最大的是毛泽东。13 岁那年（1966 年的“文化大革命”），我看过萧三的《毛泽东同志的青少年时代》一书，至今我都一直在读毛泽东的书，尤其是他主张“给人民留点文”的观点深深地影响了我。他在 1961 年对卫士讲过，人们常说，“虎死了留皮，人死了留名”，我这个人啊，只要为人民留点文就行了。[①] 现在当我看到《毛泽东全集》时更感到震撼，这就是最有意义、最具社会价值的知识财富，是我们研究中国的必读书、常读书，让我们由此吸取知识、理论、思想和智慧。

我的时间用在哪里了？

我称之为用在“三书”上，即读书、写书和教书。一是用时间来读书，既要读有字之书，读万卷书，还要读无字之书，行万里路，读书不只是获得知识，还是为了写书，创造知识；二是用时间写书，既要写十分专业化的学术之书，还要写通俗易懂的大众之书，写书不只是创造知识，还是为了传播知识；三是用时间教书，既要教授面向本科生、研究生、博士生和留学生的专业大学课程，还要开展面向领导干部的培训课程、社会公众公开讲座的社会大学普及课程，即在“两所大学”任教。这就围绕着“书”（即“有社会价值的物化的被记录的”知识）这个主题，形成了一个教授的时间链、周期链、知识链和价值链，不断地获取知识，不断地创新知识，不断地传播知识，不断地实现价值。我是用极其有限又极其宝贵的时间来履行并实现“知识为民，知识报国”的宗旨，以专业化、知识化、职业化的精神来创造并实现人生的最大价值。

由此可知，时间的价值就是生命的价值，而生命的价值就是人生的价值，人生的价值就是创造社会的价值，时间过去了，短暂的人生过去了，社会价值留下来了，人生价值才能够留下来。

---

① 张仙朋．为了人民…… [J]．当代．1979（2）．

如何分配利用时间？

我们每个人总是面临对时间的选择：如何分配自己的时间？按照什么原则来分配时间？我们知道，“世界上没有免费的午餐”，若想多得到一种东西，就必须放弃另一种东西。时间的稀缺性和机会成本决定了我们对时间分配的选择：孰轻孰重，或孰先孰后，或孰多孰少。这就需要比较使用时间的机会成本和收益大小，尽管绝大多数人并不一定懂得经济学原理，但是还是不自觉地计算时间成本和收益，即所谓“值不值”？相比之下，可能懂得经济学的人们有更多的理性判断，会更自觉地有效分配时间。至少每天我醒来，就在想如何有效分配自己的时间。

当然，不同的人有不同的机会成本，有不同的目标函数，因而就有不同的时间分配原则。那么，我分配时间的原则是什么呢？首先我强调学术研究时间、教学时间比例最大化，从而保证我研究和教学的时间尽可能地多，其中教学时间是必须保证的，一般情况下是不占用的。与此相反的是非学术和非教学的时间最小化，越少越好，即使是在外吃饭，也是为了学术交流和了解情况。在有限的学术研究时间内，我又特别强调写作时间最大化，保证每天上午主要是集中写作的时间。这是因为上午人的精力充沛，注意力集中，写作效率高，只要有 3 ~4 个小时的整体时间，就可以写出几千字。这样的时间分配也比较符合“二八开”的效率定律：80% 的成就源于 20% 的活动，[①]即把时间花在最重要的事情上，把最好的精力放在最有价值、也最为困难的事情上，就会有最有效率的成果。此外，我还强调写作时间分散化，最好做到有东西可写就写下来。例如我读报纸、读刊物、读图书，也会随读随写，边读边写，点点滴滴，水滴石穿。这既是我的体会，又是我的方法。我把写作过程视为我的知识银行，即使是几句话、几段话、几页纸，写下来，“攒”下来，“存”到银行里，如同“零存整取”。从这个意义上看，我作为大学教

① ［美］博恩·崔西．吃掉那只青蛙［M］许海燕，译．北京：化工出版社，2009.

授，又是知识工作者，以创新知识为使命，就需要花时间（作为最重要的投入）来建立自己个人的知识账户、知识银行（作为最重要的产出）。

谁是时间的主人？当然是自己。

我们都知道时间十分宝贵，又十分稀缺。那么，我们的时间到底是由谁来分配？谁是时间的主人？这些看起来很奇怪的问题，但确实是“真问题”。我们常发现自己的时间不完全是属于自己的，总会遇到“人在江湖，身不由己”的种种无奈。对这个问题，我的回答是：由自己来分配时间是最主动的、也是最有效率的，因为你自己比别人更晓得如何来利用时间，如何更合理地分配时间；由别人来分配自己的时间是比较被动的、也是效率不高的，这往往不一定就是你本人最需要的时间分配表。因此，当别人想安排你的时间时，如果不是有意义、有价值的事情，就要学会说“不”字。

如何节约时间？如何提高时间的产出效率？

有了自己的时间又如何充分利用呢？这就涉及在完成一项研究任务时，如何节约时间？我的理解是，节约时间，就是在一个给定的时间内，如何提高时间的产出效率？如按一年时间来算，撰写了多少篇《国情报告》？发表了多少篇论文和文章？写作了几本书稿？留下了多少文稿和记录稿等。这是可以统计的。如按一天时间来算，《胡鞍钢记录》就是比较好的参照物，以至于每天都记录。

充分利用好自己的时间，最好的办法就是要学会记录自己的时间。我的办法就是天天编辑《胡鞍钢记录》，这也是受《邓小平年谱》的启发，但“记录”不同于“日记”。从2009年底开始，至今已经积累了至少4年的记录文稿。

与此同时，《胡鞍钢记录》本身也记录了我是如何分配时间、利用时间的，形象地讲是“时间投入”，同样也特别记录了时间产出，诸如读了哪些重要的书？写了哪些文稿？完成了哪些章节？做了哪些文稿的修改？还包括教了哪些课？主题是什么？有哪些学生或听众？这说明只有记录时间，才能管理时间；只有有效管理时间，才能有高效的时间产出。

为什么说合作是提高时间产出效率的重要途径?

常有人问我，你们是怎么进行国情研究的？又是如何保持高效率研究的？我的回答是，因为我们有一支“少而精”的研究团队、创新团队。2013 年国情研究正刊出 51 期，专刊出 24 期，合计共计 75 期。我将 2013 年称之为我们大学智库的“大丰收”之年，但又是博士后、博士生、硕士生人数最少的一年。这表明，不仅我个人的时间产出效率提高了，通过团队合作研究，每个人的时间产出效率也提高了，进而总体效率明显提高。

为什么我们需要合作？当代社会科学研究，也包括国情研究，仅靠个人力量是相当有限的，对一个高效率的团队来说需求会越来越高。合作是节约时间、提高时间效率最好的办法，因为一个人不能做所有的事情，最好做自己更擅长的事情，也就是最有效率的事情。所以我的作品就分为两类：一类是独立完成的；一类是合作完成的，通过合作我会带出一支高效率的研究团队，培养出高端国情研究人才。既出成果，又出人才。这就需要花时间来具体指导学生。这又构成了作为大学智库的知识账户、知识银行。这是我们的知识资本，很像一个“知识矩形”，我和我的合作者（包括学生）就如同这个矩形的一对“邻边”，它们相乘，就构成了知识矩形的总面积：这显然就比一个个体研究的成效高得多。知识是可以分享的，还可以派生新的知识，因此这是共享的知识银行。

利用时间的艺术是什么?

人的时间不是只有学习和工作，还有其他活动安排，如家庭与生活，休息与健康，不仅必要，而且必须，没有它们就没有幸福，也就没有一切。用时间的艺术就是“文武之道，一张一弛”,[①] 有劳有逸，劳逸结合，也像“十

① 语出《礼记 · 杂记下》：孔子的学生子贡随孔子去看祭礼，孔子问子贡说：“赐（子贡的名字）也乐乎？”子贡答道：“一国之人皆若狂，赐未知其乐也。”孔子说：“张而不弛，文武弗能也；弛而不张，文武弗为也；一张一弛，文武之道也。”

个指头弹钢琴”，诚如毛泽东所言：要学会产生好的音乐，十个指头的动作要有节奏，要相互配合。[①] 我们才能在不同的时期奏出一首首人生的乐章。对我而言，就是与我们团队一起谱写并演奏出学术人生的乐章，即国情研究与国策研究。

---

① 毛泽东．毛泽东选集：第4卷［M］．北京：人民出版社，1991：1442.

后 记

本书是我集中讨论国情研究与教书育人的第三部著作。我以本书作为2000年我来清华大学创办中国科学院—清华大学国情研究中心、2012年成立清华大学国情研究院至今15周年的总结，也作为清华大学公共管理学院15周年院庆的贺礼。

此前，我先后出版了《国情研究与教书育人》《中国特色新型智库：胡鞍钢的观点》。我一直在不断思考和不断实践的事情可以总结为两个关键词：一是“国情研究”，二是“教书育人”。对我来讲，这就是“职业、事业、贡献”三位一体的人生之路：终身从事的教师职业；终身追求的国情研究事业；终身奉献的知识贡献。

为什么我要撰写国情研究与教书育人系列图书？目的就是写给新一代大学生、研究生、博士生、博士后以及青年教师，与他们分享我在清华大学公共管理学院教学、科研以及社会服务过程中的点滴体会、所思所悟。本书中，有些内容是与我的学生以及青年教师面对面交流的记录，有些则直接发给他们和已经毕业的学生，与他们共同分享，他们也会发给更多的人分享。在此书稿正式出版之前，我还在不断常读常新、常读常改。

“授人以鱼不如授人以渔”，这是很简单的道理。“知行合一”可以做到，但是难以转化成能够被分享的知识。

这本书的确不同于我正式出版的专业化著作和合著，它属于“隐性知识”（Tacit knowledge），是那些基于经验的、智力活动的，但很难表达出来的诀窍、秘诀。尽管“显性知识”（Explicit knowledge）和“隐性知识”并没有特别绝对的分界线，也正因为如此我才有可能找到一种方式来感悟，来表达此类“隐性知识”，而这类知识恰恰是我从教书育人中体会到的（边干边学、边悟边写），它包括 3 个非常重要的要素：一是塑造价值观，二是培养核心能力，三是提供有效的获取知识、创新知识的方法。

如果从投入产出的视角看，那些“隐性知识”是看不见的投入，而那些专业化的著作是看得见的产出。当然，没有投入就不会有产出，没有好的投入就不会有好的产出。因此，从这个意义上看，本书真实地记录了我是怎样投入的，包括时间的投入、精力的投入、研究的投入、教学的投入、写作的投入等，我自己也很难做精确的计算，当然好的投入还取决于你如何有效配置这些投入（还包括休息的投入）。我把这些投入及配置背后的“隐性知识”变成“显性知识”，因为只有“显性知识”才能够起到知识传播、知识交流、知识分享的作用。如果不记录下来，即使我能直接讲给我的学生们，也会说过即忘，在知识的川流中如同舟过无痕。

尽管本书所汇集的是短文甚至是只言片语，但却是我尽心尽力思考的所得与所获。看似点点滴滴，但日日积累起来，竟然写成了一本书，这是关于国情研究与大学智库的再思考、再实践和新体会。

本书的主要背景是中国开启了“百花齐放，百家争鸣”的智库时代，尤其是中国迅速崛起——成为世界第一大贸易体、第二大经济体。中国从世界大国走向世界强国，需要强大的智力资源支持，从而形成强大的国家软实力，为此我走上了创办大学智库的道路。

2000 年我在创办国情研究中心时，就将其定位为决策思想库，确立了“知识为民，知识报国”的理念，经过十几年的实践，开拓了中国大学建设智库的道路，开创了独具特色的、灵活高效的、具有影响力的新型智库。这在当时是自发、自觉的创新大学智库行动。不过我也一直认为：中国这个东方巨人需要“两个大脑”支撑，一个是政府决策部门这个“内脑”，另一个是新型智库这个“外脑”。两个大脑同时具备，比仅有一个大脑要智慧得多。出乎我意料的是，建设新型智库“外脑”会变成国家的战略需求，成为国家软实力的重要体现，以及国家治理体系和治理能力现代化的重要内容。

2013 年 4 月，习近平同志对加强中国特色新型智库建设作了重要批示；2013 年 11 月，党的十八届三中全会《决定》明确提出“加强中国特色新型智库建设，建立健全决策咨询制度”；仅 1 年多后，2015 年 1 月，中共中央办公厅、国务院办公厅（简称“两办”）印发了《加强中国特色新型智库建设》的文件，首次提出重点建设一批具有较大影响力和国际知名度的高端智库的目标，同时还对推动高校智库完善发展提出了具体的意见，对发挥高校学科齐全、人才密集和对外交流广泛的优势，实施中国特色新型高校智库建设计划，更好地服务社会、服务国家、造福人类提出了要求。

正是在这种大背景下，我也需要不断总结、不断创新如何建设中国特色新型智库的理论。可以说，“两办”文件给出了明确的答案：中国特色新型智库是以服务党和政府科学民主决策为宗旨，以战略问题和公共政策为主要研究对象的研究咨询机构，承担着咨政建言、理论创新、舆论引导、社会服务、公共外交的五大重要功能。

我们一直主张智库必须奉行“独立选题、独立研究、独立发表”3 个基本原则，保证“原创性、前沿性、权威性”3 个基本特征，坚持“面向中国、面向世界、面向未来”3 个视野，更好地为党和政府民主决策、科学决策提供国情与国策研究的重要成果和智力支撑。

胡鞍钢

2016 年 8 月 17 日于清华园